Bärbel Lillie
Gudrun Sanio-Kühnemund
Roswitha Siering

Sachunterricht im 4. Schuljahr

Oldenbourg

Oldenbourg PRAXIS Bibliothek 244

Bibliografische Information Der Deutschen Nationalbibliothek
Die Deutsche Nationalbibliothek verzeichnet diese Publikation in der Deutschen Nationalbibliografie; detaillierte bibliografische Daten sind im Internet über <http://dnb.d-nb.de> abrufbar.

Das Papier ist aus chlorfrei gebleichtem Zellstoff hergestellt, ist säurefrei und recyclingfähig.

Alle enthaltenen Arbeitsblätter für die Hand der Kinder sind auf dem Stand der Rechtschreibung 2006.

1. Auflage 2003 R06
Druck 11 10 09 08 07
Die letzte Zahl bezeichnet das Jahr des Drucks.

Umschlagkonzept: Mendell & Oberer, München
Umschlaggestaltung und -illustration: Lutz Siebert-Wendt, München
Lektorat: Antje Glimmann, Rheda-Wiedenbrück
Moderation: Silvia Regelein, Nürnberg
Herstellung: Fredi Grosser
Illustrationen: Kristina Klotz, München; Harald Stier, Leipzig/S. 37; Günter Wiesler, Margot Hummel/S. 147, 200; Irmtraud Guhe/S. 246, 253, 255 unten, 256, 260
Satz: Greipel-Offset, Haag/Obb.
Druck und Bindung: Schneider Druck GmbH, Rothenburg ob der Tauber

ISBN 978-3-486-**96064**-8
ISBN 978-3-637-**96064**-0 (ab 1.1.2009)

Inhaltsverzeichnis

Vorwort

Wir Autorinnen sind Grundschullehrerinnen und in der Lehrerausbildung als Seminarleiterinnen für Sachunterricht tätig.
„Sachunterricht macht Spaß. Aber die Vorbereitung ist enorm zeitaufwändig." „Die Themen sind so komplex. Man muss in Physik, aber auch in Geographie fit sein. Ich will doch nichts Falsches vermitteln." „Es gibt so viele Materialien und Anregungen. Das ist eher verwirrend als hilfreich." Diese und ähnliche Äußerungen hören wir häufig von Kolleginnen und Kollegen.

Mit diesem Buch möchten wir Ihnen helfen

- den Stoff für ein viertes Schuljahr angemessen über das Jahr zu verteilen (der Aufbau des Inhaltsverzeichnisses entspricht der zeitlichen Abfolge im Laufe eines Schuljahres),
- eine Unterrichtseinheit klar zu strukturieren,
- den didaktischen Schwerpunkt für eine Einzelstunde oder eine Stundensequenz zu finden,
- kurze Sachinformationen zu bekommen, die so formuliert sind, dass auch Ihre Kinder die Texte verstehen,
- sich schnell über das benötigte Material zu informieren,
- weitere Literatur zu finden,
- sich einen Überblick über vielfältige methodische Zugänge zu verschaffen.

Beispiel: Das Thema ihrer nächsten Unterrichtsstunde heißt „Warum regnet es?" Sie halten eines der in diesem Kapitel beschriebenen Experimente für Ihre Klasse geeignet? Sie brauchen noch eine Idee, wie das Experiment im Stundenablauf einzubetten ist? Lesen Sie das Kapitel „Experimentieren".

Die Unterrichtsvorschläge sind alle erprobt. Aber Patentrezepte gibt es nicht. Deshalb stellen wir Ihnen zahlreiche Alternativen vor, aus denen Sie auswählen können.

Auf Grund der Tatsache, dass in der Grundschule überwiegend Frauen unterrichten, und aus Gründen der leichteren Lesbarkeit wird im Buch der Begriff „Lehrerin" verwendet.

Wir wünschen Ihnen viel Erfolg und Spaß mit unserem Buch.

Bärbel Lillie
Gudrun Sanio-Kühnemund
Roswitha Siering

Handlungsorientierter Sachunterricht

Handlungsorientierter Unterricht bedeutet u.a.:

Die Kinder werden in die Planung einbezogen.
Dazu müssen sie die Ziele des Unterrichts kennen. In den ersten Stunden wird deshalb das Thema ganzheitlich erfasst. Die Kinder schreiben Fragen auf, die im Laufe der Einheit aufgegriffen werden. So lässt sich mit einer Frage z. B. gut eine Einzelstunde beginnen. Die Kinder planen, welche Materialien mitzubringen sind. Sie schlagen Orte für Unterrichtsgänge vor, sprechen Termine ab, planen die An- und Abfahrt. Sie bringen als Experten ihre besonderen Kenntnisse oder Fähigkeiten ein.

Die Kinder organisieren den eigenen Lernprozess selbst
und müssen ein Ergebnis vorlegen. Dabei entscheiden sie selbst, ob sie allein, mit einem Partner oder in der Gruppe arbeiten wollen. Sie entscheiden selbst, wie lange und wie häufig sie an einer Sache arbeiten.

Konkrete Handlungen sind möglichst vor Ort am realen Objekt durchzuführen.
Der außerschulische Lernort und der Umgang mit Realien sind von oberster Priorität. Dabei sind je nach Sachlage unterschiedliche Handlungen möglich, die verschiedene Arbeitstechniken erfordern wie z.B. experimentieren, beobachten, eine Sachzeichnung anfertigen, ein Modell bauen, aus Bildern oder Texten Informationen entnehmen etc. Auch der Umgang mit Hilfsmitteln wie Lupe, Lexikon, Internet etc. gehört dazu.

Es sind unterschiedliche Eingangskanäle zu berücksichtigen.
Im Alltag werden die Kinder von visuellen und akustischen Reizen überflutet. Dinge werden jedoch erst bewusst wahrgenommen, wenn die Kinder sie auch fühlen, schmecken und riechen können. Alltägliches wird durch Verfremdung neu entdeckt, wenn man es nicht nur mit dem bloßen Auge betrachtet, sondern auch z.B. durch ein Papprohr, durch einen Suchrahmen, durch ein Fernglas oder durch eine Lupe.

Bei Unterrichtsgesprächen
zeigt sich die Lehrerin als Moderatorin und nicht als Fragende. Die Kinder entwickeln dabei Fragen, äußern Vermutungen, besprechen Planung und Organisation, tragen Ergebnisse vor, diskutieren sie und entwickeln daraus neue Fragen. Alles, was die Kinder tun, sollten sie auch verbalisieren.

Ein Produkt wird erstellt, z. B.
- ein Versuchsprotokoll, ein Plakat, eine Mappe oder ein Buch,
- eine Ausstellung für andere Klassen, Eltern oder Freunde,
- ein Theaterstück,
- die Präsentation von Ergebnissen auf der Homepage.

Von den Kindern selbstständig erstellte Produkte sind vorgefertigten vorzuziehen, auch wenn sie formal weniger ansprechend sind.

Außerschulische Lernorte

Außerschulische Lernorte bieten die Möglichkeit, aktives Lernen der Kinder zu fördern und Wissen eigenständig zu konstruieren. Sie bieten originale Begegnungen und selbsttätige Auseinandersetzung mit der Wirklichkeit, ein verweilendes und anschauliches Lernen mit allen Sinnen (vgl. Lehrpläne für Grundschulen in allen Bundesländern).
Das Aufsuchen außerschulischer Lernorte hat zum Ziel, schulische Lernprozesse an die Lebenswirklichkeit der Kinder zu binden. Verloren gegangene Erfahrungsräume können auf diesem Weg neu entdeckt werden. Situationsbezogenes Lernen, d.h. Lernen in Situationen des echten Lebens, fächerübergreifendes Lernen, Projektunterricht und entdeckendes Lernen sind nur einige der vielfältigen Aspekte, die in außerschulischen Lernorten ihre Umsetzung finden können.
Nun kann ein Besuch vor Ort nicht grundsätzlich Erfahrungsräume erschließen. Dazu sind die beobachtbaren Prozesse oder Zusammenhänge häufig zu komplex und nur von eingeweihten Betrachtern nachvollziehbar. Deshalb ist die Frage nach der Zugänglichkeit und Durchschaubarkeit der Lernorte (Was können die Kinder durch Beobachtungen vor Ort erkennen und erfahren?) in die Planungsüberlegungen einzubeziehen.

Der **didaktische Ort** zum Aufsuchen eines außerschulischen Lernortes kann liegen:

1. zu Beginn einer Unterrichtseinheit mit dem Ziel der Motivation oder Einstimmung, oder zur Schaffung einer gemeinsamen Ausgangsbasis;
2. innerhalb einer Unterrichtseinheit, um bereits gewonnene Erkenntnisse einzubringen und Möglichkeiten des bewussten Beobachtens und Erkundens anzuwenden;
3. am Ende, um bereits erarbeitete Erkenntnisse abzurunden und zu vervollständigen und eine kritische Reflexion zu initiieren.

Aktivitäten in den verschiedenen Arbeitsphasen

Die verwirrende Komplexität der Wirklichkeit erfordert eine Verzahnung von Lernaktivitäten innerhalb und außerhalb der Schule. Die methodische Realisierung sollte dabei in drei Schritten erfolgen:

1. Vorbereitung im Klassenraum
2. Handelnde Auseinandersetzung am Lernort
3. Auswertung und Reflexion

Vorbereitungsphase

In dieser Phase entwickeln Kinder und Lehrerin gemeinsam Fragen und Handlungsziele, die am Lernstandort beantwortet bzw. umgesetzt werden. Mögliche Schwerpunkte dieser Phase:

- Im Unterrichtsgespräch werden die Vorerfahrungen der Kinder abgerufen, die als Stichwortsammlung oder in einer Collage festgehalten werden. Dabei werden die Kinder auf die Sache eingestimmt und es erfolgt eine Vororientierung sowie ein Aufbau von Erwartungen.
- Bücher, Texte, Bilder, Lexika, Filme, aber auch mündliche Erzählungen von Eltern und Verwandten dienen als Informationsquellen, machen die Auseinandersetzung mit dem zu erkundenden Lerninhalt bewusst und regen an, das zunächst noch unvollständige Bild einer Sache zu vervollständigen und ständig zu korrigieren.
- Die erkannte Diskrepanz zwischen dem unvollständigen Vorwissen und den erfahrbaren Möglichkeiten lassen motivationsgesteuerte Fragen (Was wollen wir heute herausfinden?) sowie Handlungsziele für Kinder und Lehrerin entstehen.
- Ein Fragenkatalog dient dabei zur Strukturierung und Planung des Vorgehens.
- Bei der Erkundung vor Ort ist es nötig, die erlangten Informationen zu dokumentieren.
- Die Kinder müssen das sachgerechte Umgehen mit Dokumentationsmitteln einüben, z.B. mit Zeichen- und Schreibblock, mit Fotoapparat, Videokamera und Kassettenrekorder.
- Vorher getroffene organisatorische Vereinbarungen wie Zeitplan, Gruppeneinteilung, festgelegte Reihenfolge der Erkundungsaufträge, Signale und verabredete Zeichen gewährleisten einen reibungslosen Ablauf der Erkundung.
- Handlungsorientierter Umgang und Versuche mit analogen Problemstellungen (z.B. vor dem Besuch eines Handwerksbetriebes das Produkt in eigenen Versuchen herstellen) bereiten eine gezielte Beobachtung der Realität vor.
- Auch Rollen- und Simulationsspiele (s. S. 27), z. B. das sich Hineinversetzen in eine Arbeitssituation (Verkäufer – Kunde), oder das Einüben von Befragung und Interview bereiten die Durchführung vor.

Handelnde Auseinandersetzung am Lernort

- Wichtige Einzelheiten werden je nach Zielsetzung gezeigt und benannt, für den Gesamtzusammenhang bedeutsame Teilaspekte werden hervorgehoben und beschrieben.

- Durch das nachvollziehbare Vormachen und Erläutern wichtiger und typischer Handlungsabläufe verinnerlichen die Kinder den Sachzusammenhang und können ihn später in der Auswertungsphase aus der Erinnerung hervorrufen.
- Während vielfältiger Gespräche, Dialoge, Kleingruppenerörterungen, auch zwischen Lehrerin und Kindern, kann die Lehrerin detaillierte Auskünfte auf Fragen geben, bedeutsame Details ausführlicher beschreiben oder Unverständliches in die Sprache der Kinder übersetzen.
- Die in der Vorbereitungsphase erprobten Handlungsabläufe werden beim Erkunden den wirklichen Handlungsabläufen zugeordnet.
- Der aufgestellte Fragenkatalog wird abgearbeitet, vorbereitete Interviews werden durchgeführt.
- Durch Ereignisnotizen, freies Schreiben, Skizzen sowie freies Zeichnen und auch durch Fotografieren wird Bedeutsames festgehalten, später in der Auswertungsphase weiterverarbeitet.
- Durch das Sammeln von Mustern und Belegstücken, z.B. beim Erkunden in der freien Natur, können neue und weiterführende Fragestellungen entstehen, die anschließend weiterverfolgt werden.
- Je nach Thema bieten sich ein Stadtspiel, eine Erkundungsrallye und weitere Spielformen an.

Formen der Dokumentation in der Auswertungsphase

- Im Unterrichtsgespräch teilen sich die Kinder gegenseitig ihre Erfahrungen mit, schildern ihre Eindrücke und beschreiben im Blick auf ihre Lernausgangslage den Lernfortschritt.
- In Sammelmappen werden die Ergebnisse der Erkundung wie Texte, Bilder, Zeichnungen, Belegstücke und Fotos zusammengestellt und verbleiben als Erinnerung zum steten „Durchstöbern“ im Klassenraum.
- Zeichnungen werden zu Friesen oder Schautafeln auf großformatigem Papier zusammengestellt.
- Die im Gedächtnis gespeicherten Eindrücke verarbeiten die Kinder zu Texten und Berichten und setzen sie somit sprachlich um.
- In Zeitungen und Wandzeitungen stellen sie den Sachzusammenhang anschaulich dar, so dass sich auch Unbeteiligte über die Sache informieren können.
- In Gemeinschaftsarbeit stellen sie Bücher her und üben dabei fachspezifische Arbeitstechniken ein wie systematisches Ordnen, das Verfassen eines Inhaltsverzeichnisses oder eines Sachregisters.
- Auf Plakaten und Collagen fassen sie die wichtigsten Erkenntnisse zusammen.

- Die Kinder erstellen Skizzen oder Karten, auf denen sie Standorte von Gebäuden oder Fundstücken markieren, ergänzen diese ggf. mit Fotos und Abbildungen und präsentieren sie in grafischen Darstellungen oder auf Schautafeln.
- Sie setzen Interviewtexte in Sachtexte um und überprüfen diese auf ihren Informationsgehalt.
- An einer Zeitleiste mit Abbildungen dokumentieren sie mehrere Erkundungen desselben Standorts über einen längeren Zeitraum und stellen Veränderungen deutlich heraus (z. B. Wald oder Wiese in den verschiedenen Jahreszeiten).
- Übersichtspläne (z. B. über den Produktionsablauf in einer Fabrik) und Modelle (z. B. Nachbau eines Zoos) machen komplizierte Strukturen technischer und räumlicher Art durchschaubar.
- Alle Ergebnisse der Auswertungsphase können in einer Ausstellung z. B. an einem Elternnachmittag präsentiert werden.

Lernangebote außerhalb des Klassenzimmers

Der zeitliche Umfang eines Lernganges kann sich über eine Unterrichtstunde oder einen gesamten Vormittag erstrecken.

Schulgelände:

- Anlegen eines Schulgartens, Schulteiches, Schulwaldes
- Gestalten des Schulhofs zum Spielhof
- Bestimmen der auf dem Schulgelände ansässigen Pflanzen und Tiere
- Einrichten eines Verkehrsspielplatzes
- Bau und Betreuung von Futterplätzen für Vögel

Lerngänge zum Zweck der Erkundung:

- Betriebe (Handwerk, Fabrik)
  Schwerpunkte: Nahrungsmittel und Ernährung, Herstellung eines Produktes, Betrieb als Arbeitsstätte, Veränderungen im Berufsleben der Menschen, eigene Zukunftsvorstellungen
  Landwirtschaftlicher Betrieb: Bauernhoferkundung, Nutzung von Tieren, Abhängigkeit der Landwirtschaft von der Natur, Weg vom Erzeuger zum Verbraucher
  Molkerei: Weg vom Hersteller zum Verbraucher, Bedeutung der Milch für die Gesundheit, Herstellung von verschiedenen Milchprodukten, Melken früher und heute – zunehmende Technisierung
- Märkte
- Natur (Wald, Wiese, Bach, See)
  Wald: Revierförster, Waldlehrpfad, Walderkundung, Walderleben, Wanderung

- Behörden, soziale und öffentliche Einrichtungen (Polizei, Feuerwehr, Gemeindeverwaltung, Post)
- Versorgungseinrichtungen der Kommunen (Wasserwerk, Kläranlage, Mülldeponie, Kompostierungsanlage)
  Aspekte der Natur- und Umwelterziehung, der Müll- und Abfallbeseitigung, der Wasser- und Luftverschmutzung, des Lärmschutzes, des Natur- und Landschaftsschutzes

Museumsbesuche:
- Heimatmuseum
- Spielzeugmuseum
- Naturkundemuseum
- Völkerkundemuseum
- Kunstmuseum
- Freilichtmuseum

In nahezu jedem Bundesland gibt es museumspädagogische Dienste und Zentren, die Auskünfte über speziell für Grundschüler eingerichtete Ausstellungen erteilen. Kataloge und Veranstaltungskalender informieren über Themen und Termine von Sonderveranstaltungen. Viele Museen verfügen über Aktionsräume und bieten unter Betreuung eines Museumspädagogen thematisch ausgerichtete Aktivitäten an. Auch Unterrichtsmaterialien sind in der Regel erhältlich.

Aktuelle Ausstellungen, Zoos und Tierparks:
Auch hier sind in der Regel ausgearbeitete Unterrichtsprogramme erhältlich. In den zoologischen Gärten bieten Zoopädagogen zu ausgewählten Themen Kurse und Führungen an.

Wanderungen und Schulfahrten mit der Zielsetzung
- der Umwelterziehung durch Erkundung vor Ort
- von handlungsorientierten Projekten, fächerübergreifend vor Ort
- der Freizeiterziehung
- der Gesundheitserziehung
- der Standorterschließung als Projekt (systematische Erkundung eines Lebensraumes unter historischen, geografischen, klimatischen, industriellen Gesichtspunkten)

Experimentieren

Das klassische Verständnis vom Experimentieren bezieht sich auf das Erforschen naturwissenschaftlicher Gesetzmäßigkeiten. Das Experiment selbst ist Bestandteil eines Erkenntnisprozesses, der häufig als „experimentelles Problemlöseverfahren" bezeichnet wird. Es besteht aus folgenden Schritten:

1. Aus der Beobachtung eines Phänomens ergibt sich ein Problem, das als Frage formuliert wird.
2. Auf Grund bereits vorhandener Erkenntnisse werden zum Lösen der Frage begründete Hypothesen entwickelt.
3. Zum Überprüfen der Hypothesen wird ein Experiment geplant. Dazu sind u. a. Materialien auszuwählen und bereitzustellen sowie der Experimentaufbau zu bedenken.
4. Beim anschließenden Durchführen des Experiments wird der Ablauf grafisch und verbal protokolliert.
5. Beim Vergleich des Versuchsergebnisses mit den zuvor aufgestellten Hypothesen werden diese bestätigt oder widerlegt.
6. Wenn das Ergebnis z. B. durch andere Experimente gleichen Problemtyps bestätigt wird oder sich in die vorhandene kognitive Struktur eingliedern lässt, lassen sich die Ergebnisse verallgemeinern.

Auf das Erlernen dieses naturwissenschaftlichen Verfahrens ist im Unterricht so viel Wert zu legen wie auf das Erlernen naturwissenschaftlicher Gesetze.

Hinweise für den Unterricht:

- Die Struktur des Verfahrens sollte sich in der Unterrichtsstruktur widerspiegeln. Durch Ritualisierung wird den Kindern der Verlauf transparent.
- Die Tafel eignet sich gut zum Protokollieren des Erkenntnisprozesses. Wieder verwendbare Wortkarten (Frage, Vermutung etc.) strukturieren einerseits den Unterricht und fordern andererseits zu den gewünschten Tätigkeiten auf. Auch wiederkehrende Identitätsfiguren – eine Figur stellt immer die Frage, die andere findet immer die Antwort – signaliseren, was die Kinder tun sollen.

Beispiel für ein Tafelprotokoll (vgl. dazu auch S. 201 f.)

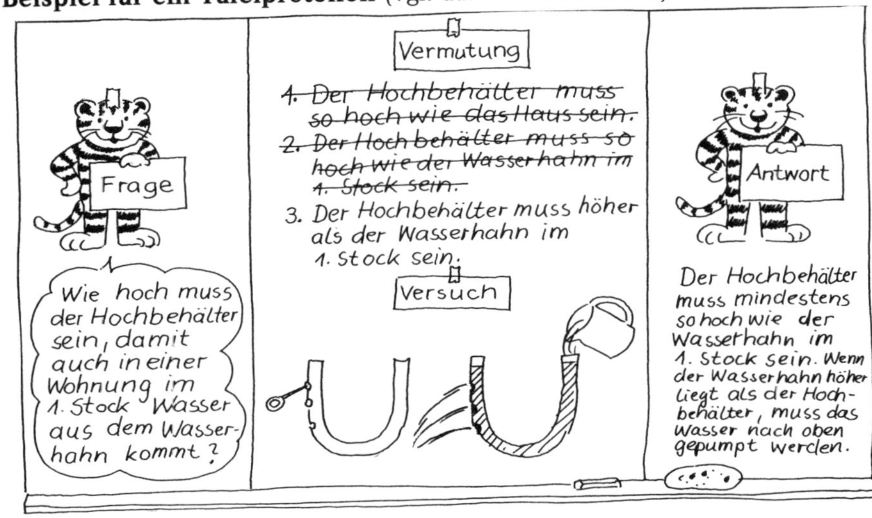

Beobachtung
Wenn das Wasser aus dem oberen Loch spritzt,
muss das Wasser auf der anderen Seite
des Schlauches genauso hoch stehen.

- Beim Einführen des Verfahrens muss in der Regel die Lehrerin den Problemgrund initiieren, z. B. mit Abbildungen, Erzählungen und Versuchsaufbauten (auch fehlerhaft oder unvollständig). Die Einstiegsform ist so zu wählen, dass die Kinder daraufhin selbstständig die Problemfrage finden können. Besteht bei den Kindern bereits eine gute Fragehaltung, eignet sich auch das freie Experimentieren mit ausgewählten Materialien zu Beginn einer Unterrichtseinheit, um einen Katalog von Problemfragen zu entwickeln, die in weiteren Stunden vertieft werden.
- Die Qualität der Problemfrage hat großen Einfluss auf den weiteren Unterrichtsverlauf. Die Fragestellung „Wo bleibt das Regenwasser?“ fordert einen anderen Erkenntnisprozess heraus als die Fragestellung„Wo bleibt das Regenwasser im Boden?“ Das Ringen um präzise Formulierungen darf als wichtiger Unterrichtsbestandteil nicht unterschätzt werden.
- Die Kinder sollten ihre Vermutungen zum Lösen der Frage stets begründen und grafisch oder schriftlich festhalten. Es kann nicht vorausgesetzt werden, dass den Kindern der Unterschied zwischen Vermutung und Ergebnis klar ist. So ist es sinnvoll parallel im Deutschunterricht diesen Unterschied zu behandeln.
- Beim Experimentieren sollten möglichst Alltagsmaterialien benutzt werden. Diese können die Kinder selbst besorgen und sie können so die Experimente

zu Hause nachstellen oder sogar weiterentwickeln. Im Klassenraum sollte möglichst ständig eine Experimentierkiste zur Verfügung stehen.

- Die Materialien aus der Experimentierkiste können die Kinder anregen, zum Überprüfen ihrer Hypothesen selbstständig einen Versuchsaufbau zu konstruieren. Verständnisprobleme können sich ergeben, wenn ein Naturphänomen im Experiment künstlich ersetzt werden muss, z. B. die kalte Luftschicht durch eine Glasscheibe. Naturphänomen und Experimentiermaterial sollten im Protokoll in Form von Abbildungen oder verbal gegenübergestellt werden, um den Kindern die Analogiebildung zu veranschaulichen.
- Partnerarbeit ist die geeignetste Sozialform beim Experimentieren. Einerseits helfen sich die Kinder gegenseitig, andererseits ist gewährleistet, dass auch wirklich jedes Kind das Experiment durchführt.
- Die Partnergruppen sammeln ihre Experimentiermaterialien in Kisten, z. B. in Schuhkartons.
- In der Regel sind die Kinder beim Durchführen des Experiments besonders motiviert und interessiert. Allerdings ist ausdauerndes, konzentriertes Betrachten und Beobachten auch einzuüben. Zeitangaben, Hinweise auf die Uhr, das Einstellen von „Eieruhren“ helfen beim Einschätzen von Zeitspannen und fördern den geduldigen Umgang.
- Der Versuchsablauf wird parallel zum Experiment oder im Anschluss individuell protokolliert. Dabei wird der Aufbau vor und nach dem Versuch dargestellt. Das individuelle Protokoll kann im Laufe des fortschreitenden Lernprozesses das gemeinsame Protokoll ablösen. Schritt für Schritt übernehmen die Kinder das Gestalten einzelner Teile selbstständig.

Name: Jonas Datum:

Frage: Ist Salz-, Seifen-, Öl- und Leitungswasser schädlich für Pflanzen?

Vermutung:
1. Salzwasser ist nicht schädlich.
2. Seifenwasser ist nicht schädlich.
3. Öl ist ein bisschen schädlich.

Versuch:

Kresse gegossen mit	1. Tag	2. Tag	3. Tag
Salzwasser			
Seifenwasser			
Ölwasser			
Leitungswasser			

Beobachtung: Nur die Kresse, die mit Leitungswasser gegossen wurde, wächst.

Antwort: Salz-, Seifen- und Ölwasser können tödlich für Pflanzen und auch für andere Lebewesen sein.

- Hilfen beim Protokollieren:
  Vorgefertigte Zeichnung zum Anmalen,
  Bilder zum Abzeichnen,
  unvollständige Zeichnungen, die zu ergänzen sind,
  mehrere unterschiedliche Zeichnungen zur Auswahl,
  vorgefertigte Texte zum Abschreiben,
  unterschiedliche Texte zur Auswahl,
  Lückentexte,
  Schlüsselwörter,
  Satzanfänge
- Das Ergebnis des Experiments wird mit den zuvor aufgestellten Hypothesen verglichen. Falsche Vermutungen werden deutlich durchgestrichen oder entfernt. Die Kinder begründen dabei ihre Überlegungen auf dem Hintergrund der neuen Erkenntnisse.
- Von den entwicklungspsychologischen Voraussetzungen her können Kinder in diesem Alter Naturphänomene beobachten und beschreiben. Sie können naturwissenschaftliche Zusammenhänge mit „Wenn-dann-Sätzen" oder fortgeschritten mit Sätzen wie „Je-desto, weil" formulieren. Geeignet sind Formulierungen, die die Kinder selbst entwickeln. Auch das Bemühen um sprachliche Präzision ist Unterrichtsbestandteil (vgl. o.g. Vermittlungshilfen).
- Ziel des Experimentierens ist es, die eingangs gestellte Problemfrage klar zu beantworten. Die Antwort wird schriftlich im Protokoll festgehalten. Aber auch für den Klassenraum, das Schulgebäude oder die Homepage lassen sich weitere Dokumentationsformen entwickeln. So werden z.B. beim Thema Wasser die verschiedenen Naturgesetze auf großen Wassertropfen aus blauen Tonpapier festgehalten.
- Bei ausreichender Zeit führen die Kinder weitere Experimente nach dem gleichen Funktionsprinzip durch, um die gewonnenen Erkenntnisse zu bestätigen und zu klären. Ein möglichst reichhaltiges Angebot regt die Kinder zum Vergleichen und Bilden von Analogien an.
- Kinder führen Experimente, die sie zum Staunen gebracht haben, gern immer wieder durch. Sogenannte „Forschertische" mit ständig ausliegenden Materialien laden zum freien Experimentieren in offenen Unterrichtsphasen ein.
- Je jünger die Kinder sind, desto bedeutender ist das Durchführen von Experimenten. Denn konkrete Handlungen sind nicht nur notwendige Voraussetzungen für das Verstehen, sondern motivieren, wecken Neugierde und fördern das Interesse. Das Experimentieren sollte also den zeitlich größten Anteil haben. Andererseits sollten die Kinder nicht einfach ziellos mit den

vorhandenen Materialien „spielen“. Dies regt nur bedingt zum Nachdenken und Verstehen an und wird eher vom momentanen Lustgefühl bestimmt. Die Lehrerin muss deshalb im Blick auf die Lernvoraussetzungen ihrer Klasse für eine ausgewogene Balance zwischen konkreten Handlungen und Sprachhandlungen sorgen.

Spielformen im Sachunterricht

Freies Spiel

Im Freispiel agieren die Kinder selbstbestimmt mit Objekten und Personen. Es verläuft in drei Phasen:

- *Anlaufphase:* Die Kinder suchen ihren Spielort auf, wählen das Material aus und organisieren die Spielgemeinschaft.
- *Spielphase:* Bauen, Konstruieren, Formen, Legen, Sich-Verkleiden, Rollenspiel usw.
- *Abschlussphase:* Gemeinsames Aufräumen
- *Evtl. Reflexionsphase:* Das Erlebte wird bewertet und in zukünftige Spielvorhaben eingebracht.

Das Freispiel sollte ein Freiraum ohne Vorgaben und Rechenschaftspflicht sein, in dem alle Kinder die gleichen Chancen haben und in den die Lehrerin möglichst nicht eingreift. Folgende Prinzipien sind Grundlage für eine angenehme Spielatmosphäre:

- Prinzip der Kontinuität: Möglichst täglich Freispielphasen einplanen.
- Prinzip der Gleichheit: Nicht nur „gute Schüler“ dürfen spielen.
- Prinzip der Freiheit: Die Kinder wählen unter verschiedenen Spielformen, Materialien, Spielorten und Sozialformen aus.

Spielerisches Lernen

Hier werden Spielformen unter einem bestimmten Lernaspekt eingesetzt. Spiel- und Lerninhalt gehen ineinander über, Spiel- und Lerneffekt stehen gleichwertig nebeneinander.
Spielerisches Lernen basiert auf drei Grundbedingungen:

- Spielerisches Lernen zielt auf frohes und selbstständiges Lernen ab, wobei nicht immer der direkte Weg zum Lernziel gegangen wird.
- Je besser es der Lehrerin gelingt aus dem spielerischen Lernen ein Spiel werden zu lassen, um so eher und intensiver wird sich der Lernerfolg einstellen.

- Um den Spielcharakter zu betonen organisieren die Kinder den Lernprozess selbst. Nötig dazu sind attraktives Material, aber auch eine klare eindeutige Aufgabenstellung.

Lernspiele

Ordnungs- und Zuordnungsspiele

Um attraktives und haltbares Spielmaterial herzustellen, werden Bilder bunt ausgemalt und Spielpläne sowie Spielkarten vor dem Auseinanderschneiden laminiert. Die Kinder können das Spielmaterial auch selbst herstellen, allerdings ist dabei ein hoher Zeitaufwand einzuplanen.

- **Memory** (zwei bis vier Kinder)
  Ziel: Es sollen möglichst viele Kartenpaare gesammelt werden.
  Paarbildung: Bild-Bild-Zuordnung (Die Kopiervorlage zweimal kopieren.) oder Text-Bild-Zuordnung.
  Arbeitsweise: Die Kinder mischen die Karten und verteilen sie mit der Rückseite nach oben. Der erste Spieler deckt zwei Karten für alle Mitspieler sichtbar auf. Gehören die beiden Karten zusammen, darf sie der Spieler nehmen und noch einmal zwei Karten aufdecken. Passen die beiden Karten nicht zusammen, ist der nächste Spieler an der Reihe. Wer am Ende die meisten Kartenpaare hat, ist Sieger.
- **Domino** (ein bis vier Kinder)
  Ziel: Zu einem Bild ist ein passendes Symbol, ein Begriff oder ein Text zu finden. Die Anfangs- und Endkarte ist markiert (Start, Ende). Zur Selbstkontrolle sind die Dominokarten auf der Rückseite durchgehend nummeriert.
  Arbeitsweise: Die Kinder suchen die Startkarte heraus. Die anderen Karten werden mit der Rückseite nach oben verteilt. Der erste Spieler zieht eine Karte. Falls sie zur aufgedeckten Karte passt, legt er sie an. Wenn nicht, muss er sie behalten und der Nächste ist an der Reihe. Wer als Erster keine Karte mehr in der Hand hat, gewinnt.
- **Puzzle**
  Die Puzzleteile werden z. B. in kleinen Schachteln oder in mit Klettband verschlossenen Klarsichthüllen aufbewahrt. Auf der Unterseite des Kästchens oder der Rückseite der Hülle klebt ein Lösungsblatt.
  Puzzle mit Arbeitskarte: Die Bild- und die Arbeitskarte werden fotokopiert. Die Bildkarte wird ausgeschnitten.
  Arbeitsweise: Die Kinder legen die Puzzleteile aus. Sie lösen die Aufgabe auf der Arbeitskarte und legen das Puzzleteil mit der entsprechenden Nummer auf die Aufgabenkarte. Wenn alle Aufgaben richtig beantwortet worden sind, ergibt sich ein Bild.

Postkartenpuzzle: Dazu wird ein Bild (Postkarte oder Kalenderblatt) auf dünnen Karton geklebt. Eine Aufgabenkarte und eine Lösungskarte in gleicher Bildgröße sind in gleich große Felder eingeteilt. Die Lösungskarte wird auf die Rückseite des Bildes geklebt (Achtung: spiegelverkehrt arbeiten). Nun wird das Bild auseinander geschnitten. (Das zusammengesetzte Bild in unserem Beispiel ergäbe ein Segelboot im Wasser.)

Puzzle: Orientierung mit Hilfe der Himmelsrichtungen

Wo geht die Sonne am Morgen auf? Osten (2) Süden (4) Westen(5)	Welche Himmelsrichtung ist auf der Landkarte immer oben? Norden (1) Osten (3) Süden (9)
	Wo geht die Sonne am Abend unter? Norden (8) Westen (3)
Wo steht der Polarstern? Osten (1) Norden (6) Süden (7)	An welcher Seite sind die Bäume mit Moos bewachsen? Westen (5) Osten (2) Süden (9)
In welche Richtung zeigt die Kompassnadel? Osten (7) Norden (8) Süden (6)	Wo steht die Sonne am Mittag? Norden (5) Süden (7) Westen (10)
Wo ist die Sonne nie zu sehen? Westen (6) Norden (10) Osten (3)	Welcher Gegenstand hilft dir bei der Suche nach der Himmelsrichtung? Rose (5) Kompass (9) Messer (1)

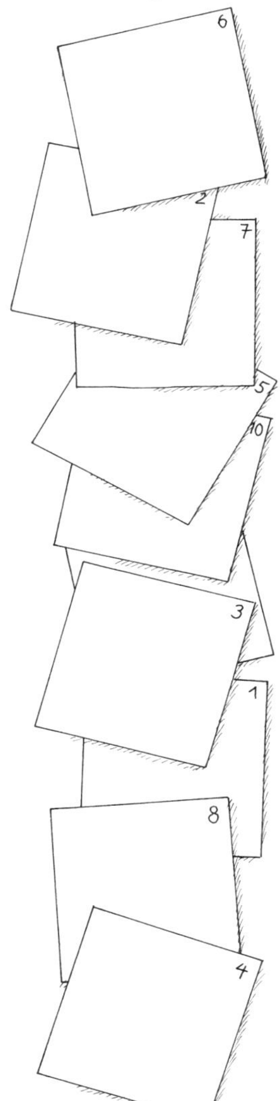

Arbeitsweise: Die Kinder lesen die Frage, suchen die richtige Antwort aus und legen das Puzzleteil mit dem Bild nach oben auf die Fragekarte. Sind alle Antworten richtig, ergibt sich ein vollständiges Bild.

- **Lernschieber** (ein bis zwei Kinder)
  Ein Lernschieber besteht aus einer Arbeitskarte und einem beweglichen Teil, dem Schieber. Zur Herstellung wird eine Arbeitskarte kopiert oder selbst angefertigt. Fragen und Antworten in Form von Bild, Text oder Symbol werden dabei folgendermaßen angeordnet:

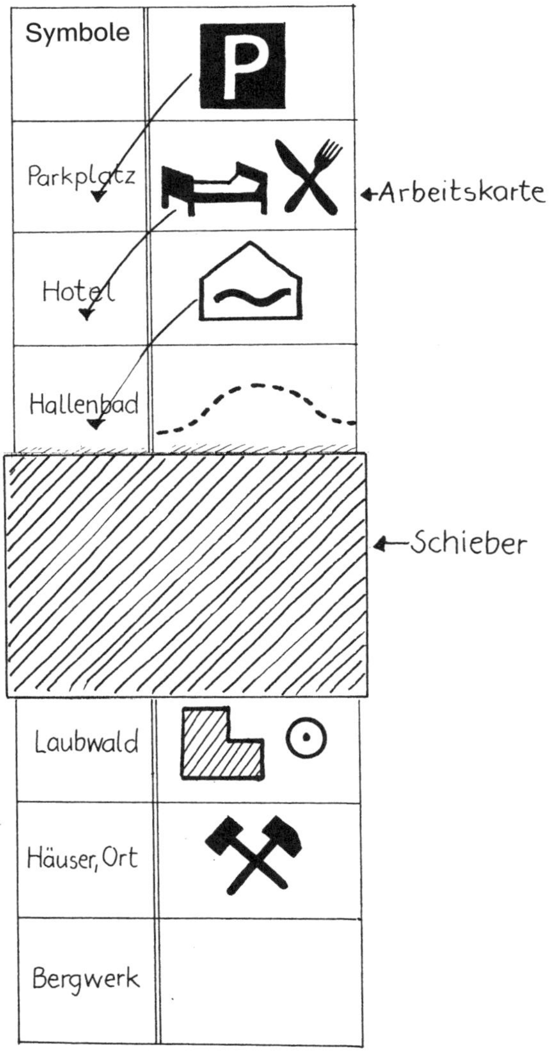

Der Schieber wird aus Karton gefertigt. Der Karton (ca. 6 cm hoch, doppelt so breit wie die Aufgabenkarte plus eine Zugabe von 1,5 cm) wird an der Schmalseite um 1,5 cm umgeknickt (Klebefalz). Der Streifen wird anschließend genau in der Mitte gefaltet und der Klebefalz an der anderen Schmalseite festgeklebt. Nun lässt sich der Schieber über die Aufgabenkarte streifen.
Arbeitsweise: Das Kind stellt den Schieber so ein, dass nur die obere Reihe zu sehen ist. Die nächsten Fragen und Antworten sind durch den Schieber verdeckt. Das Kind überlegt die Antwort auf die Frage und kontrolliert, indem es den Schieber um ein Feld weiterschiebt. Nun sind die Antwort und die nächste Frage zu sehen.

- **Auftragsscheibe** (ein bis zwei Kinder)
  Eine Auftragsscheibe besteht aus einer Hülle mit einem Einschnitt auf jeder Seite und einer Drehscheibe. Auf der einen Seite der Drehscheibe wird im Wechsel eine Aufgabe und auf der anderen Seite die Lösung sichtbar (Achtung: Beim Zusammenkleben auf die richtige Zuordnung achten). Die Drehscheibe wird mit einer Musterklammer in der Mitte der Hülle befestigt. (Abb. siehe S. 24)
  Arbeitsweise: Auf der Vorderseite erscheint die Aufgabe, auf der Rückseite die Lösung, die von einem Partner überprüft und korrigiert werden kann. Dreht man die Scheibe weiter, erscheint auf der Rückseite die Antwort und auf der Vorderseite die Lösung.
- **Stöpselkarten**
  Zu einer Frage werden drei Antworten vorgegeben. Unter die Antworten wird mit einem Locheisen ein Loch eingestanzt. Das Loch unter der richtigen Antwort wird auf der Rückseite farbig markiert. Tipp: Markierungen mit dem Filzstift sind preiswerter und haltbarer als Markierungen mit Verstärkungsringen.
  Arbeitsweise: Die Kinder lesen die Frage und stecken einen Stöpsel in das Loch unter der richtigen Antwort. Tipp: In Stücke geschnittener Pfeifenputzerdraht eignet sich besser als die handelsüblichen Stöpsel, da er beim Umdrehen der Karte nicht herausrutscht. Die farbige Markierung auf der Rückseite dient als Kontrolle.
- **Klammerkarten**
  Man benötigt eine Arbeitskarte und farbige Klammern (Büroklammern oder kleine Plastikwäscheklammern). Auf der Arbeitskarte stehen Fragen mit mehreren möglichen Antworten. Beim Anordnen der Antworten ist darauf zu achten, dass sich am Rand eine Klammer befestigen lässt. Die richtige Antwort wird auf der Rückseite farbig markiert.

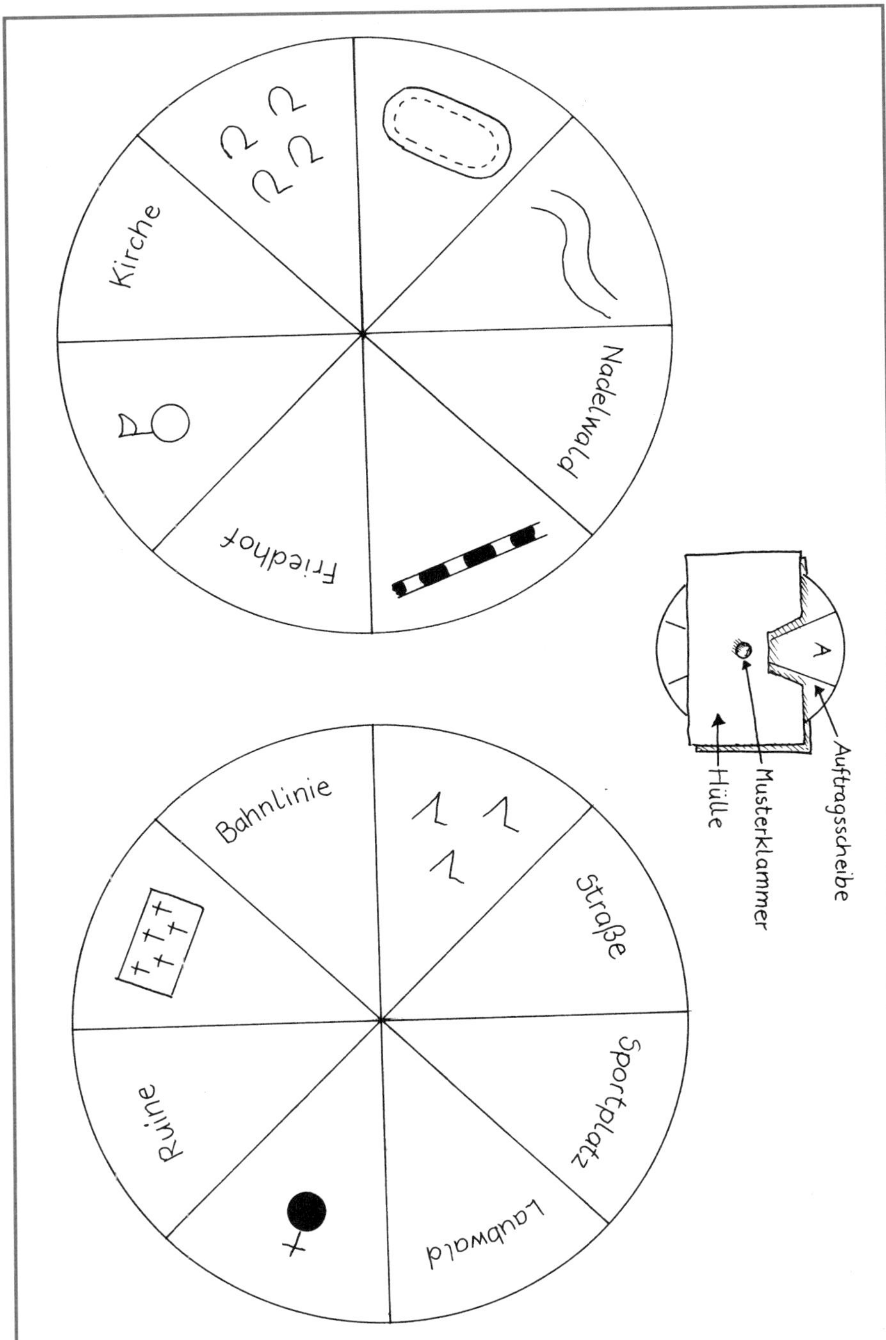
Kirche
Nadelwald
Friedhof
Bahnlinie
Straße
Sportplatz
Laubwald
Ruine
A
Auftragsscheibe
Musterklammer
Hülle

Arbeitsweise: Das Kind löst die Aufgabe und steckt eine Klammer an das Feld mit der richtigen Antwort. Sind alle Aufgaben gelöst, wird die Arbeitskarte zur Kontrolle umgedreht und die Übereinstimmung von Klammer und farbiger Markierung überprüft.
Tipp: Weniger aufwändig als die Herstellung von Klammer- oder Stöpselkarten ist folgendes Vorgehen:
Die Arbeitskarten werden in Klarsichthüllen gesteckt. Die Kinder kreuzen die Antwort mit wasserlöslichem Folienstift an. Tipp: Die offene Seite der Klarsichthülle wird verschweißt oder mit Klebeband zugeklebt, damit beim Abwischen der Folienstifte kein Wasser in die Hülle eindringen kann. Zur Kontrolle wird entweder ein Lösungsblatt auf der Rückseite der Arbeitskarte eingesteckt oder eine Overlayfolie mit Kreuzen an der richtigen Stelle.

- **Quartett/Schwarzer Peter** (drei bis vier Kinder)
  Die Vorlage wird auf Karton kopiert und ausgeschnitten. Für das Quartettspiel benötigt man je vier zusammengehörige Karten mit jeweils einem gleichen Symbol, für das Peterspiel je zwei zusammengehörige Karten und zusätzlich eine Karte mit dem schwarzen Peter (schwarzer Klecks, schwarze Figur).
  Arbeitsweise:
  Quartett: Alle Karten werden an die Mitspieler verteilt. Der Reihe nach zieht ein Kind von seinem Nachbarn eine Karte. Wer vier Karten hat, die zusammengehören, legt sie ab. Wer zuerst alle Karten abgelegt hat, ist Sieger.
  Schwarzer Peter: Wer am Schluss den Schwarzen Peter in der Hand hat, verliert.
  Tipp: Ein Memoryspiel lässt sich durch Hinzufügen eines Schwarzen Peters ergänzen.
- **Würfelspiel** (zwei bis vier Kinder)
  Der Spielplan kann in eine Folienhülle gesteckt werden. Die Ereigniskarten werden kopiert oder selbst gestaltet und ausgeschnitten.
  Arbeitsweise: Man benötigt einen Spielplan, Ereigniskarten, einen Würfel und für jeden Spieler einen Spielstein. Die Kinder einigen sich, wer beginnt (der Jüngste, der Älteste, derjenige mit der höchsten Augenzahl usw.). Es wird reihum gewürfelt und der Spielstein entsprechend der Augenzahl vorgesetzt. Gelangt man auf ein Ereignisfeld, zieht man eine Ereigniskarte, liest die Spielanweisung oder Frage vor und führt den entsprechenden Auftrag aus. Wer zuerst das letzte Feld erreicht hat, gewinnt. Es kann um den zweiten und dritten Platz weitergespielt werden.

Spielerisches Versuchen und Bauen

- Freies spielerisches Versuchen und Bauen: Die Kinder erhalten Material zur spielerischen Erprobung und entwickeln eigene Versuchsaufbauten, aus denen sich oft eine Fragestellung ergibt.
- Gezieltes spielerisches Versuchen und Bauen: Eine Problemstellung, Arbeits- und Versuchsaufgaben oder eine Spielanleitung regen zu gezielten Versuchen an.
- Reflexion und Auswertung der Ergebnisse: Die in Versuchen und beim Bauen gewonnenen Erkenntnisse werden versprachlicht und ggf. durch Fachbegriffe ergänzt.

Ratespiele

Ziel: Wiederholen und Vertiefen von Lerninhalten

- Eckenraten (gesamte Klasse)
  In jeder der vier Ecken des Klassenraums steht je ein Kind als Kandidat. Die Lehrerin oder die anderen Kinder stellen zu einem Sachthema Fragen. Die Kinder in den Ecken rufen ihre Antworten in den Raum. Wer zuerst die richtige Antwort gibt, wandert eine Ecke weiter. Wer zuerst wieder in seiner Ecke angekommen ist, gewinnt
- Quizkarten (zwei bis sechs Kinder, Klasse)
  Auf der Vorderseite einer Karte steht eine Frage, auf der Rückseite die Antwort. Zu einer Frage werden vier Antwortmöglichkeiten vorgegeben. Der „Kandidat“ muss sich für die richtige Antwort entscheiden.

Darstellendes Spiel

Durch spielerisches Nachvollziehen werden Sachzusammenhänge anschaulich und lebendig vermittelt.

- Kreisspiele
  Diese nicht szenisch orientierten Spielformen werden meist im Sitzkreis durchgeführt (z.B. Kennenlernspiele).
- Figurale Spielformen
  Darstellendes Spiel mit dem Einsatz von Spielfiguren (Fingerpuppen, Stockpuppen, Marionetten usw.).
- Pantomimen sind szenisch orientierte nonverbale Spielformen.
- Scharaden sind eine Sonderform der Pantomime mit Rätselcharakter (lebende Bilder, Denkmal, Statuen usw.).
- Schattenspiel
  Auf einer von hinten beleuchteten Leinwand ist nur der Schattenumriss von Figuren oder Menschen zu sehen. Ein Erzähler schildert das Geschehen.

- Stegreifspiel
  Bei dieser szenischen Spielform liegt kein schriftlich fixierter Text zugrunde. In einer Vorbesprechung klären die Kinder Thema, Rollenbesetzung, Requisiten, Aufteilung des Raumes und Sprachmuster und stellen durch Sprache, Mimik, Gestik und Körperhaltung ihre Ideen spontan dar. Durch Wiederholung und wechselnde Rollenbesetzung werden Inhalt, Gestaltung und Verlauf der Spielszenen variiert und verbessert.

Rollenspiel

Im Rollenspiel versetzen sich die Kinder in eine Rolle hinein. Deshalb eignet sich es besonders zum Aufarbeiten sozialer Konflikte und zur Auseinandersetzung mit der gesellschaftlichen Wirklichkeit.
Stufen des Rollenspiels:

- Konfrontation mit dem Problem: Eine vorgelesene Geschichte, ein selbst gelesener Text, ein Bild oder eine Bilderfolge, ein Hinweis auf einen tatsächlichen Vorfall stellt ein klar formuliertes Problem vor.
- Auswahl der Darsteller: Die Kinder erhalten Rollenkarten mit einer kurzen Charakterisierung der Rolle.
- Planen des Szenenaufbaus: Da zu viele Requisiten von der kommunikativen Konfliktlösung ablenken, reichen einfachste Mittel zum Andeuten einer Rolle aus (z. B. Kopftuch, Werkzeug, Tasche). Die Spieler besprechen die Szene kurz und bereiten sie vor.
- Beobachter: Kinder, die nicht am Rollenspiel beteiligt sind, erhalten einen Beobachtungsauftrag.
- Rollenspiel: Die Darsteller entfalten das Problem und bieten eine Lösung an.
- Diskussion und Bewertung: Konkretes Feedback: Die Beobachter schildern, was sie gesehen und dabei empfunden haben. Dabei sprechen sie die Spieler mit ihren Rollennamen an. Sie bewerten das Spiel im Blick auf seine Alltagstauglichkeit.
- Wiederholen des Rollenspiels: Durch einen Wechsel der Darsteller ergeben sich vielleicht andere Sichtweisen und Lösungen.

Lernen an Stationen

Lernvoraussetzungen

Damit die Kinder selbstständig an Stationen arbeiten und lernen,

- müssen sie sich im Raum orientieren können, um sich unter verschiedenen Angeboten zu entscheiden.
  Hilfe: Die Lehrerin gibt an, in welcher Reihenfolge und in welcher Zeit die Stationen zu bearbeiten sind.
- müssen sie ihre Arbeitsergebnisse selbstständig kontrollieren und überarbeiten können.
  Hilfen: Die Lehrerin erklärt den Sinn der Selbstkontrolle: Es geht nicht darum, die Stationen möglichst schnell zu durchlaufen, sondern sorgfältige und richtige Arbeitsergebnisse sind wichtig. Geeignete Kinder können als „Helfer“ fungieren, sodass schwächere Kinder nicht nur auf die Lehrerin angewiesen sind.

Mögliche Regeln für Stationsarbeit

- Arbeite so leise, dass du niemanden bei der Arbeit störst.
- Bearbeite immer nur eine Aufgabe und beende diese auch.
- Kontrolliere dein Arbeitsergebnis. (Kontrollstation)
- Räume dein Material auf, bevor du eine neue Aufgabe beginnst.
- Wenn du nicht weiter weißt, frage zuerst einen „Helfer“.
- Hinterlasse die Station so, wie du sie vorgefunden hast.

Vorbereitung durch die Lehrerin

Arbeitsaufträge

- müssen eine klare Aufgabenstellung und eindeutige Arbeitsanweisungen enthalten und durch Nummerierung die Reihenfolge des Bearbeitens anzeigen.
- müssen sich eindeutig identifizieren lassen und mit Datum oder einer Nummer versehen sein.
- werden an den Stationen aufgehängt, ausgelegt oder befinden sich auf dem begleitenden Laufblatt.
- für Partner- oder Gruppenarbeit werden mit entsprechenden Symbolen gekennzeichnet.
- Es ist für jedes Kind in der Klasse mindestens ein Arbeitsauftrag vorzubereiten oder es werden einige Aufträge mehrfach kopiert oder sind in Partner- oder Gruppenarbeit durchzuführen.

Bereitstellen der Materialien und Aufbau der Stationen

- Ein Aufbau außerhalb der Schülertische (z.B. an Pinnwänden, Nagelleisten, Nebentischen, Fensterbänken, Stühlen) erübrigt das tägliche Auf- und Abräumen. Außerdem kann jedes Kind an seinem gewohnten Arbeitsplatz arbeiten.
- Für Fachlehrer sind ineinander stapelbare Ablagekörbe hilfreich.
- Ziffern, Buchstaben, Namen oder Symbole an den einzelnen Stationen erleichtern den Kindern die Orientierung.
- Pflicht- und Zusatzaufgaben werden unterschiedlich gekennzeichnet.
- Jedes Kind erhält einen Laufzettel oder eine Übersichtstabelle mit den Namen der Kinder und den Stationen.
- Die Einträge auf dem Laufzettel zeigen jeweils den derzeitigen Bearbeitungsstand.

Ansprüche an Materialien, Arbeitsblätter und Stationen

- Die Materialien sind bereits eingeführt, werden nur durch eine kurze mündliche oder schriftliche Erklärung verständlich oder „erklären" sich weitgehend selbst.
- Die Aufgaben bieten eine Möglichkeit zur Selbstkontrolle.
- Die Materialien sind ästhetisch ansprechend zu gestalten.
- Die Materialien berücksichtigen die verschiedenen Lerntypen (visuell, akustisch, kinesthetisch, olfaktorisch).
- Die Materialien ermöglichen mehrkanaliges Lernen. So wird z.B. Handeln bei manuellen Tätigkeiten (ausschneiden, herstellen, kleben) sowie beim Zeichnen, Spielen, Rollenspiel, Dokumentieren ermöglicht.
- Die Materialien berücksichtigen unterschiedliche Repräsentationsebenen (enaktiv – ikonisch – symbolisch).
- Kopfarbeit wird durch Bewegung aufgelockert.
- Auch unterschiedliche Arten des Bearbeitens wie Aufschreiben, Verbinden, Einkreisen, Zuordnen sorgen für Abwechslung.
- Sie bieten angemessene Minimalanforderungen und Auswahlmöglichkeiten an sowie Zusatzaufgaben innerhalb der Stationen oder Zusatzstationen zur qualitativen Differenzierung.
- Bekanntes und Neues ist sinnvoll gemischt.
- Sie regen zu unterschiedlichen Sozialformen an.
- Die Kinder können ihre eigenen Ideen einbringen.

Die Einführung der Kinder in das Lernen an Stationen

- Am Anfang werden nur wenige unterschiedliche Stationen mit vielen bekannten Elementen aufgebaut.
- Besser als eine Erläuterung der einzelnen Stationen ist ein Rundgang durch die Stationen, um Neugier zu wecken. Oder: Die Kinder machen sich vor Arbeitsbeginn mit den Stationen vertraut.

Zuweisung an die Stationen

- Losverfahren
- Namenskarten auf Wäscheklammern
- nach der Sitzordnung
- Kennzeichnung auf dem Laufzettel
- „Zugfahrt“ mit „Fahrkarten“ oder „Haltestellen“

Selbstkontrolle

- Kontrollstation (z.B.: Ausgefüllte Arbeitsblätter werden hinter die Tafel gehängt.)
- Overlayfolien
- Materialien mit Selbstkontrolle, z.B. Drehscheiben, Klammer- und Stöpselkarten, Lernschieber, Puzzles, Zuordnungsspiele wie Domino oder Memory
- Die Ergebnisse sind auf der Rückseite sichtbar.

Ergebnissicherung

- Wichtig: Genügend Zeit einplanen (mindestens 10 Minuten).
- Selbstkontrolle oder Vergleich der Ergebnisse untereinander.
- Die Ergebnisse liegen im Sitzkreis.
- Die Ergebnisse werden ausgestellt und bei einem Rundgang gewürdigt.
- Schülerdemonstration von Ergebnissen (z.B. Vorführen von Versuchen)
- Spiel
- Transferaufgaben: Die Kinder wenden ihr in der Stationsarbeit erworbenes Wissen in neuen Zusammenhängen an.

Zeit

- Die tägliche Bearbeitungszeit sollte nicht über mehr als zwei Unterrichtsstunden hinausgehen.

Wir in der Welt - die Welt bei uns

Es gibt vielfältige Anlässe sich diesem Thema zu nähern: Die unterschiedlichen Nationalitäten in einer Grundschule, der Urlaub im Ausland, die Teilnahme der Schule an dem europäischen Bildungsprojekt Comenius, aber auch die Herkunft der Lebensmittel. Die Klassensituation bestimmt den geeigneten Zugang. Angestrebt wird vor allem ein besseres Verständnis innerhalb der Klassengemeinschaft, aber auch ein besseres Verständnis für die weite Welt. So eignet sich die Unterrichtseinheit besonders für den Beginn eines Schuljahres. Allerdings sollte das Thema „Urlaub“ bereits vor den Ferien vorbereitet werden.

Fächerübergreifende Ansätze

Deutsch
- Märchen aus aller Welt
- Berühmte Kinderbuchautoren und ihre Bücher kennen lernen z.B. Astrid Lindgren, Joanne K. Rowling: Harry Potter
- Sprachen (Wörter, Redewendungen) miteinander vergleichen

Musik
- Vahle, Frederik: In Paule Puhmanns Paddelboot
- Kinderlieder aus aller Welt

1. Mein Herkunftsland

Vorüberlegungen
Viele Kulturen finden sich in einer Grundschulklasse zusammen. Die Gründe, die Heimat zu verlassen, sind unterschiedlich. Häufig sind es wirtschaftliche Interessen, aber auch politische Gründe wie Krieg und Verfolgung, die den Aufenthalt in Deutschland veranlassten. Viele ausländische Mitbürgerinnen und Mitbürger leben schon etliche Jahre in Deutschland. Die Kinder sind hier geboren. Einige haben inzwischen die deutsche Staatsangehörigkeit. Trotzdem sind die Kinder aus Migrantenfamilien noch sehr stark von der Kultur ihres Herkunftslandes geprägt und leben quasi zwischen zwei Welten.

Material
Kopiervorlage 1 + 2, Atlas, Wörterbücher für verschiedene Sprachen, Kassettenrecorder mit Mikrofon, Fremdsprachige Zeitschriften, Verpackungen und Gebrauchsanweisungen in verschiedenen Sprachen, Gesellschaftspiele aus anderen Ländern

Name: ______________________ Datum: ____________

Unsere Welt

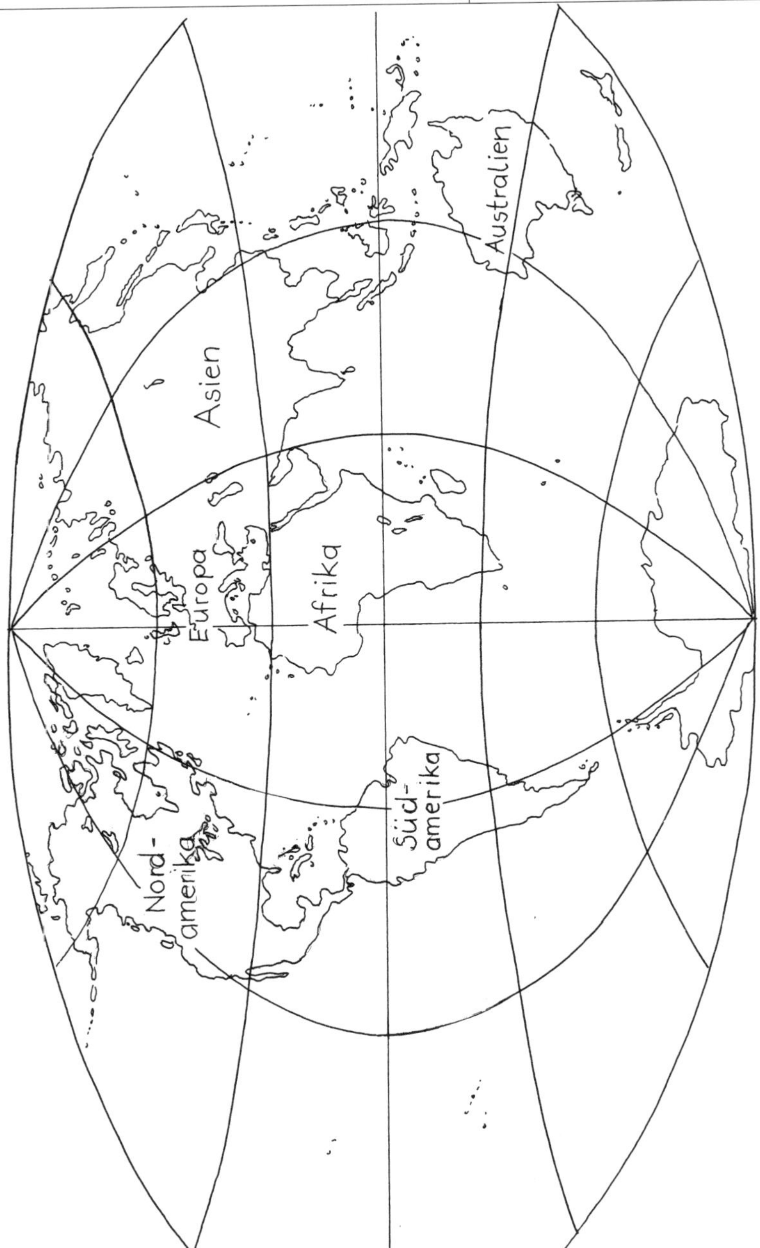

Vorschläge für den Unterricht

- Aufsuchen der Herkunftsländer und Herkunftsorte der Kinder auf einer Karte; jeweils mit einem Fähnchen (mit Foto und Namen des Kindes) markieren. (Kopiervorlage 1 oder 3)
- Interview von ausländischen Kindern in den anderen Klassen:
  Analog zur „Klassenkarte“ markieren die Kinder die Herkunftsländer sämtlicher Kinder der Grundschule, halten die Anzahl der Kinder aus den einzelnen Ländern fest, stellen die „Schulkarte“ im Eingangsbereich der Schule aus und zeigen so die Vielfalt der Nationen (Kopiervorlage 1 oder 3).
- Mehrsprachiges Beschriften von Räumen sowie Gegenständen in der Schule und im Klassenraum mit laminierten Karten
- Begrüßungs- und Verabschiedungsrituale in fremden Sprachen

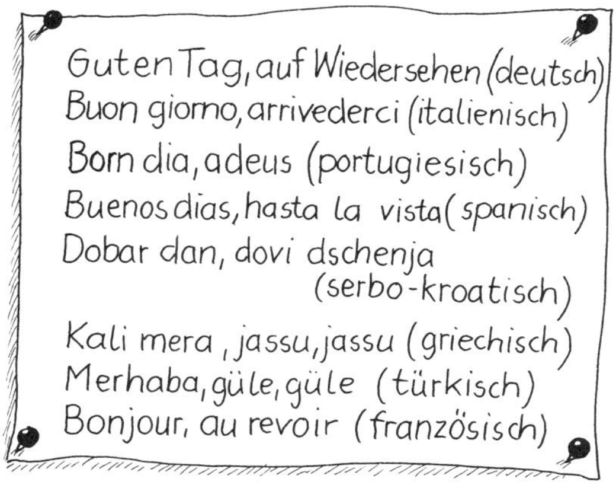

- Interview von Eltern ausländischer Herkunft (Herkunftsland, Gründe für das Verlassen der Heimat, in welchem Land fühlen sie sich besonders wohl, Gründe dafür) und Auswerten der Interviews (Tabelle, Plakat)
- Erstellen eines persönlichen Stammbaums und Erfassen der Herkunftssprachen der Familienmitglieder (Kopiervorlage 2, s. S. 34)
- Gestalten eines mehrsprachigen Kalenders mit internationalen Festen
- Die Kinder suchen in der Schulumgebung nach Wörtern und Sätzen in anderen Sprachen und schreiben sie auf.
- Betrachten und Vergleichen von fremdsprachigen Zeitschriften
- Vergleichen von Aufschriften auf Verpackungen und Gebrauchsanweisungen
- Gestalten von mehrsprachigen Glückwunschkarten
- Kennenlernen und Durchführen von Spielen (besonders Gesellschaftsspiele) aus anderen Ländern
- Erlernen von fremdsprachigen Reimen und Versen
- Erlernen der Zahlen in verschiedenen Sprachen

Name: ______________________ Datum: ____________

Diese Sprachen spricht meine Familie

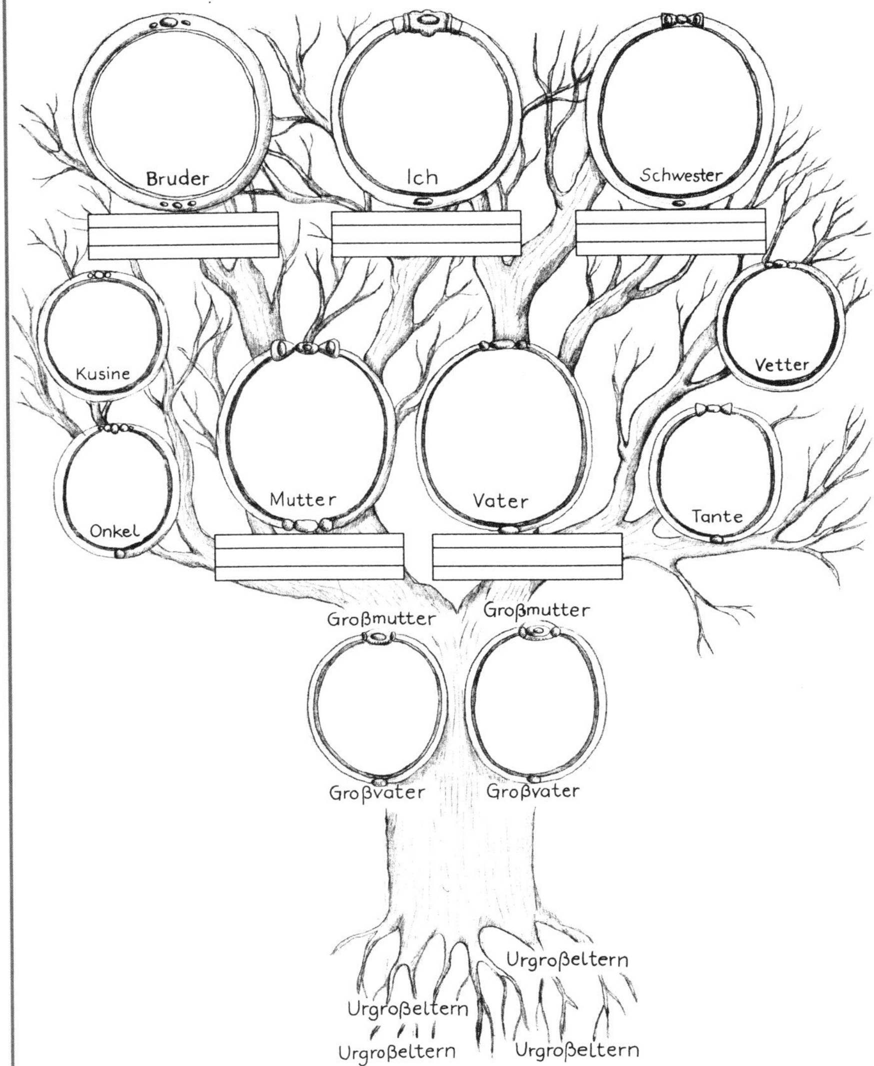

2. Urlaub - daheim und anderswo

Material
Kopiervorlage 1 s. S. 32, Atlas, ein Heft als Tagebuch

Vorschläge für den Unterricht

- Vor den Ferien: Erstellen einer Sammelliste für die Ferienkiste und Vorbereiten eines Tagebuchs für die Ferien.

- Interview der Eltern: Den Grund für die Wahl des Urlaubsortes, das Verkehrsmittel, die Strecke zum Urlaubsort erfragen.

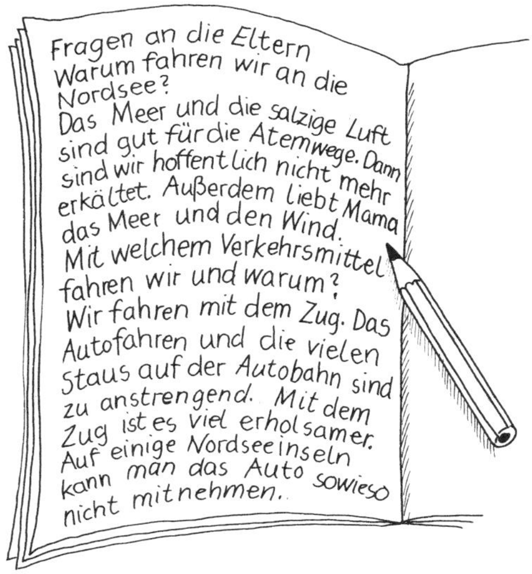

- Auf einer Karte den Urlaubsort und die Strecke dorthin markieren.
- Nach den Ferien: Zu den einzelnen Gegenständen aus der Ferienkiste erzählen, von den Ferien berichten und ein Plakat zum Urlaubsort erstellen.

3. Eine Reise durch Europa

Material
Atlas, Kopiervorlagen 1 (s. S. 32), 3 – 6 (siehe. S. 37 – 40), Zahnstocher, Klebstoff, Styroporstücke oder Korken, Tonpapier, Kassettenrecorder mit Mikrofon

Vorschläge für den Unterricht
- Auf einer Weltkarte die Meere blau und die Kontinente verschiedenfarbig anmalen (Kopiervorlage 1, siehe S. 32)
- Auf einer politischen Europakarte die Staaten in verschiedenen Farben anmalen. Weitere Aufgaben: Die Nachbarstaaten Deutschlands, die Staaten der EU, unsere Herkunftsländer, unsere Urlaubsländer mit verschiedenen Symbolen (Stern, Kreis ...) markieren. (Kopiervorlage 3, siehe S. 37)
- Zuordnungen: Autokennzeichen – Land, Land – Hauptstadt – Wahrzeichen (Kopiervorlage 4 und 5, siehe S. 38 f.)
- Sammeln von Abbildungen mit bekannten Wahrzeichen der Hauptstädte
- Die Flaggen der Länder anmalen (Kopiervorlage 6, siehe S. 40)
- Die Flaggen an Zahnstocher ankleben, diese in Styropor oder Korken stecken und die Flaggen auf das entsprechende Land auf einer Landkarte stellen.
- Auf einer physischen Europakarte Gebirge, Halbinseln, Inseln, Meere und Flüsse anmalen.
- Durchführen von Interviews, z.B.: Was fällt Ihnen zu Norwegen ein?
- Einladen von ausländischen Mitbürgerinnen und Mitbürgern als Experten: Sie stellen Filme, Fotos, typische Kleidung, Geld etc. vor und berichten von ihrer Heimat. Für jeden Bericht wird ein Schwerpunkt festgelegt, z.B.: Meine Schulzeit in der Türkei, ein typischer Tagesablauf. Besucher und Kinder essen gemeinsam landesspezifische Leckereien, spielen typische Kinderspiele und singen Lieder.

Name: ______________________ Datum: ____________

Europa

Erstelle eine Tabelle mit den Staaten Europas. Schreibe jeweils neben das Länderkennzeichen die Bezeichnung des Staates und den Namen seiner Hauptstadt.

Beispiel: FIN Finnland Helsinki
S Schweden Stockholm

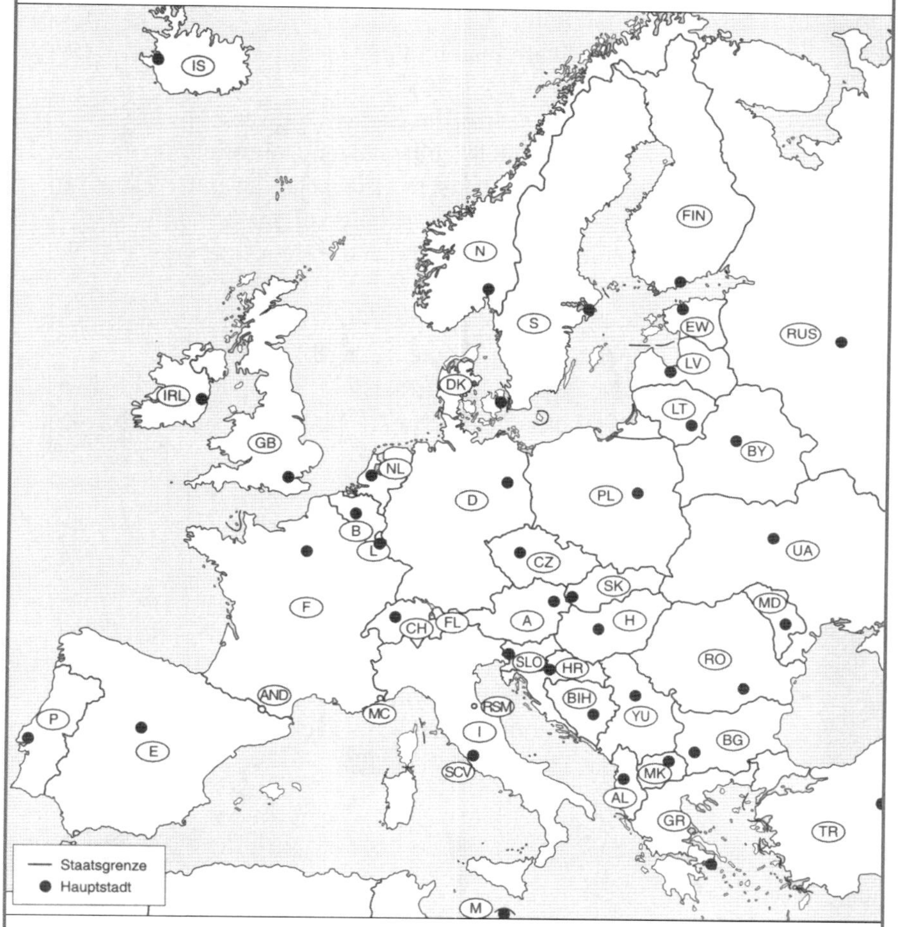

Name: ______________________________ Datum: ______________

Europa

Trage zu den Wahrzeichen die Namen der Hauptstädte ein.

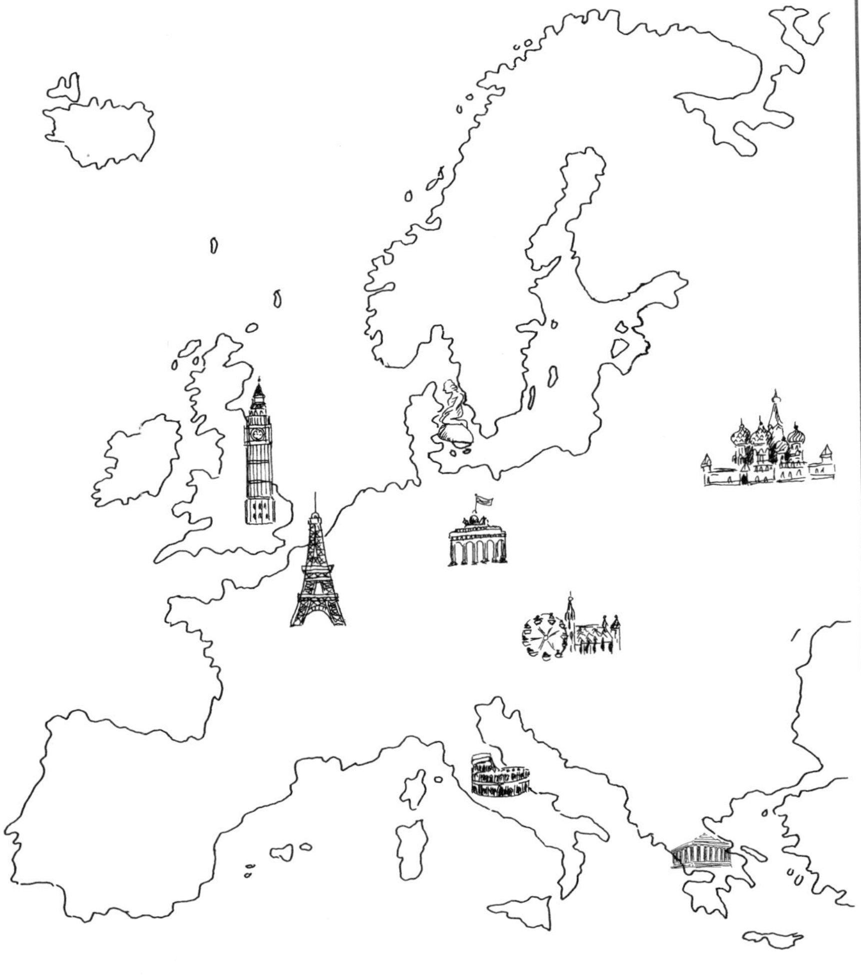

Länder und ihre Hauptstädte

Frankreich	England	Deutschland	Italien	Dänemark	Russland	Griechen-land	Österreich
Paris	London	Berlin	Rom	Kopenhagen	Moskau	Athen	Wien
F	GB	D	I	DK	RUS	GR	A
Eiffelturm 	Big Ben 	Branden-burger Tor 	Kolosseum 	Meerjung-frau 	Kreml 	Akropolis 	Prater 

Schneide die Karten aus. Du kannst daraus ein Memory- oder ein Quartettspiel basteln.

Name: ______________________ Datum: __________

Flaggen zum Anmalen

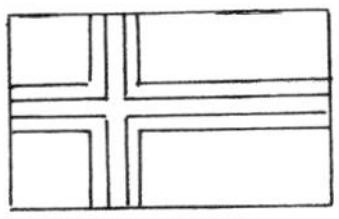
Norwegen

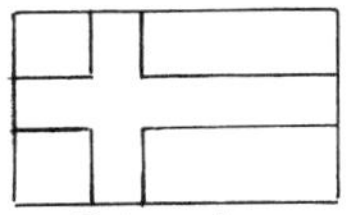
Schweden

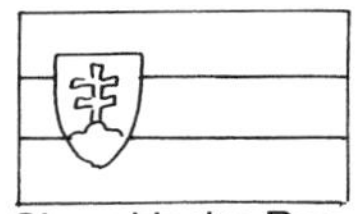
Slowakische Rep.

Moldawien

Kroatien

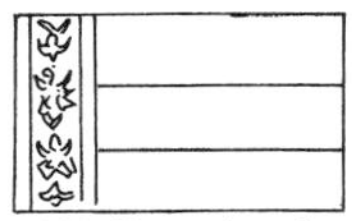
Weißrussland

Großbritannien

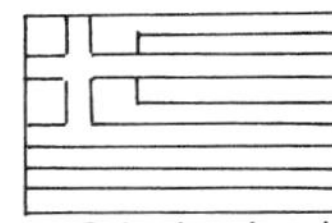
Griechenland

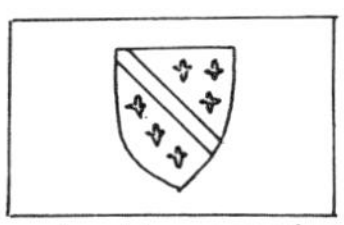
Bosnien-Herzegowina

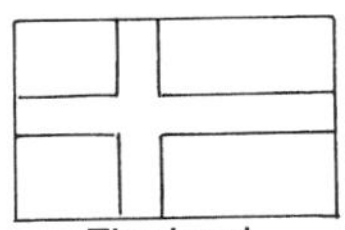
Finnland

Türkei

Mazedonien

Ungarn

Luxemburg

Deutschland

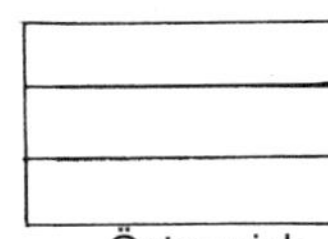
Österreich

Lettland

Estland

Niederlande

Litauen

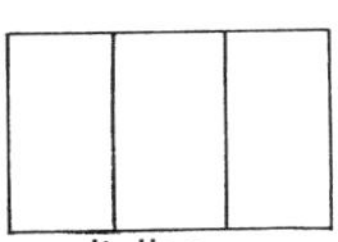
Italien

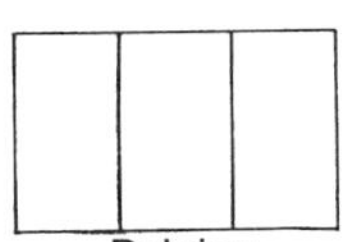
Belgien

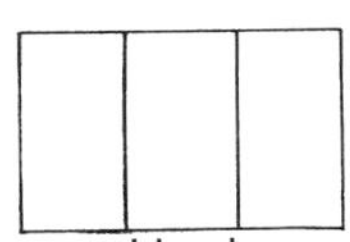
Irland

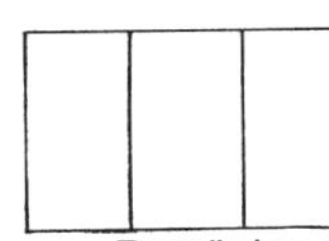
Rumänien

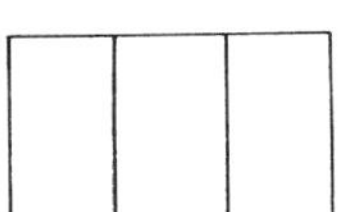
Frankreich

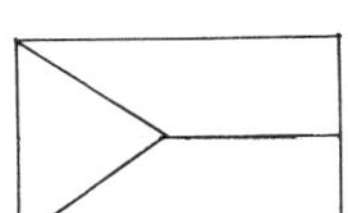
Tschechische Rep.

Spanien

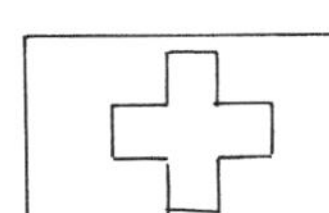
Schweiz

Portugal

Albanien

Slowenien

Spiele

- Suchspiele auf der Karte, z.B.: Wer findet am schnellsten Finnland? Wie heißt die Hauptstadt Frankreichs?
- Stadt, Land, Fluss: Der Spielleiter nennt einen Buchstaben, die anderen suchen auf der Karte eine Stadt, ein Land und einen Fluss mit diesem Anfangsbuchstaben und schreiben die Namen auf.
- Memory- und Dominospiele, z.B.: Zuordnen von Land und Hauptstadt, Wahrzeichen und Land. (Kopiervorlage 5, siehe S. 39)
- Puzzle mit den Staaten Europas (Kopiervorlage 3, S. 37, auf Tonpapier kopieren, laminieren, Länder ausschneiden)
- Europakarte als Brettspiel: Die Hauptstädte sind die Ereignisfelder. Wird die Hauptstadt richtig bezeichnet, darf man den Spielstein weiter ziehen. (Kopiervorlage 3 vergrößert kopieren, Spielfelder darauf malen, auf Tonpapier kopieren und laminieren)
- Wissensquiz zu Europa

4. Länderexperten

Vorüberlegungen

Die Kinder suchen sich ein Land ihrer Wahl aus. Die Kinder, die sich für das gleiche Land interessieren, arbeiten zusammen, holen über ihr Land Informationen ein und stellen sie der Klasse vor.

Material

Kinderbücher über einzelne europäische Länder, Reisekataloge, Kopiervorlage 7 (siehe S. 42)

Vorschläge für den Unterricht

- Einholen von Informationen: Im Internet recherchieren, Bücher ausleihen, Touristenverbände anschreiben, Reisekataloge und Prospekte besorgen
- Landessteckbrief: Flagge, Hauptstadt, Anzahl der Einwohner, große und bekannte Städte, Flüsse und Gebirge, Sehenswürdigkeiten, berühmte Menschen, Währung, Essen, Getränke, Häuser, Trachten, Klima, Sprache, berühmte Kinderbücher, Besonderheiten
- Darstellen der Ergebnisse: Den Umriss des Landes auf ein großes Plakat malen; Bilder, Zeichnungen und Texte in den Landesumriss kleben, einen Reiseführer verfassen, Informationsmaterial mit dem Computer zusammenstellen

Name: ______________________ Datum: ____________

Ländersteckbrief von ______________________

Male die Fahne:

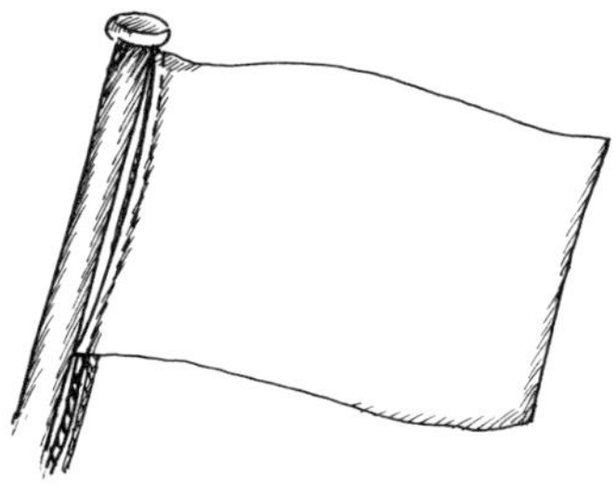

Die Hauptstadt heißt

______________________.

Zeichne berühmte Sehenswürdigkeiten oder klebe Abbildungen ein:

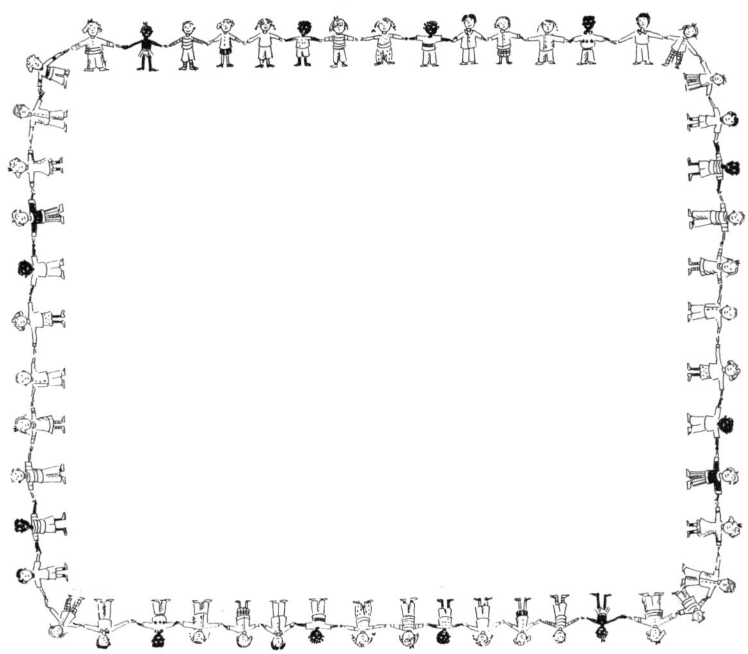

Bekannte Städte, Flüsse und Gebirge sind:

____

Zeichne Lebensmittel aus diesem Land in dein Heft und schreibe ihren Namen dazu.

5. Kinderrechte und Klassenordnung

Vorüberlegungen

In der “Konvention über die Rechte des Kindes” vom 20. November 1989 legten die Vereinten Nationen in 54 Artikeln die Maßstäbe für eine kindgerechte Gesellschaft sowie die Aufgaben von Staat und Gesellschaft zur Durchsetzung dieser Rechte fest. Mit Ausnahme von zwei Staaten - Somalia und die Vereinigten Staaten von Amerika – haben alle Länder der Welt die Kinderrechtskonvention ratifiziert. In dieser Konvention wurden Kindern und Jugendlichen bis 18 Jahren erstmals weltweit eigenständige Grundrechte zugesprochen. Die enthaltenen Bestimmungen lassen sich in drei große Teilbereiche, die drei Ps, unterteilen:

Protektion – Recht auf Schutz
Provision – Recht auf Grundversorgung
Partizipation – Recht auf Beteiligung

Mit Rechten sind jedoch auch Pflichten verbunden. Wer für sich das Recht in Anspruch nimmt, nicht geschlagen zu werden, darf umgekehrt selbst nicht schlagen. Die Rechte des Einzelnen in der Schule und Klasse manifestieren sich deshalb in einem gemeinsam festgelegten Ordnungsrahmen.

Material

Kopiervorlage 8, siehe S. 45

Vorschläge für den Unterricht

- Die Kinderrechte lesen und Regeln für den Umgang miteinander ableiten
- Bilder zu den Grundregeln malen

- Friedensbaum: Die Grundregeln in Kurzform auf einzelne „Blätter“ schreiben und auf einen stets wachsenden „Friedensbaum“ kleben
- Erstellen einer Klassenordnung
- Einrichten eines Klassenrats
- Aufarbeiten von Konfliktsituationen im Rollenspiel
- Verabreden von Zeichen und Symbolen für Verhaltensregeln

Stopp! Sofort aufhören!

Die Rechte der Kinder

DAS RECHT AUF GLEICHBEHANDLUNG UND SCHUTZ VOR DISKRIMINIERUNG. DAS RECHT AUF GESUNDHEIT. DAS RECHT AUF BILDUNG UND AUSBILDUNG. DAS RECHT AUF FREIZEIT, SPIELEN UND RUHE. DAS RECHT, SICH ZU INFORMIEREN, SICH MITZUTEILEN, GEHÖRT ZU WERDEN UND SICH ZU VERSAMMELN. DAS RECHT AUF GEWALTFREIE ERZIEHUNG UND AUF PRIVATSPHÄRE. DAS RECHT AUF SCHUTZ VOR GRAUSAMKEIT UND GEWALT IM KRIEG UND AUF DER FLUCHT. DAS RECHT AUF SCHUTZ VOR AUSBEUTUNG IN JEDER HINSICHT. DAS RECHT AUF EINE FAMILIE, ELTERLICHE FÜRSORGE, EINE HEIMAT UND EIN SICHERES ZUHAUSE. DAS RECHT AUF EINE GUTE BETREUUNG BEI BEHINDERUNG.

Aus der „Konvention über die Rechte des Kindes“ der Vereinten Nationen

Der natürliche Kreislauf des Wassers

Das Prinzip aller Dinge ist das Wasser;
aus Wasser ist alles und
ins Wasser kehrt alles zurück.

Thales von Milet

Die Kenntnisse zum natürlichen Wasserkreislauf sind Voraussetzung um Wetterphänomene, aber auch Trinkwasserversorgung und Abwasseraufbereitung verstehen zu können. Diese Unterrichtseinheit sollte deshalb zuerst durchgeführt werden.

Fächerübergreifende Ansätze

Deutsch
- Gedicht „Wasser" von James Krüss
- Kreatives Schreiben: „Meine Reise als kleiner Wassertropfen"
- Rechtschreibung: Wortfeld „Wasser"

Kunst
- Tuschbilder zum Thema „Wasser"
- Mischen von Blau- und Grüntönen
- Kalte Farben
- Erkundungen zum Thema „Wasser" (museumspädagogische Abteilungen)

Werken
- Arbeiten mit Ton

Musik
- Wasserorchester: Gläser unterschiedlich mit Wasser füllen, mit einem Löffel gegen die Gläser schlagen, den Klängen lauschen, die Klänge vergleichen, eine einfache Melodie spielen
- Lied „Tipitipi tup tup - Es war einmal ein Wasserhahn" von K.W. Hoffmann/R. Mika
- „Die Moldau" von Friedrich Smetana

1. Das Prinzip aller Dinge ist das Wasser

Um den natürlichen Wasserkreislauf begreifen zu können, sollten alle Kinder über notwendige Basisinformationen verfügen. Das „Lernen an Stationen" (siehe S. 28 ff.) ist für diesen Themenkomplex besonders geeignet.

1.1 Menschen, Tiere, Pflanzen brauchen Wasser

Vorüberlegungen

Wasser ist Leben. Der Mensch besteht zu drei Vierteln aus Wasser. Der Hund besteht zu zwei Dritteln aus Wasser. Die Gurke besteht fast nur aus Wasser. Eine große Menge Wasser geben Menschen und viele Tiere wieder ab, z. B. wenn sie schwitzen oder zur Toilette gehen. Pflanzen geben der Umwelt durch ihre Blätter Wasser zurück. Fehlendes Wasser müssen alle Lebewesen durch Trinken wieder auffüllen, sonst verdursten sie. Deshalb ist Trinkwasser das wichtigste Lebensmittel. Der Mensch kann mehrere Wochen hungern, aber er verdurstet schon nach 36 Stunden. (aus: Schlag nach 3/4, S. 127, a.a.O.)

Material

Kopiervorlage 9, zwei Pflanzen z.B. Tagetes, Primel, Apfelsinen oder Zitronen

Vorschläge für den Unterricht

- Arbeitsblatt (Kopiervorlage 9, siehe unten) Anteil des Wassers an einem Menschen, an einem Hund, an einer Gurke kennzeichnen
- Parallelversuch an zwei Pflanzen: Nur eine Pflanze gießen, die Entwicklung der Pflanzen beobachten und protokollieren
- Saft aus Obst pressen, den Anteil von Wasser und Fruchtfleisch vergleichen
- den Tageskonsum der Trinkmenge schriftlich protokollieren

Kopiervorlage 9

Name: ______________________ Datum: ____________

Lebewesen bestehen aus Wasser

Der Mensch besteht zu drei Vierteln aus Wasser. Der Hund besteht zu zwei Dritteln aus Wasser. Die Gurke besteht fast nur aus Wasser.

Male den Anteil des Wassers in den Lebewesen mit blauer Farbe an.

1.2 Wie nutzt der Mensch Wasser?

Vorüberlegungen
Der Mensch nutzt Wasser vielfältig: Vor allem als Trinkwasser und zum Kochen, für die Hygiene und zum Reinigen im Haushalt in Trinkwasserqualität, als Heilmittel z.B. bei Kuren, zur Erholung und für sportliche Aktivitäten, als Brauchwasser z. B. in vielen landwirtschaftlichen und industriellen Betrieben, als Kühlmittel, als Energiequelle z. B. zur Erzeugung von elektrischem Strom, als Transportmittel z. B. für die Schifffahrt, aber auch als Abfallträger aller Art.

Material
Fotos (aus Sachbüchern, Illustrierten), auf denen Wasser genutzt wird

Vorschläge für den Unterricht
- Bilder mit Wasser nach vorgegebenen Kategorien ordnen und Collagen erstellen
- Protokoll: Wofür wurde an einem Tag in der Schule / zu Hause Wasser gebraucht? (s. S. 205)

1.3 Salzwasser - Süßwasser

Vorüberlegungen
Es gibt mehr Wasser als Erde auf der Erdoberfläche. Aber die Hauptmenge des Wassers ist das Salzwasser in den Meeren. Nur der kleinste Teil des Wassers ist Süßwasser und nur Süßwasser können der Mensch, die meisten Pflanzen und Tiere aufnehmen. Bei einer hohen Konzentration von Salz gibt der Körper vermehrt Flüssigkeit in den Magen-Darmtrakt ab, um eine Verdünnung zu bewirken. Der Flüssigkeitsverlust wird damit verstärkt. Die Folgen sind Übelkeit, Erbrechen und Durchfälle bis hin zum Tode. Wenn man Salzwasser trinkt, wird einem übel. Meerwasser kann man nicht als Trinkwasser nutzen.

Material
Kopiervorlage 10 (siehe S. 50), kleine Löffel, Salz, zwei Pflanzen (Kresse, Primel o. Ä.), Gießkanne

Vorschläge für den Unterricht
- Arbeitsblatt Kopiervorlage 10
- Leitungswasser und Salz mischen, Salzwasser und Leitungswasser trinken und vergleichen
- Parallelversuch an zwei Pflanzen: eine Pflanze mit Salzwasser, die andere mit Leitungswasser gießen, die Entwicklung der Pflanzen beobachten und protokollieren

Name: ______________________ Datum: __________

Beobachtungsprotokoll

Datum	Mit Salzwasser	Mit Süßwasser

1.4 Wasser als Lösungsmittel

Vorüberlegungen
Eine Eigenschaft des Wassers ist die Fähigkeit, viele Substanzen in sich zu lösen. Lösungen sind homogene Gemische von zwei oder mehreren Stoffen, in denen die Bestandteile weder mit dem bloßen Auge noch mit dem Mikroskop auseinander zu halten sind. Von der Lösung zu unterscheiden ist die Suspension, in der ein fester, d. h. wasserunlöslicher Stoff im Wasser fein verteilt ist. Zwei ineinander nicht lösliche Flüssigkeiten bilden beim Mischen eine Emulsion, z. B. Wasser und Öl. Suspensionen und Emulsionen sind heterogene Stoffgemische.

Material
Inhalt der Experimentierkiste für je zwei Kinder: Salz, Zucker, flüssige Seife, Streichhölzer, textiler Stoff, Öl, sieben Gläser (z. B. Marmeladenglas), Stövchen, Teelicht

Name: ______________________ Datum: ____________

Gibt es mehr Wasser oder Land auf der Erde?

Male auf der Karte das Wasser blau und das Festland braun an.

Vergleiche und kreuze an:
☐ mehr Wasser ☐ mehr Land

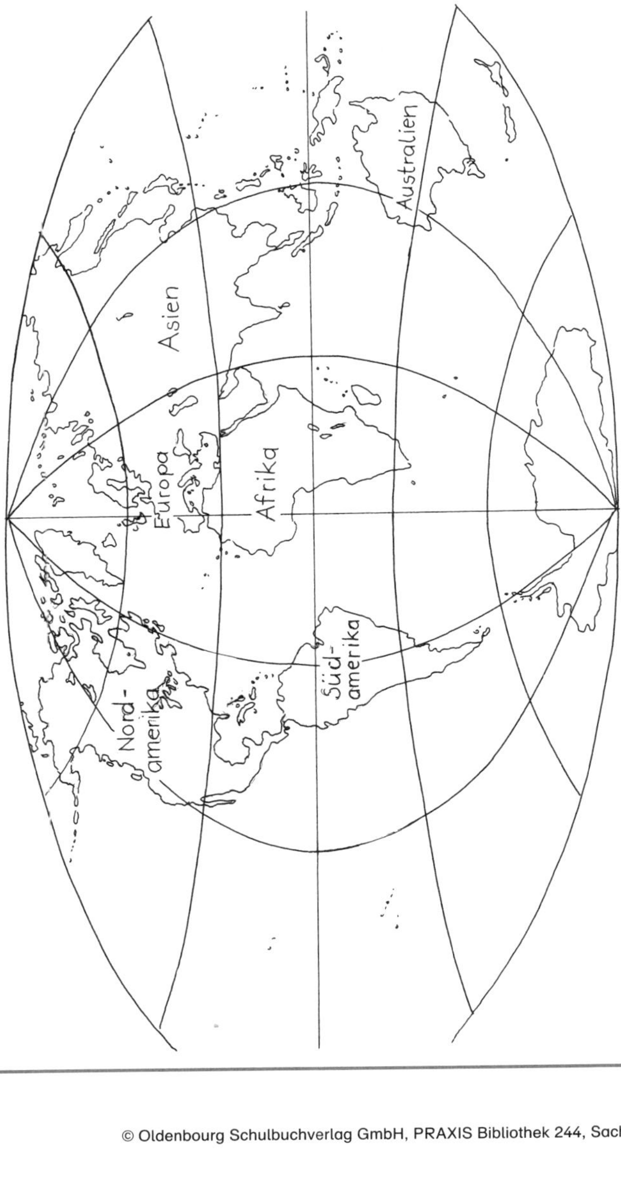

Vorschläge für den Unterricht

• *Experiment*

Frage: Welche Stoffe lösen sich in Wasser?

Material: Salz, Zucker, Seife, Papier, Holzstückchen, textile Stoffe, Öl, sieben Wassergläser, Wasser
Durchführung: Gläser mit Wasser füllen, in jedes Glas einen Stoff hinzugeben.
Beobachtung: Salz, Zucker und Seife sind im Wasser nicht mehr zu erkennen, Papier, Holz und Textilien sind im Wasser zu erkennen, Öl schwimmt oben.
Antwort: Wenn man Salz, Zucker oder Seife mit Wasser mischt, lösen sich diese Stoffe in Wasser auf. Wenn man Papier, Holz, Textilien mit Wasser mischt, bleiben diese Stoffe fest. Wenn man Öl mit Wasser mischt, schwimmt das Öl auf dem Wasser.

• *Experiment*

Frage: Kann man in warmem Wasser mehr Kochsalz lösen als in kaltem?

Material: Kochsalz, Glas mit Wasser, Stövchen mit Teelicht, Streichhölzer
Durchführung: Wasser in ein Glasgefäß füllen, bis zur Sättigung teelöffelweise Kochsalz hinzugeben, Anzahl der Teelöffel zählen.
Ein Glasgefäß auf ein Stövchen über ein brennendes Teelicht stellen, das Salzwasser beobachten und wieder bis zur Sättigung Kochsalz hinzufügen.
Antwort: Je wärmer das Wasser ist, desto mehr Kochsalz kann man darin lösen.

1.5 Aggregatzustände des Wassers

Vorüberlegungen

Wasser kommt in der Natur in drei Zustandsformen vor: Flüssiges Wasser bezeichnet man als Wasser. Gasförmiges Wasser bezeichnet man als Wasserdampf. Festes Wasser bezeichnet man als Eis. Den Übergang vom flüssigen zum festen Zustand nennt man Gefrieren. Die Wassermoleküle erstarren dabei zu Eiskristallen. Der Übergang vom flüssigen in den gasförmigen Zustand heißt Verdampfen. Erstreckt sich das Verdampfen bis in die Tiefe der Flüssigkeit, so nennt man den Vorgang Sieden. Beim Kochen ist gut zu beobachten, wie Luft- und Dampfblasen zuerst von unten aufsteigen. Bleibt die Verdampfung an der Oberfläche der Flüssigkeit, spricht man von Verdunstung. Wenn das Wasser zu Eis gefriert, beträgt die Temperatur 0° Celsius. Siedet das Wasser, beträgt die Temperatur 100° Celsius. Die Temperaturskala richtete der Wissenschaftler Celsius nach dem Gefrierpunkt des Wassers bzw. dem Siedepunkt des Wassers aus.

Material
Experimentierkisten für jeweils zwei Kinder mit leeren Marmeladengläsern, Wasserkocher oder Stövchen mit Teelicht, Streichhölzer, hitzebeständiges Glas, Thermometer mit Skala bis 100° C

Vorschläge für den Unterricht

- *Experiment*

Frage: Sieht Wasser immer aus wie Wasser?

Material: Durchsichtiges Glas, Eisfach eines Kühlschranks, Wasser, Wasserkocher und Wasser oder Stövchen mit Teelicht, Streichhölzer, hitzebeständiges Glas
Durchführung: Wasser in ein Glas füllen, sodass der Boden des Glases ca. 1 cm mit Wasser bedeckt ist, das Glas in ein Eisfach stellen, in regelmäßigem Abstand (etwa jede halbe Stunde) das Wasser im Glas betrachten.

Name: ______________________ Datum: ______________

Beobachtungsprotokoll

Uhrzeit	Wasser im Eisfach
9.00 Uhr	Das Wasser ist flüssig.
9.15 Uhr	

Einen Wasserkocher mit ca. 1/8 l Wasser füllen und das Wasser zum Kochen bringen

Name: ______________________ Datum: ______________

Beobachtungsprotokoll

Uhrzeit	Wasser im Kocher
9.00 Uhr	Das Wasser ist flüssig.
9.01 Uhr	

Beobachtung: Wenn das Wasser kalt wird, wird es langsam fest. An den Rändern erstarrt es zuerst. Wenn das Wasser erhitzt wird, bilden sich in der Flüssigkeit Blasen. Diese steigen nach oben und verlassen die Flüssigkeit. Nach zehn Minuten kann man nur noch Dampf, aber keine Flüssigkeit mehr sehen.
Antwort: Wenn Wasser kalt wird, friert es zu Eis. Wenn Wasser erhitzt wird, wird es zu Wasserdampf. Eis und Wasserdampf sind auch Wasser.

- *Experiment*

Frage: Bei welcher Temperatur gefriert Wasser zu Eis, bei welcher Temperatur kocht Wasser?

Material: Gefrorenes Wasser im Glas, kochendes Wasser, Thermometer mit Skala bis 100° C
Durchführung: Die Temperatur von Schmelzwasser und kochendem Wasser messen
Beobachtung: Die Temperatur des Schmelzwassers beträgt 0°, des kochenden Wassers 100°
Antwort: Wasser friert bei 0° und siedet bei 100°. Die Temperaturskala von Celsius ist nach dem Gefrier- und Siedepunkt von Wasser ausgerichtet.

2. Der natürliche Wasserkreislauf

Mit einem Schaubild analog Kopiervorlage 11 (siehe S. 54) vom natürlichen Wasserkreislauf lassen sich Begriffe für Naturphänomene, die im weiteren Verlauf der Einheit wichtig sind, gleich zu Beginn einführen. Das Schaubild dient auch als Problemgrund für die folgenden Stunden, in denen die Kinder durch Experimentieren (s. S. 15 ff.) die Naturphänomene tatsächlich be„greifen" können. Mit einem Suchrahmen lässt sich jeweils ein Phänomen besonders hervorheben.

2.1 Schaubild vom natürlichen Wasserkreislauf

Vorüberlegungen

Der Weg oder Lauf des Wassers ist immer derselbe. Es gibt kein Ende, genau wie bei einem Kreis. Seit Bestehen der Erde ist kein Tropfen Wasser verloren gegangen und keiner hinzugekommen. Immer ist es in Bewegung. Vereinfacht lässt sich der natürliche Wasserkreislauf mit den Begriffen „verdunsten, kondensieren, regnen, versickern, als Quelle heraustreten" beschreiben.

Material

Kopiervorlage 11 (siehe S. 54), Schaubild vom Wasserkreislauf, Wortkarten

Vorschläge für den Unterricht

- Arbeit am Schaubild: Die o. g. Begriffe den entsprechenden Bildausschnitten zuordnen
- Arbeitsblatt Kopiervorlage 11

Lösung: als Quelle heraustreten ⑤, versickern ④, verdunsten ①, kondensieren ②, regnen ③

Name: ____________________ Datum: ____________

Der natürliche Kreislauf des Wassers

1. Trage die richtigen Nummern ein.
   - ◯ als Quelle heraustreten
   - ◯ versickern
   - ◯ verdunsten
   - ◯ kondensieren
   - ◯ regnen
2. Male das Salzwasser hellblau an, das Süßwasser dunkelblau.

2.2 *Wasser verdunstet*

Vorüberlegungen

Verdunsten ist das langsame Verdampfen einer Flüssigkeit in der Luft. Wenn Wasser verdunstet, geht es als Wasserdampf in die Luft über. Wenn es windig, warm und die Oberfläche groß ist, verdunstet Wasser am schnellsten. Höhere Temperaturen, stärkere Luftbewegung und Vergrößerung der Oberfläche fördern also die Verdunstung.

Material

Inhalt der Experimentierkiste für je zwei Kinder: leere Marmeladengläser, Pipette, Uhr mit Sekundenzeiger, kleine Glasplatte oder Spiegel, Fächer, Pappe, Fön, Teelicht, zwei breite Gläser mit großer Öffnung, zwei hohe Gläser mit kleiner Öffnung, Streichhölzer

Vorschläge für den Unterricht

- *Experiment*

Frage: Wo bleibt das Wasser?

Material: Wasser im Glas, evtl. Pipette, Tafel, Tisch, Papier, Hose etc.
Durchführung: Mit dem Finger (oder einer Pipette) Wasser aus dem Glas nehmen und Tropfen auf verschiedene Gegenstände (Materialien) geben.
Beobachtung: Nach kurzer Zeit ist das Wasser nicht mehr zu sehen, der Gegenstand ist trocken.
Antwort: Wenn das Wasser nicht mehr zu sehen und zu fühlen ist, ist es als Wasserdampf in der Luft. Das Wasser ist verdunstet.

- *Experiment*

Frage: Wann verdunstet Wasser am schnellsten?

Material: Kleine Glasplatte, Wasser im Glas, Uhr mit Sekundenzeiger, Hilfsmittel wie Fächer, Pappe, Heizung, Fön, brennendes Teelicht etc.
Durchführung: Wassertropfen auf die Glasplatte geben, diese mit Hilfsmitteln zum Verdunsten bringen, Zeit stoppen und das Experiment mit anderen Hilfsmitteln wiederholen.

Name: ______________________ Datum: ______________

Wann verdunstet Wasser am schnellsten?
Beobachtungsprotokoll

	gestoppte Zeit
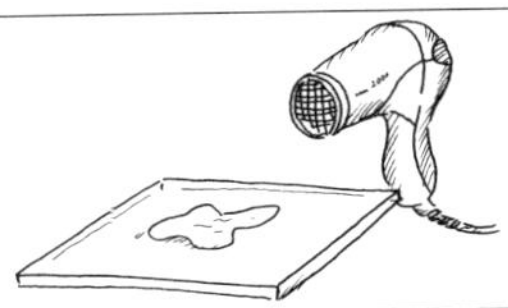	
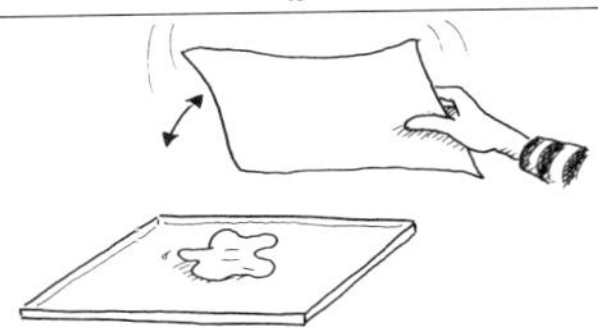	

Beobachtung: Mit Hilfe des Föhns verdunstet das Wasser am schnellsten.
Antwort: Bei Wärme und Wind verdunstet Wasser am schnellsten.

- *Langzeitexperiment*

Frage: In welchem Glas ist das Wasser am schnellsten verdunstet?

Material: Zwei breite Glasgefäße mit großer Öffnung, zwei hohe Glasgefäße mit kleiner Öffnung, Wasser
Durchführung: In jedes Gefäß gleich viel Wasser füllen (ca. 50 ml), ein breites und ein hohes Glas auf die warme Heizung (oder bei Sonnenschein auf das Fensterbrett) stellen, ein breites und ein hohes Glas an einen kühleren Platz im Klassenraum stellen.

Name: ______________________ Datum: ______________

In welchem Glas verdunstet das Wasser am schnellsten?
Beobachtungsprotokoll

Becher mit großer Öffnung auf der warmen Heizung	Becher mit kleiner Öffnung auf der warmen Heizung	Becher mit großer Öffnung am Waschbecken	Becher mit kleiner Öffnung am Waschbecken
Nach einem Tag			

Beobachtung: Das Wasser in dem breiten Glas auf der warmen Heizung verdunstet am schnellsten, das Wasser in dem hohen Glas an dem kühleren Platz verdunstet am langsamsten.
Antwort: Wenn es warm und die Öffnung des Glases groß ist, verdunstet das Wasser am schnellsten.

2.3 Wasser regnet sich ab

Vorüberlegungen

Der der Verdampfung entgegengesetzte Vorgang, der Übergang vom dampfförmigen Zustand eines Stoffes in den flüssigen Zustand, heißt Kondensation. Wenn Wasserdampf abkühlt, entstehen feine Wassertröpfchen. Diesen Vorgang nennt man kondensieren. Wassertropfen bilden sich um Kondensationskerne wie z.B. Staubpartikel und verdichten sich zu größeren Tropfen. Wenn die Tropfen so groß und schwer sind, dass sie von der Luftströmung nicht mehr getragen werden können, fallen sie als Regen zur Erde.

Material
Inhalt der Experimentierkiste für je zwei Kinder: Wasserkocher, hitzebeständiges Glas, Stövchen, Teelichter, kleine Glasplatte, Flasche mit Verschluss (z. B. Milchflasche), feuerfeste Unterlage (z. B. Backblech oder Porzellanschale), Tiegelzange, Papierstücke, Streichhölzer

Vorschläge für den Unterricht

- *Experiment*

Frage: Warum regnet es?

Material: Wasserkocher oder 1/8 eines hitzebeständigen, durchsichtigen Glases mit Wasser füllen, Stövchen und Teelicht, Streichhölzer, kleine Glasplatte
Durchführung: Wasser erhitzen und eine kalte Glasplatte über die Öffnung halten.
Beobachtung: Das Wasser verdampft. Der Wasserdampf beschlägt an der kalten Glasplatte. Kleine Wassertropfen bilden sich. Wenn die Wassertropfen größer und schwerer werden, fallen sie herunter.
Antwort: Wenn der Wasserdampf sich abkühlt, entstehen feine Wassertröpfchen. Der Wasserdampf kondensiert. Wenn die Wassertropfen größer und schwerer werden, fallen sie als Regen auf die Erde.

- *Experiment*

Frage: Wie entsteht eine Wolke? (schwieriger Versuch)

Material: Glatte, durchsichtige Flasche mit Verschluss (z. B. eine Milchflasche), Porzellanschale oder feuerfeste Unterlage (z. B. Backblech), Kühlschrank, Wasser, Papier, Streichhölzer

Durchführung:

- Die Flasche mit warmem Wasser ausspülen
- in der Porzellanschale Papierschnitzel verbrennen
- die Flasche mit der Öffnung nach unten über den Rauch des Feuers halten
- die Flasche verschließen
- in den Kühlschrank stellen, nach etwa 2 Minuten die Flasche aus dem Kühlschrank nehmen

Beobachtung: Das Wasser in der Flasche verdunstet über dem Feuer. Wenn der Rauch in die Flasche steigt, ist der Inhalt der Flasche durchsichtig. Wenn man die Flasche aus dem Kühlschrank nimmt, ist es in der Flasche trübe.

Antwort: Wenn der Wasserdampf abkühlt, kondensiert er. Dabei bilden sich Wassertröpfchen an den Rußpartikeln des verbrannten Papiers.

2.4 Wasser versickert

Vorüberlegungen

Die Bodenschichten Humus, Kies, Sand und Ton sind optisch und taktil leicht zu unterscheiden. Humus besteht aus tierischen und pflanzlichen Organismen. Er ist leicht an seiner dunklen Farbe zu erkennen. Sand entsteht durch Verwitterung von Gestein. Je nach Korngröße spricht man von Kies, Schuff oder Sand. Ton ist ein Sedimentgestein von sehr kleiner Korngröße. Es kann sehr viel Wasser aufnehmen, quillt dabei auf und bildet eine klebrige Masse. Im Gegensatz zu Ton sind Humus, Kies und Sand wasserdurchlässig. Wenn Regen im Boden versickert, sickert er durch wasserdurchlässige Schichten wie Humus, Sand und Kies, bis er auf eine wasserundurchlässige Schicht wie Ton trifft. Dort sammelt sich das Regenwasser und bildet das Grundwasser.

Material
Inhalt der Experimentierkiste für je zwei Kinder: Blumenerde, Sand, Kies, Ton, vier transparente Kunststoffbecher (Joghurtbecher), vier Gläser, Handbohrer (Stricknadel), Gießkanne

Vorschläge für den Unterricht

- *Experiment*

Frage: Welche Bodenschichten sind wasserdurchlässig, welche nicht?

Material: Humus (Blumenerde), Sand, Kies, Ton, vier transparente Kunststoffbecher, vier Gläser, Handbohrer (Stricknadel), Wasser in einer Gießkanne
Durchführung: Den Boden der Becher mit Löchern versehen, in jeden Becher eine Bodenschicht füllen, die Becher mit dem Namen der Bodenart beschriften, jeden Becher auf ein Glas stellen und mit Wasser begießen.
Beobachtung: Das Wasser sickert durch Humus, Sand und Kies und tropft in das Glas. Das Wasser bleibt auf dem Ton. Es tropft kein Wasser in das Glas.
Antwort: Humus, Sand und Kies sind wasserdurchlässig. Ton ist wasserundurchlässig.

- *Experiment*

Frage: Wo bleibt das Regenwasser im Boden?

Material: Ton, Sand, Kies, Humus, transparenter Kunststoffbecher, Wasser in der Gießkanne
Durchführung: Einen Becher in oben aufgeführter Reihenfolge mit Bodenarten füllen (Ton ist ganz unten) und mit Wasser begießen.
Beobachtung: Das Wasser sickert durch Humus, Sand und Kies und bleibt auf dem Ton.
Antwort: Wenn Regenwasser im Boden versickert, dann sickert es durch den wasserdurchlässigen Humus, Sand und Kies, bis es auf den wasserundurchlässigen Ton trifft. Dort sammelt sich das Regenwasser und bildet das Grundwasser.

2.5 Wasser tritt aus einer Quelle hervor

Vorüberlegungen

Quellen sind natürliche Austrittsstellen von Grundwasser aus dem Boden an einem Bergabhang. Wenn oberhalb der wasserstauenden Schicht (z. B. Ton) in der wasserführenden Schicht (z. B. Kies) das Grundwasser aus dem Boden hervortritt, entsteht eine Quelle.

Material

Inhalt der Experimentierkiste für je zwei Kinder: Sandkasten (Aquarium o. Ä.), Ton, Kies, Sand, Humus, flache Schale, transparenter Kunststoffbecher, Handbohrer (Stricknadel, Korkenzieher o. Ä.), Gießkanne

Vorschläge für den Unterricht

- *Experiment*

Frage: Wie kann Grundwasser aus dem Boden heraustreten?

Material: Bodenmodell mit Grundwasser aus dem vorangegangenen Versuch, Handbohrer (Stricknadel o. Ä.)
Durchführung: Löcher in den Becher bohren, durch Ausprobieren herausfinden, an welcher Stelle im Becher ein Loch sein muss, damit das Wasser gut heraustreten kann.

Beobachtung: Wenn man direkt oberhalb der Tonschicht ein Loch bohrt, sprudelt das Wasser heraus.
Antwort: Wenn oberhalb der wasserstauenden Schicht (z. B. Ton) in der wasserführenden Schicht (z. B. Kies) eine Öffnung im Boden ist, kann das Grundwasser aus dem Boden wieder heraustreten.

• *Experiment*
Frage: Wie entsteht eine Quelle?

Material: Sandkasten (Aquarium o.Ä.), Ton, Kies, Sand, Humus, flache Schale, Gießkanne mit Wasser
Durchführung: Im Sandkasten das Modell eines Bergabhangs bauen (Bodenarten schräg übereinander schichten), mit Wasser begießen und das Wasser in einer flachen Schale an der Austrittsstelle auffangen.

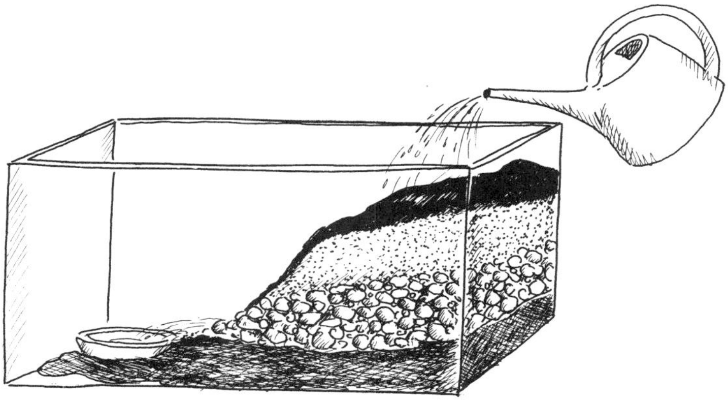

Beobachtung: Das Wasser sickert durch Humus, Sand und Kies, bis es auf Ton trifft. Es läuft auf der Tonschicht abwärts und tritt am Bergabhang aus dem Boden hervor.
Antwort: Wenn das Grundwasser an einem Bergabhang aus dem Boden hervortritt, entsteht eine Quelle.

3. Wasser reinigt sich selbst

3.1 Reinigung des Wassers von gelösten Stoffen

Vorüberlegungen
Im Wasserkreislauf gibt es natürliche Reinigungsprozesse. Bei der Destillation wird eine Flüssigkeit so lange erhitzt, bis ihre Bestandteile gasförmig werden. Kühlt man den Dampf wieder ab, erhält man durch Kondensation die einzelnen Bestandteile getrennt in flüssiger Form. Wenn das Meerwasser verdunstet, verdunstet nur das Wasser, das Salz bleibt zurück. Der durch Kondensation entstandene Regen ist also frei von den ursprünglich im Meerwasser gelösten Stoffen.

Material
Inhalt der Experimentierkiste für je zwei Kinder: Wasserkocher, hitzebeständiges Glas, Stövchen, Teelicht, Streichhölzer, kleine Glasplatte, Esslöffel, Salzwasser

Vorschläge für den Unterricht

- *Experiment*

Frage: Warum regnet es kein Salzwasser?

Durchführung: Das Salzwasser erhitzen und die kalte Glasplatte über die Öffnung halten.
Beobachtung: Das Wasser verdunstet. Der Wasserdampf beschlägt an der kalten Glasplatte. Kleine Wassertropfen bilden sich. Wenn die Wassertropfen größer und schwerer werden, fallen sie herunter. Im Glas bleibt Salz zurück.
Antwort: Wenn nur das Wasser verdunstet, kann auch nur Wasserdampf kondensieren und es kann abregnen. Das Salz bleibt bereits bei der Verdunstung zurück.

- *Experiment*

Frage: Wie gewinnt man Meersalz?

Material: Teelicht, Streichhölzer, Esslöffel mit Salzwasser
Durchführung: Salzwasser in einem Esslöffel über ein brennendes Teelicht halten.
Beobachtung: Das Wasser verdunstet. Im Esslöffel bleibt Salz zurück.
Antwort: Wenn das Wasser verdunstet ist, bleibt das Salz zurück.

3.2 Reinigung des Wassers von festen Stoffen

Vorüberlegungen

Die Bodenschichten Kies und Sand wirken wie ein Filter. Wenn das Regenwasser durch Kies und Sand sickert, lagern sich feste Stoffe des Regenwassers in den Bodenschichten ab. Je feinkörniger und je dicker die Schichten sind, desto besser ist die Filterwirkung. Wenn gelöste Stoffe oder Öl im Regenwasser durch Kies und Sand sickern, lagern sie sich nicht ab. Gelöste Stoffe und Öl bleiben im Grundwasser.

Material
Inhalt der Experimentierkiste für je zwei Kinder: neun durchsichtige Kunststoffbecher, sechs Gläser, Humus, Sand, Kies, Handbohrer (Stricknadel o.Ä.), Seife, Papier, Holz, Wasser

Vorschläge für den Unterricht

- *Experiment*

Frage: Ist Grundwasser (Quellwasser) sauber?

Durchführung:

- In drei Gläsern Wassergemische herstellen, z. B.:
  Glas 1: Gemisch aus Wasser und Seife, Glas 2: Gemisch aus Wasser und Papierschnitzel, Glas 3: Gemisch aus Wasser und Holzresten,
- in den Boden der neun Kunststoffbecher Löcher bohren,
- je einen Kunststoffbecher getrennt mit Humus bzw. Sand oder Kies füllen,
- drei Kunststoffbecher übereinander stellen, den untersten Becher in ein Glas zum Auffangen stellen,
- den Aufbau dreimal erstellen,
- jeden Aufbau mit einem Wassergemisch begießen.

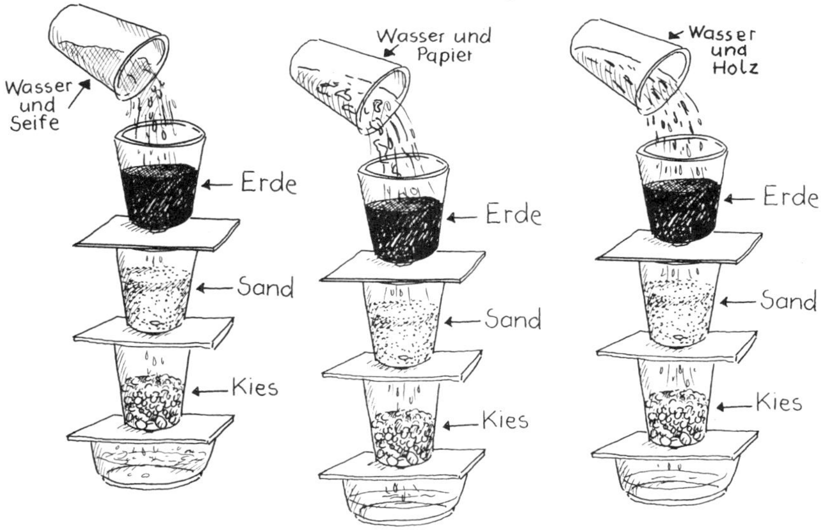

Beobachtung: Die Wassergemische aus Holz und Papier sickern durch die Bodenschichten. Papierschnitzel und Holzstückchen bleiben im Sand oder Kies. Das aufgefangene Wasser aus diesen Versuchsaufbauten ist klar, es enthält weder Papier noch Holz. Das Wassergemisch aus Seife sickert auch durch die Bodenschichten. Das aufgefangene Wasser schäumt, wenn es geschüttelt wird.

Antwort: Wenn Wasser im Boden versickert, wird es von festen Stoffen wie Papier und Sand gereinigt. Die Bodenschichten wirken wie ein Filter. Lösliche Stoffe wie Seife bleiben aber im Wasser und werden durch die Bodenschichten nicht gefiltert. Das Wasser ist also noch nicht ganz sauber und noch nicht als Trinkwasser geeignet.

Orientierung mit der Karte

Vorbemerkungen

Je nach dem Vorwissen der Kinder wird mit Sequenz A, B oder C begonnen.
Die kursiv gedruckten Vorschläge eignen sich zum Üben oder Wiederholen in einem Lernzirkel (s. S. 28).
Die Lernspiele auf den Arbeitsblättern sind vorher anzufertigen.
(Bastelanleitungen und Arbeitsweisen s. S. 19 ff.).
Um die Kinder systematisch zu einer selbstständigen Orientierung in ihrer Umgebung zu befähigen, sind die Unterrichtsvorschläge auf die regionalen Gegebenheiten zu übertragen. Die Kinder sollen jedoch Pläne und Karten nicht nur lesen, sondern auch unter einer bestimmten Fragestellung nutzen können, z. B.: Wie sieht die Infrastruktur unseres Schulviertels aus?
Merkmale von Kartendarstellungen:

- Kartenzeichen (Symbole, Legende)
- verebnete Darstellung
- Verkleinerung, Maßstab
- Himmelsrichtungen (Karten sind genordet – Norden ist oben)
- Höhendarstellungen (Höhenlinien, Farben, Schummerung)

Topografische Karten sind verkleinerte, vereinfachte inhaltlich ergänzte und erläuterte Grundrissbilder der Erdoberfläche.
Auf einer *thematischen Karte* dagegen werden die Wechselwirkungen von Mensch und Landschaft unter einer speziellen Fragestellung aufgezeichnet (z. B.: Spielplätze in unserem Wohnort, Bodenschätze).

Die Kinder sollen

- sich mit topografischen Karten im Gelände orientieren,
- topografischen Karten Informationen über räumliche Sachverhalte entnehmen,
- thematischen Karten Informationen über sozialgeografische Aspekte entnehmen.

Fächerübergreifende Ansätze

Kunstunterricht

- Basteln von Häusern
- Gestalten einer Modellortschaft

Mathematik

- Umgang mit Längenmaßen
- Arbeit mit dem Maßstab

A. ORIENTIERUNG IM HEIMATLICHEN LEBENSRAUM

Kartenlesen als sehr komplexer Vorgang erfordert einen hohen Abstraktionsgrad, daher geht man nicht analytisch von fertigen Karten aus, sondern erarbeitet in einem aufbauenden synthetischen Verfahren folgende Schritte:

- Erkunden der Wirklichkeit in einem eingegrenzten gut zugänglichen Gebiet
- Evtl. freies Zeichnen einzelner Aspekte des Erkundungsganges (Wegeskizze – genetische Karte – Kinderkartografie)
- Dreidimensionales verkleinertes Darstellen der Wirklichkeit beim Bau eines Modells
- Verebnete, zweidimensionale Darstellung
- Orientierung auf Karten (Schulumgebungsplan in größerem Maßstab, Ortsplan)

1. Menschen haben Bedürfnisse an ihre Wohnumgebung

Vorüberlegungen
Menschliche Daseinsfunktionen (wohnen, arbeiten, kommunizieren, sich versorgen, sich bilden, sich im Raum orientieren, am Verkehr teilnehmen usw.) entfalten sich in sozialen Räumen, verändern und prägen sie in verantwortlichem oder unverantwortlichem menschlichen Handeln.

1.1 Bauen eines Modellortes

Material
DIN-A4-Papier, zum Quadrat geschnitten, Kopiervorlage 12 (siehe S. 66), Wortkarten

Vorschläge für den Unterricht

- Im Kunstunterricht bauen die Kinder aus Pappschachteln ein Haus oder falten es nach schriftlicher Anweisung (s. Kopiervorlage 12, S. 66).
- Sie stellen ihre Häuser zu einer Ortschaft zusammen.

1.2 Wohnbedürfnisse der Bewohner eines Ortes (Infrastruktur)

Unterrichtsgespräch: Die Kinder überlegen, was die Menschen in den Häusern außer Haus und Grundstück noch zum Leben brauchen. Schnell ergibt sich eine umfangreiche Sammlung: Ärzte, Bäcker, Supermarkt, Schlachter, Feuerwehr, Polizei, Handwerksbetriebe, Schwimmbad, Kirche, Kindergarten, Schule, Eisenbahn usw. Die Lehrerin notiert die von den Kindern genannten Begriffe auf Wortkarten und legt sie in die Mitte des „Ortes".

Name: ______________________ Datum: ____________

Ein Häuschen aus Papier

1) Quadrat ausschneiden

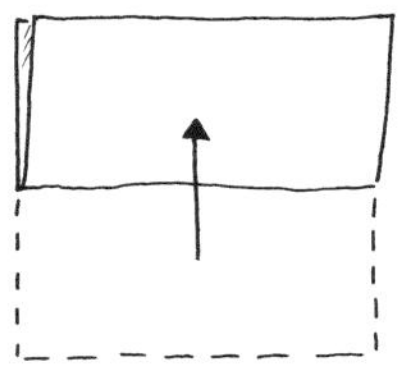
2) quer falten

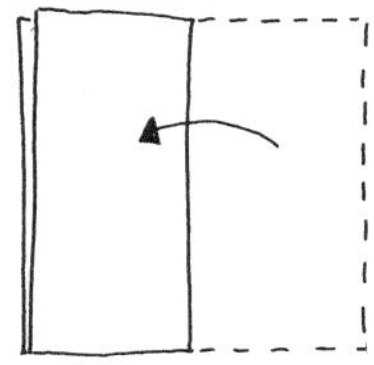
3) längs falten

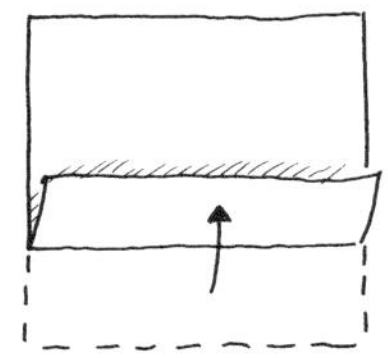
4) obere und untere Kante zur Mitte falten

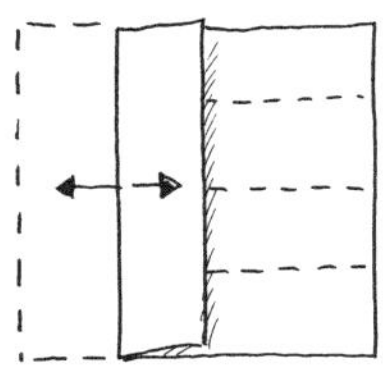
5) rechte und linke Kante ebenso

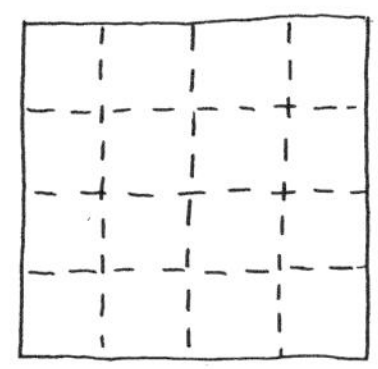
6) Das gefaltete Papier sieht nun so aus.

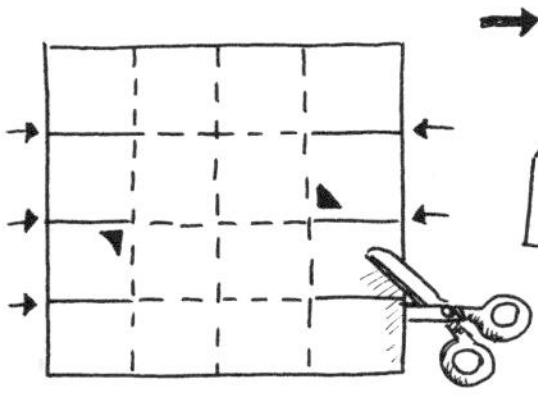
7) rechts und links einschneiden

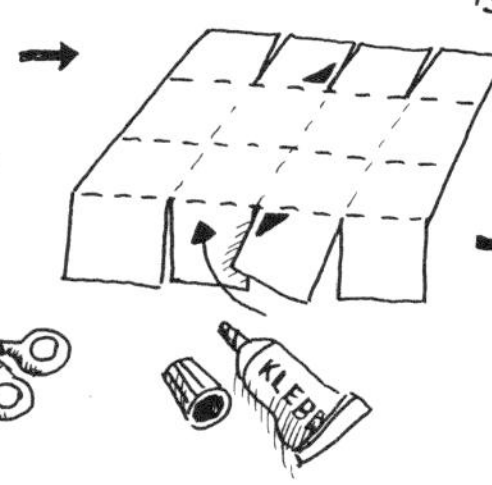

8) mittlere Quadrate übereinanderschieben

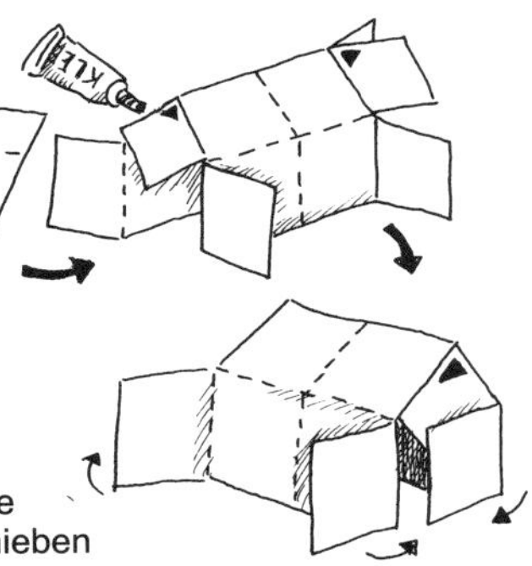

9) festkleben

10) bemalen oder bekleben
Andere Haustypen entstehen durch Änderung der Dachschräge, durch Wegschneiden, durch Aneinanderreihen usw.

2. Unser Schulviertel

2.1 Die Infrastruktur unseres Schulviertels

Vorüberlegungen
Vorbereitung: Die Lehrerin informiert sich vorher genau über die Gegebenheiten im Schulviertel und erstellt dazu eine genaue Kartenskizze oder besorgt sich im örtlichen Tourismusverein oder der Gemeindeverwaltung eine Karte.

Material
Schreibunterlage (Klemmbrett), Fotoapparat

Vorschläge für den Unterricht
- Unter der Fragestellung „Sind die Menschen in unserem Schulviertel mit wichtigen Einrichtungen versorgt?“ machen die Kinder eine Bestandsaufnahme der öffentlichen Einrichtungen und Geschäfte im Schulviertel.
- Unterrichtsgang: Die Kinder werden in Partnergruppen eingeteilt und notieren später die Ergebnisse gemeinsam auf einem Klemmbrett. Nach einem Gespräch über verkehrsgerechtes Verhalten geht die Klasse gemeinsam mit der Lehrerin los.
- Vorschlag: Eine Vierergruppe fotografiert die Gebäude. Die Fotos lassen die Lehrerin oder hilfreiche Eltern in der Schnellentwicklung entwickeln.
- Nach der Rückkehr schreibt die Lehrerin die gefundenen Einrichtungen und Geschäfte an die Tafel. Die Kinder vergleichen ihre Aufstellung mit den Wortkarten im Modellort (vgl. 1: Was brauchen Menschen in ihrem Wohnumfeld?).

2.2 Bau eines Modells vom Schulviertel

Vorüberlegungen
Es reicht aus, sich auf zwei bis drei Straßen in der Schulumgebung zu beschränken. Die Kinder basteln nach einer schriftlichen Anleitung (Kopiervorlage 12, S. 66) Häuser der Schulumgebung (Papier DIN-A5-Format) und setzen sie an die richtige Stelle in einen vergrößerten Straßenplan der Schulumgebung.
Tipp: Die Vergrößerung des Plans richtet sich nach Größe und Anzahl der Modellhäuser, sollte aber in etwa die Größe von zwei zusammengestellten Schülertischen haben. Der Straßenplan wird entweder auf eine Papiertischdecke oder auf passend zusammengeklebtes Packpapier skizziert.

Da die Arbeit am Modell laufend mit der Wirklichkeit zu vergleichen ist, werden mehrere kurze Unterrichtsgänge nötig. Eine überschaubare verkehrssichere Schulumgebung können die Kinder evtl. in kleinen Gruppen ohne die Lehrkraft erkunden.

Material
Ein großer Bogen Packpapier, Kopiervorlage 12 (siehe S. 66) DIN-A5-Papier (quadratisch geschnitten), Spielfiguren

Vorschläge für den Unterricht

- Die Kinder bilden um zwei zusammengestellte Schülertische einen Sitzkreis. Die Lehrerin legt den vergrößerten Plan der Schulumgebung darauf (stummer Impuls). Eine zeichnerisch versierte Lehrerin kann den Straßenplan auch vor den Augen der Kinder entstehen lassen. Die Kinder äußern sich und versuchen den Standort für die Schule herauszufinden.
- Die Straßennamen werden auf die Straßenverläufe geschrieben.
- Die Lehrerin kündigt an, gemeinsam ein Modell von der Schulumgebung zu bauen. Die Kinder erinnern sich an die Ergebnisse des Erkundungsganges (vgl. 2.1) und zählen auf, welche Gebäude zu bauen sind: Wohnhäuser, Geschäfte, Handwerksbetriebe und öffentliche Einrichtungen im Schulviertel.
- Die Kinder erkunden die Schulumgebung ein zweites Mal und zählen die Häuser in den Straßen des Schulviertes, jeweils auf der rechten und der linken Straßenseite.
- Nach dem Erkundungsgang wird eingeteilt, wer welche Häuser bastelt (vgl. Kopiervorlage 12, S. 66). Das Basteln der Häuser kann in Freiarbeitsphasen, als vorbereitende Hausaufgabe oder im Kunstunterricht erfolgen.
- Die Kinder ordnen die fertigen Häuser an die entsprechende Stelle im Straßenplan ein. Bei Unsicherheiten ist evtl. ein weiterer Unterrichtsgang notwendig. Manchmal genügt auch ein Blick aus den Fenstern der Schule.
- Das fertige Modell wird aus verschiedenen Blickrichtungen betrachtet.
  Schrägsicht: Die Kinder stellen sich rund um das Modell und beschreiben, was sie von ihrer Position aus sehen können: Gezeichnete Details wie Fenster und Türen sind zu erkennen. Teilweise werden Häuser von davor stehenden verdeckt.
  Draufsicht: Die Kinder stellen sich auf ihre Stühle rund um das Modell und stellen fest: Von den Häusern sind nur die Dachflächen zu erkennen. Man kann keine Details der Fassaden mehr erkennen. Die Straßenführung zeichnet sich deutlich ab.
- Erste Wegbeschreibungen:
  Eine Spielfigur wird auf das Modell gestellt. Ein Kind beschreibt einen Weg von A (z. B. Schule) nach B (z. B. Bäcker), ein anderes bewegt nach dieser

Anweisung die Spielfigur, z. B.: Gehe mit deiner Spielfigur den kürzesten Weg von A nach B.
Tipp: Das Kind, das die Spielfigur setzt, sollte hinter der Spielfigur stehen, um die Rechts-Links-Orientierung zu erleichtern.

- In Freiarbeits- und offenen Anfangsphasen gestalten die Kinder das Modell weiter aus (z. B. mit Bäumen, Verkehrsschildern, Autos, Spielfiguren).

2.3 Vom Modell zur Karte: Lageplan des Schulviertels

Vorüberlegungen

Auf einem Plan sind die Gebäude nur noch als Rechtecke gezeichnet und die Straßennamen sind auf die Straßenverläufe geschrieben.
Um die fortschreitende Abstraktion vom Modell zum Plan zu zeigen, gibt es vier Möglichkeiten:

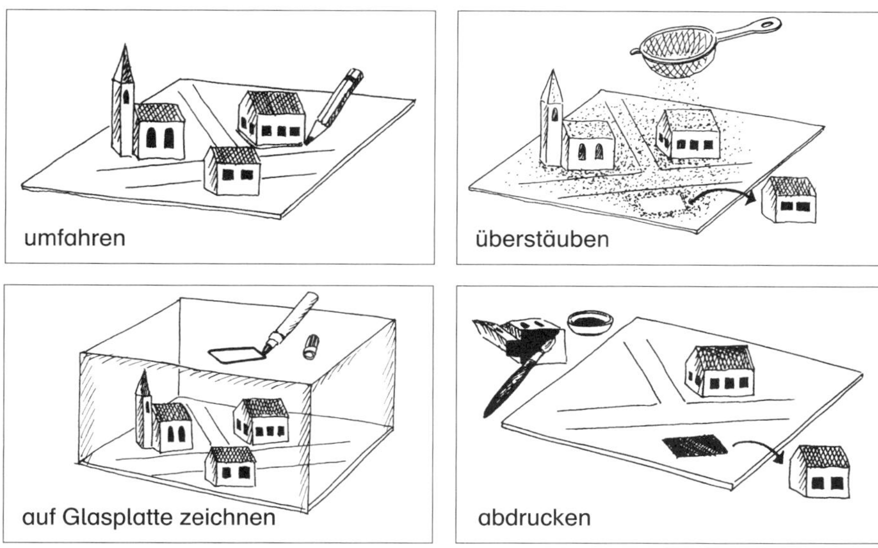

- Die gebastelten Häuser werden mit dem Stift umfahren.
- Das Modell wird z. B. mit Mehl überstäubt.
- Die Umrisse der Häuser werden auf die Glasplatte eines Sandkastens gezeichnet.
- Wenn die Häuser unten geschlossen sind und z. B. aus Pappschachteln oder Bauklötzen gebaut sind, lässt sich das Haus als Druckstock benutzen.
- Die Kinder können auch selbst eine Kartenskizze vom Modell anfertigen.

In unserem Fall eignet sich das erste Verfahren am besten: Umfahren der Häuser mit einem Stift.

Material
Selbst gebautes Modell von der Schulumgebung, Filzstift

Vorschläge für den Unterricht

Vorbemerkungen

- Unterrichtsgespräch über die Nachteile eines Modells:
  Es ist schlecht zu transportieren.
  Die Häuser verrutschen leicht. Man weiß nicht mehr, wo man sie hinstellen soll. Man kann sie auch nicht festkleben, weil sie unten offen sind.
- Schlussfolgern: Wir kennzeichnen die Stelle, an der die Häuser stehen und umfahren die Häuser mit einem Stift. Wenn die Häuser entfernt werden, haben wir einen Lageplan unseres Schulviertels.
- Betrachten des Plans (Planansicht): Die Gebäude sind nur noch als Rechtecke gezeichnet. Die Straßennamen sind auf die Straßenverläufe geschrieben.
- Arbeit mit dem Plan: Die Kinder beschreiben Wege (vgl. 2.2) und ziehen entsprechend mit einer Spielfigur.

2.4 Die Infrastruktur auf der Karte (Orientierung auf einer Kartenskizze, Kartensymbole, Legende)

Vorüberlegungen

Symbole sind eine vereinfachte verkleinerte Darstellung von Bildern der Wirklichkeit (Wirklichkeit – Abbildung von der Wirklichkeit, Bild, Foto – Symbol). Ihre Bedeutung wird in einer Legende (Zeichenerklärung) erklärt.
Die Lehrerin erstellt entsprechend der Unterrichtsergebnisse aus 2.3 einen Plan der Schulumgebung (eingenordet, möglichst genaue Skizze mit großem Maßstab, auf der die Straßenzüge und Häuser als Rechtecke dargestellt sind).

Material
Folie (für jede Gruppe) und Arbeitsblatt vom Schulumgebungsplan, Tageslichtprojektor, Folienstifte, ein großer Bogen Tonpapier

Vorschläge für den Unterricht

- Die Lehrerin zeigt eine Folie mit dem Plan der Schulumgebung.
- Problemstellung: Wo ist ... z. B. der Bäcker auf diesem Plan?
- Die Kinder zeigen markante Punkte (Geschäfte, öffentliche Einrichtungen) auf dem Plan.
- Die markanten Punkte sollen in den Plan eingezeichnet werden. Das kleine Format (DIN A4) erfordert eine zeichnerische Vereinfachung der Gebäude.

Am Beispiel eines Fotos (vgl. 2.1) von einem Geschäft besprechen die Kinder, welche Einzelheiten man beim Zeichnen weglassen könnte.

- In Einzelarbeit überlegen sich die Kinder Symbole für die markanten Punkte und zeichnen sie auf ein Arbeitsblatt. In Gruppenarbeit wählen sie geeignete Symbole aus und zeichnen sie auf eine Folie.
- Die Gruppen stellen zu jedem Gebäude ihren Vorschlag vor, vergleichen die verschiedenen Vorschläge und bewerten sie im Blick auf ihre Eindeutigkeit.
- Gelungene Symbole werden als Legende auf einem Plakat zusammengestellt. (Beispiel siehe S. 72)

2.5 Rallye durch das Schulviertel

Vorüberlegungen

Vorbereitung der Orientierungsrallye:
Grundlage ist der Plan der Schulumgebung (vgl. 2.4).
Die Lehrerin bringt an einigen Stellen im Schulviertel (z. B. an Hecken oder Zäunen) Zettel mit Aufträgen an und kennzeichnet auf dem Plan die Häuser mit Nummern (im Beispiel von Nummer 0 bis 11), an denen die Kinder die Informationen finden können. Hier sind es Buchstaben, die am Ende der Rallye im Klassenraum zu einem Lösungssatz zusammengesetzt werden. Die Reihenfolge der Nummern auf dem Plan ist nicht identisch mit der Reihenfolge der Buchstaben des Lösungssatzes, da die Kinder das Ergebnis sonst vorzeitig erraten. Der erste Buchstabe ist unter dem Punkt 0 im Klassenraum angebracht.
Hinweis: Es sind auf keinen Fall Privatgrundstücke zu betreten.
(Beispiel siehe S. 74)
0=T, 1=T, 2=H, 3=L, 4=L, 5=A, 6=M, 7=C, 8=E, 9=!, 10=G, 11=O
Wenn die Kinder alle Buchstaben gefunden haben, ergibt sich der Lösungssatz: Toll gemacht!

Material

Für jede Gruppe einen Rallyeplan (siehe S. 73), Schreibunterlagen, Kopiervorlagen 13 und 14 (siehe S. 74 f.), Buchstabenkarten

Vorschläge für den Unterricht

Ankündigen der Rallye
Die Lehrerin zeigt eine Folie des Plans vom Schulviertel (s. 2.4). Anhand eines Beispiels wird die Durchführung der Rallye erklärt: Als Fundort des ersten Buchstabens (Punkt 0 auf dem Plan) wird die Schule (der Klassenraum) festgestellt. Der erste Buchstabe wird gesucht und an der Tafel notiert.

Beispiel: Karte vom Schulviertel

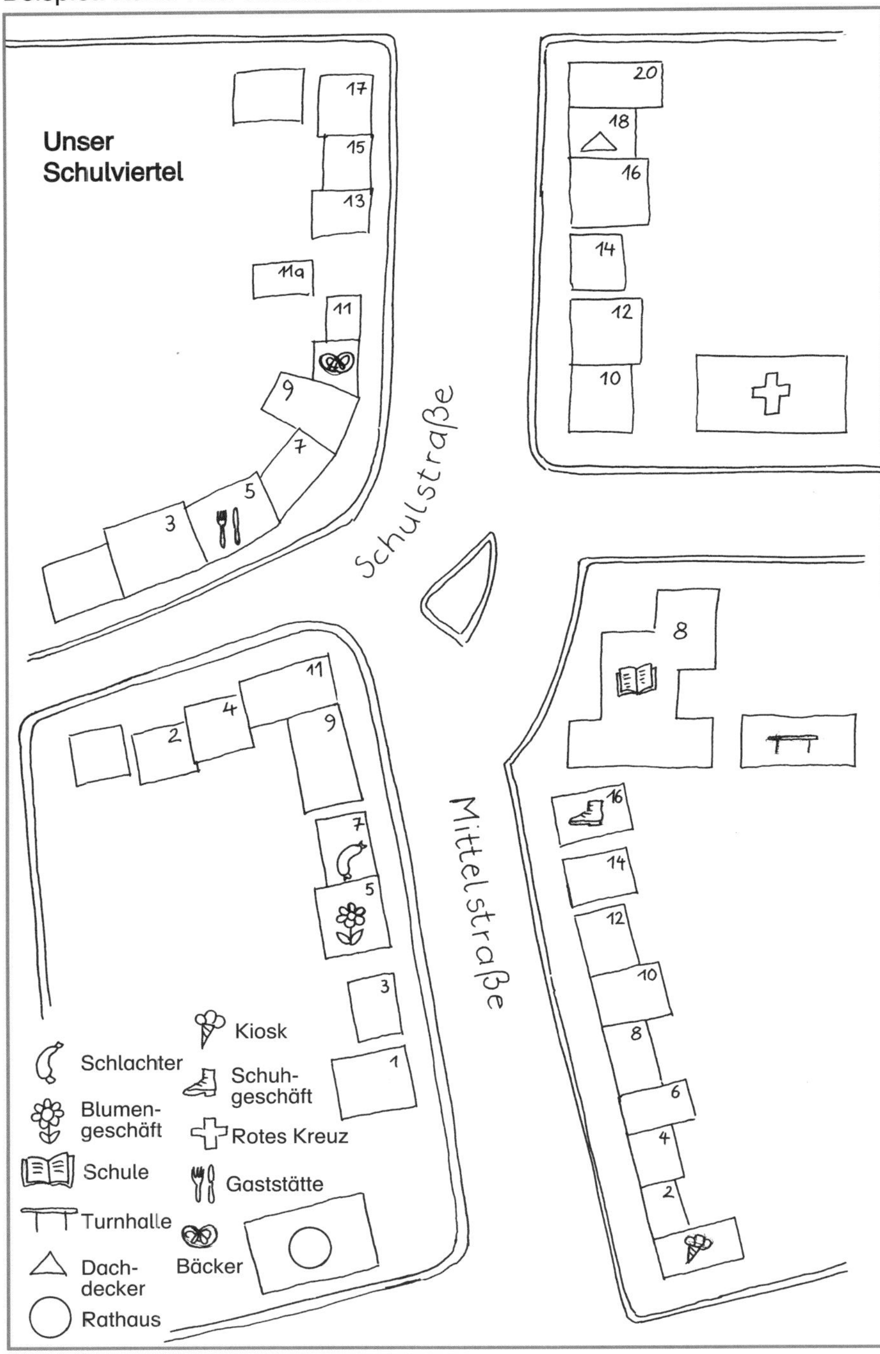

Beispiel für einen Rallye-Plan

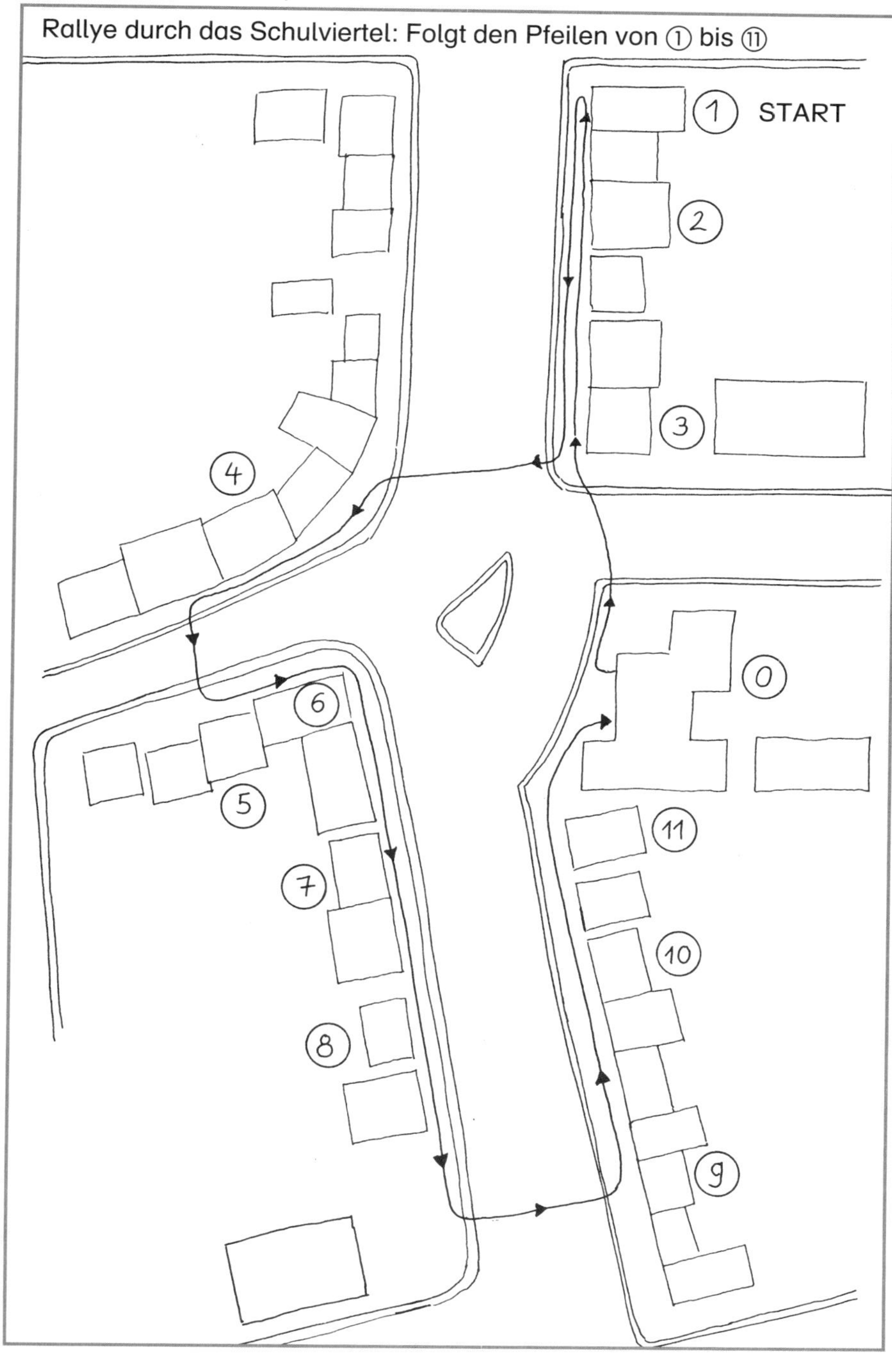

Festhalten von Verhaltensregeln bei der Rallye

- Regeln zur Verkehrssicherheit
- Die Gruppe muss zusammenbleiben.
- Das Ergebnis zählt nur, wenn die Gruppe gemeinsam in der Schule ankommt.
- Es kommt nicht auf die Schnelligkeit an.
- Jeder darf einmal den Plan lesen. (Tausch an den Stationen)
- Wer den Plan hat, sagt, wo ein Buchstabe zu suchen ist.
- Private Grundstücke dürfen nicht betreten werden.

Durchführen der Rallye

- Die Klasse wird in vier Gruppen aufgeteilt. Jede Gruppe erhält einen Plan mit dem eingezeichneten Weg, (Kopiervorlage 14, S. 75) zum Eintragen der gefundenen Buchstaben und eine Schreibunterlage.
- Zwei Gruppen beginnen gleichzeitig, wobei die eine Gruppe den Weg von Punkt 11 bis zu Punkt 1 und die andere Gruppe den Weg von Punkt 1 bis zu Punkt 11 nimmt.
- Die beiden anderen Gruppen starten nach ca. 10 Minuten. Die Wartezeit wird z. B. durch das Vorlesen einer regionalen Sage oder durch das Ausmalen des Ortswappens (Arbeitsblatt) überbrückt.
- Die Gruppen, die in die Schule zurückgekehrt sind, versuchen den Lösungssatz (Toll gemacht!) zu finden. Bei Schwierigkeiten gibt die Lehrerin Lösungshilfen (Kopiervorlage 13, siehe unten).

  Kinder, die eher zurückkommen und den Lösungssatz gefunden haben, erhalten ebenfalls das Ortswappen zum Ausmalen.

Kopiervorlage 13

Gruppe Nr. ______________

Rallye Lösungssatz

Tragt die Buchstaben ein, die ihr bei den Zahlen auf dem Plan gefunden habt.

Wie heißt die Lösung?

T	___	___	___	___	___	___	___	___	___	___	___
0	11	3	4	10	8	6	5	7	2	1	9

Rallye durch das Schulviertel

Gruppe 1 + 3

Geht den Weg auf der vorgezeichneten Linie zuerst zu Punkt ①, dann ②, ③ … ⑪.

0	1	2	3	4	5	6	7	8	9	10	11
T											

Tragt die gefundenen Buchstaben in die Kästchen unter der Zahl ein.

Kommt zurück zur Schule.
Bleibt auf jeden Fall zusammen.
Betretet keine privaten Grundstücke.

Rallye durch das Schulviertel

Gruppe 2 + 4

Geht den Weg auf der vorgezeichneten Linie zuerst zu Punkt ⑪, dann ⑩, ⑨, ⑧ … ①.

0	11	10	9	8	7	6	5	4	3	2	1
T											

Tragt die gefundenen Buchstaben in die Kästchen unter der Zahl ein.
Kommt zurück zur Schule.
Bleibt auf jeden Fall zusammen.
Betretet keine privaten Grundstücke.

3. Unser Wohnort: Orientierung auf dem Ortsplan

3.1 Wegbeschreibungen

Information zur Sache
Wenn die Kinder aus verschiedenen Wohnorten kommen, wird mit dem Ortsplan des Schulortes weitergearbeitet.

Material
Kopie des Ortsplans (schwarzweiß), Folie mit einer Windrose (S. 77)

Vorschläge für den Unterricht
- Gewässer nachzeichnen und ihre Lage sowie den Verlauf beschreiben
- den Schulweg einzeichnen
- jemandem den Schulweg beschreiben
- den kürzesten Weg beschreiben, z. B. Feuerwehr oder Polizei zum Einsatz nach...
- jemandem den Weg zum Bäcker, zur Bücherei usw. beschreiben

Bei unzureichendem Vorwissen über die Himmelsrichtungen merken die Kinder bald, dass sie mit den Richtungsangaben „nach oben, unten, links und rechts" Wege nur ungenau beschreiben können. Deshalb wird ggf. hier ein Wiederholen der Himmelsrichtungen eingeschoben (vgl. 3.2), auch an Lernstationen (vgl. S. 28 ff.).

Wegbeschreibungen mit Angabe der Himmelsrichtungen
- Die Kinder legen eine Folie mit einer Windrose auf ihren Ortsplan und bestimmen die Lage von Objekten, z. B.: Das Schwimmbad liegt südwestlich von unserer Schule.
- Die Kinder tragen die Windrose auf ihrem Ortsplan ein.
- Die Kinder beschreiben den Verlauf einer Straße mit Hilfe der Himmelsrichtungen.
- Rätsel „Zu welchem Gebäude gehe ich?": Ich gehe von der Schule nach Norden. Dabei komme ich am Sportplatz vorbei. Er liegt westlich von mir. Ich gehe geradeaus in Richtung Osten...

3.2 Himmelsrichtungen auf dem Ortsplan

Vorüberlegungen
Grundvoraussetzung für die erdkundliche Arbeit ist die Kenntnis der Himmelsrichtungen. Es gibt die Haupthimmelsrichtungen Norden (N), Süden (S), Westen (W), Osten (O) sowie die Nebenhimmelsrichtungen Nordosten (NO), Südosten (SO), Nordwesten (NW), Südwesten (SW). Die Haupthimmelsrichtung wird stets zuerst genannt. Die Himmelsrichtungen werden mit Hilfe des scheinbaren Verlaufs der Sonne bestimmt: Am Morgen geht die Sonne im Osten auf, am Mittag erreicht sie im Süden ihren höchsten Punkt und am Abend geht sie im Westen unter. Die Himmelsrichtungen werden horizontal in der Windrose dargestellt, wobei Norden immer oben ist.

Vielleicht befinden sich aus früheren Unterrichtsstunden noch Windrosen im Klassenraum, z. B. auf dem Fußboden oder auf den Schülertischen.

Material
Arbeitsblatt Kopiervorlage 15 (siehe S. 79), Lernspiele (Kopiervorlage 16 und 17, siehe S. 80 f.)

Vorschläge für den Unterricht

Himmelsrichtungen wiederholen

- *Aufschreiben und Lernen des Gedichtes:*

> Im Osten geht die Sonne auf.
> Im Süden nimmt sie ihren Lauf.
> Im Westen wird sie untergehn.
> Im Norden ist sie nie zu sehn.

  Dabei wird mit Osten beginnend die Windrose aufgezeichnet.
- Abkürzungen für die Himmelsrichtungen angeben
- Freies Zeichnen einer Windrose (z. B. unter das Gedicht)
- Lage der Himmelsrichtungen auf einer Karte angeben: Norden ist oben. Süden ist unten. Westen ist links auf der Karte und Osten rechts.

N

W O (W + O = Wo? Wo ist Westen?)

S

- Arbeitsblatt: Die Windrose (Kopiervorlage 15, S. 79)
- Windrosenpuzzle (Kopiervorlage 16, S. 80)
- Postkartenpuzzle zu den Himmelsrichtungen (Kopiervorlage 17, S. 81, Anleitung siehe S. 21)

Name: ______________________ Datum: ____________

Die Windrose

1. Was bedeuten die Abkürzungen?

O: ____________________ NO: ____________________

S: ____________________ SO: ____________________

W: ____________________ NW: ____________________

N: ____________________ SW: ____________________

2. Trage die Himmelsrichtungen in die Windrose ein.

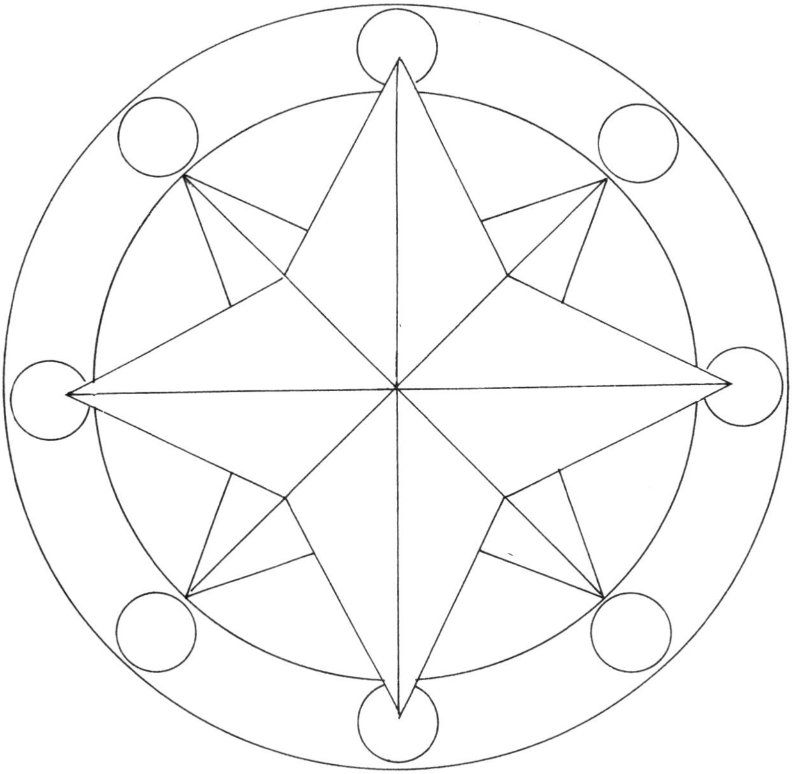

Nun kannst du die Windrose bunt anmalen.

3. Auf der Landkarte liegt ______________________ oben.

Name: ______________________ Datum: ____________

Bastelanleitung:
Falten, zusammenkleben und laminieren. Dann die Puzzleteile auseinanderschneiden.

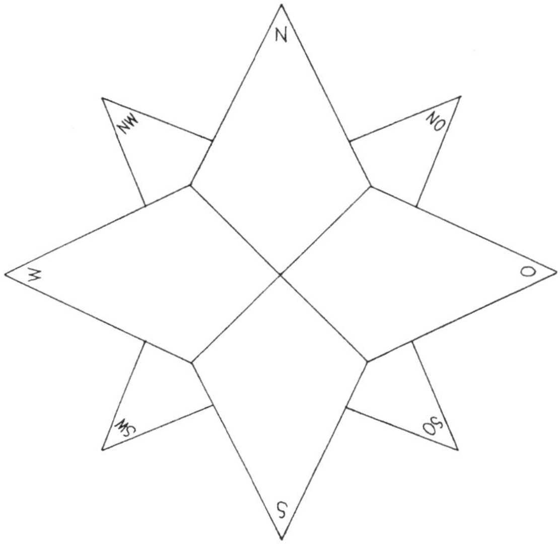

Hier falten

Spielanleitung:
Windrosenteile ohne Bild zusammensetzen, zur Kontrolle alle Puzzleteile umdrehen.

Orientierung mithilfe der Himmelsrichtungen (Postkartenpuzzle)

Bastelanleitung:
1. Das Blatt mit den Zahlen auf die Rückseite einer Bildkarte kleben,
2. laminieren,
3. auseinanderschneiden.

Wo geht die Sonne morgens auf? Osten (2) Süden (4) Westen (5)	Welche Himmelsrichtung ist auf der Landkarte immer oben? Westen (3) Süden (9) Norden (1)
Wo steht der Altar in alten Kirchen? Westen (1) Osten (4) Süden (10)	Wo geht die Sonne abends unter? Osten (8) Westen (3) Süden (6)
Wo steht der Polarstern? Norden (6) Westen (1) Süden (7)	An welcher Seite sind die Bäume mit Moos bewachsen? Süden (2) Westen (5) Norden (9)
In welche Richtung zeigt die Kompassnadel? Norden (8) Süden (6) Osten (7)	Wo steht die Sonne am Mittag? Norden (5) Süden (7) Westen (10)
Wo ist die Sonne nie zu sehen? Norden (10) Westen (6) Süden (3)	Welcher Gegenstand hilft dir bei der Suche nach der Himmelsrichtung? Lineal (5) Kompass (9) Gabel (1)

1	2
3	4
5	6
7	8
9	10

3.3 *Planquadrate als Orientierungshilfe*

Vorüberlegungen

Viele Ortspläne oder Straßenkarten sind mit Planquadraten versehen. So lässt sich durch Angabe der vertikalen Koordinate (wird immer zuerst genannt) und der horizontalen Koordinate ein bestimmter Punkt schnell auffinden.

Beispiel:

Eine Schule befindet sich im Planquadrat C2.

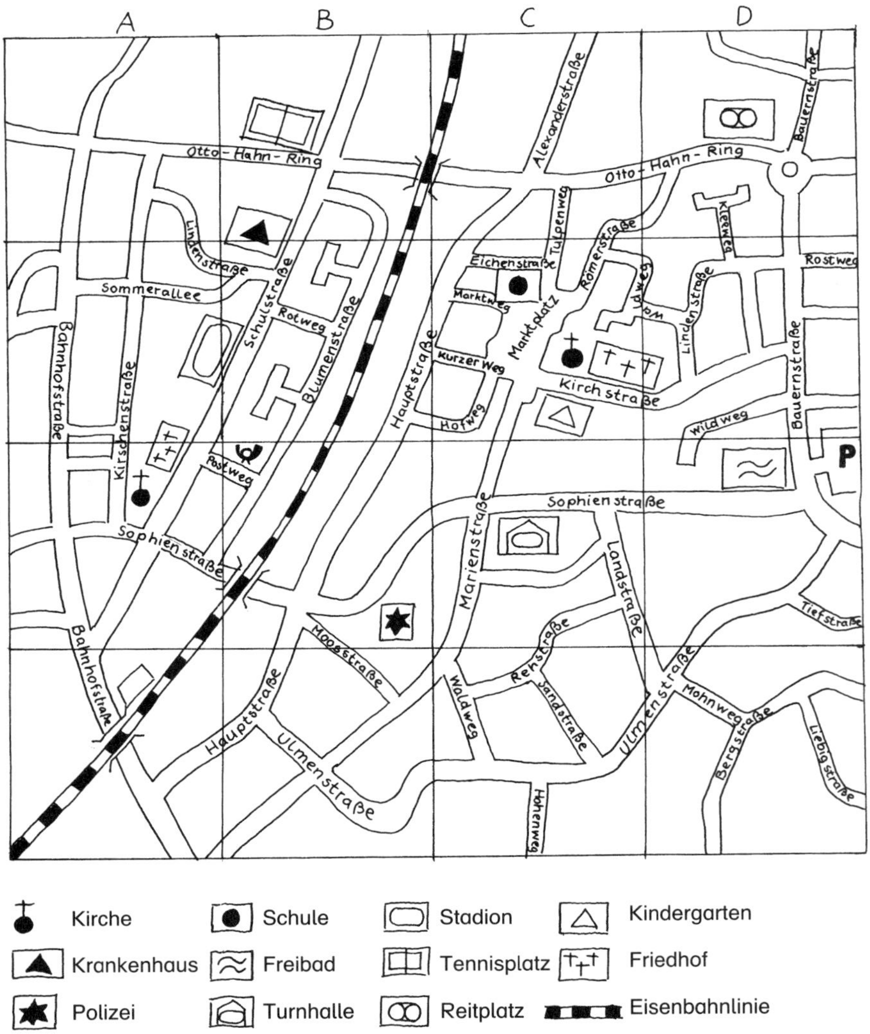

Name: ____________________ Datum: __________

Der Ortsplan von ____________________

Zum Ortsplan von ____________________ gehört folgende Zeichenerklärung (Legende):

Rathaus ____________	Kirche ____________
____________	____________
____________	____________
____________	____________
____________	____________
____________	____________
____________	____________

1. Die Grundschule ist im Planquadrat ____/____ auf dem Ortsplan zu finden.
2. Die Post finde ich im Planquadrat ____/____.
3. Die Polizei befindet sich im Planquadrat ____/____.
4. Den Friedhof suche ich bei dem Buchstaben ______ und der Zahl ____.
5. Die Feuerwehr befindet sich im Planquadrat ____/____.
6. Die Kirche finde ich im Planquadrat ____/____.

Nur für Kinder, die in ____________________ wohnen:

Meine Straße ____________________ kann ein

Fremder im Planquadrat ____/____ schnell finden.

Material
Ortsplan mit Planquadraten, Arbeitsblatt Kopiervorlage 18 (siehe S. 83)

Vorschläge für den Unterricht

- Die Kinder stellen sich gegenseitig Aufgaben, z. B.: In welchem Planquadrat befindet sich die Schule? Oder: Welcher besondere Punkt befindet sich in in Planquadrat C/1?
- Arbeitsblatt zum Ortsplan (Kopiervorlage 18, siehe S. 83)

B. UMGANG MIT DER KARTE: UNSER WALDTAG

1. Kartenzeichen lesen

Vorüberlegungen

Die Unterrichtseinheiten „Kartenzeichen lesen“ und „Umgang mit dem Maßstab“ sollten in einen Kontext eingebunden werden, B. Planen einer Wanderung oder einer Waldtages.
Die Kartenzeichen (Symbole) können sich von Karte zu Karte unterscheiden und sind deshalb jeweils in der Legende beschrieben.

Material
Lernspiel (siehe Kopiervorlage 19 bis 22, S. 85 ff.), Arbeitsblätter (siehe Kopiervorlage 23 bis 27, S. 91 ff.)

Vorschläge für den Unterricht

Waldtag ankündigen

Die Kinder erhalten den bekannten Ortsplan sowie verschiedene Karten der Ortsumgebung und suchen darauf ein Waldgebiet in geringer Entfernung von der Schule.
Dabei erklären sie die auf den Karten angegebenen Symbole, die mit ihrer Bedeutung an der Tafel festgehalten werden.
Wiederholen und Üben der Kartenzeichen (evtl. an Lernstationen siehe S. 28 ff.)

- Kartendiktat: Die Kinder zeichnen nach Vorgabe eine Kartenskizze, z. B.: Eine Straße verläuft von Westen nach Osten über eine Brücke. Nördlich von der Straße liegt ein Nadelwald. Südlich von der Straße befinden sich Wiesen.
- Lernschieber mit Kartensymbolen (Kopiervorlage 19, S. 85 f.)
- Puzzle (Kopiervorlage 20, S. 87)

Lernschieber 1

Parkplatz	
Hotel	
Hallenbad	
Fußweg	
Restaurant	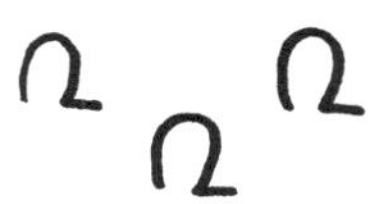
Laubwald	
Häuser, Ort	
Bergwerk	

Lernschieber 2 Lernschieber 3

Nadelwald		Straße	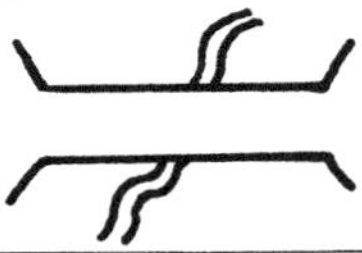
Mischwald		Brücke	
Wiese	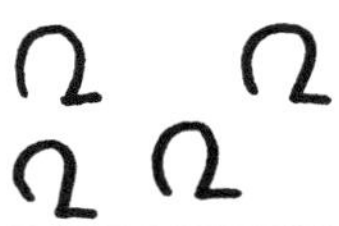	Burg	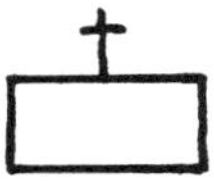
Laubwald		Kloster	
See		Aussichts-punkt	
Bahnlinie		Campingplatz	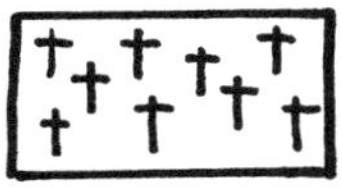
Ruine		Friedhof	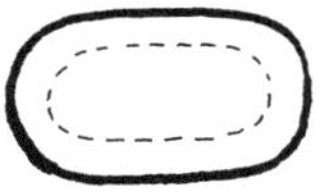
Kirche		Sportplatz	

Puzzle

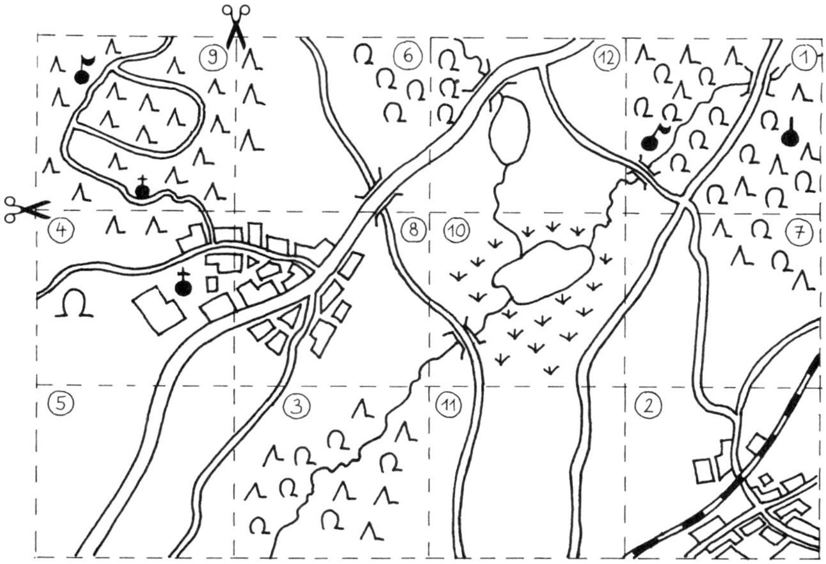

Mischwald (9) Wiese (6)	Laubwald (6) Höhle (4)	Turm (12) Sonne (1)	Nadelwald (11) Wiese (1)
Steinbruch (6) Höhle (4)	Ruine (8) Restaurant (7)	Burg (10) Bergwerk (12)	Tunnel (9) Brücke (7)
Kirche (5) Burg (6)	Nadelwald (3) Mischwald (2)	Straße (3) Eisenbahn (11)	Friedhof (2) Bahnhof (8)

Name: ____________________ Datum: __________

Eisenbahn	Fluss	Straße	Weg

Boje	Ruine	Burg	Kloster

Ruine	Turm	Kirche	Schloss

Meer	See	Steinbruch	Stadt

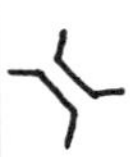

Straße	Stadt	Brücke	Tunnel

Feld	Wald	Wiese	Moor

Schloss	Kirche	Turm	Satellit

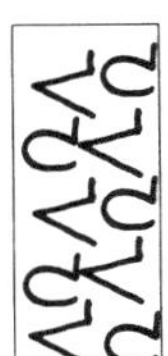

Laubwald	Mischwald	Nadelwald	Wiese

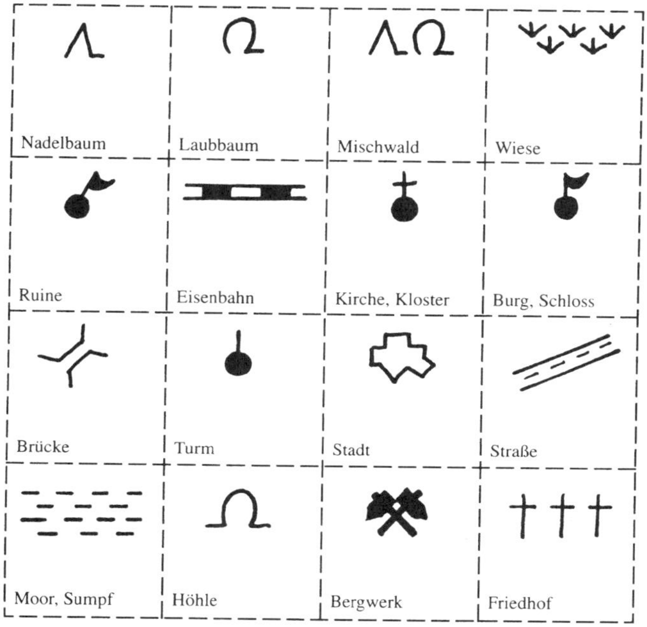
Nadelbaum
Laubbaum
Mischwald
Wiese
Ruine
Eisenbahn
Kirche, Kloster
Burg, Schloss
Brücke
Turm
Stadt
Straße
Moor, Sumpf
Höhle
Bergwerk
Friedhof

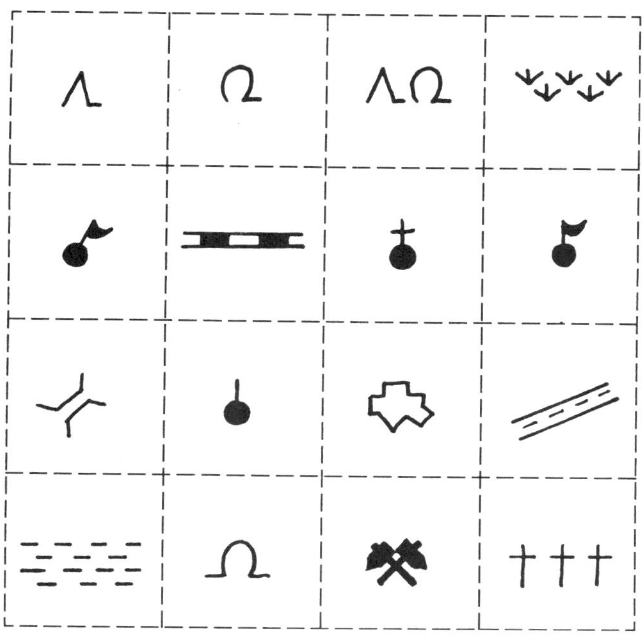

Erläuterung zum Puzzle
- Die Kartendarstellung und Kartenzeichen evtl. laminieren.
- Die Karte in Quadrate zerschneiden.
- Die Kartenzeichen nicht zerschneiden.

Die Kinder legen das Blatt mit den Kartenzeichen vor sich hin, suchen ein Puzzleteil heraus und decken damit das entsprechende Feld ab.
Selbstkontrolle: Wenn sich am Schluss eine zusammenhängende Karte ergibt, wurde richtig gelegt.

- Klammerkarten (Kopiervorlage 21, S. 88)
- Memory (Kopiervorlage 22, S. 89)
- Arbeitsblatt: Wir zeichnen eine Landkarte (Kopiervorlage 23, S. 91)
- Arbeitsblatt: Symbole auf der Landkarte (Kontrollfolie anfertigen), KV 24, S. 92)
- Arbeitsblatt: Orientierung auf einer Schatzkarte (Kopiervorlage 25 und 26, S. 93 f.)
- Test zur Ergebnissicherung (Kopiervorlage 27 a und b, S. 95 f.)

2. Maßstab

Vorüberlegungen

Der Maßstab in geografischem Sinn bezeichnet das Größenverhältnis auf einer Karte im Verhältnis zur Wirklichkeit. Bei dem Maßstab 1:1 sind Wirklichkeit und Abbildung gleich groß. Bei dem Maßstab 2 : 1 ist die Abbildung doppelt so groß wie die Wirklichkeit. Bei dem Maßstab 1 : 2 ist die Abbildung halb so groß wie die Wirklichkeit.

Zeichnung	:	Wirklichkeit	
____________	:	____________	Maßstab 1 : 1
____________	:	______	Maßstab 2 : 1
______	:	____________	Maßstab 1 : 2

Bei einer Maßstabskarte wird die Wirklichkeit verkleinert abgebildet. Für topografische Karten wird oft ein Maßstab von 1 : 25 000 verwendet. 1 cm auf der Karte entspricht 25 000 cm = 250 m = 0,25 km in der Wirklichkeit.
Auf Wanderkarten findet man häufig den Maßstab von 1 : 50 000. 1 cm in der Wirklichkeit entspricht 50 000 cm = 500 m = 0,5 km in der Wirklichkeit.
So lässt sich die wirkliche Länge schnell ausrechnen: Wenn man von der Maßstabsangabe fünf Nullen wegstreicht, weiß man, wie viele km in der Wirklichkeit 1 cm auf der Karte ist, z. B.: Beim Maßstab 1 : 200 000 entspricht 1 cm auf der Karte, in Wirklichkeit 2 km.

Name: ______________________ Datum: ______________

Eine Landkarte zeichnen

A
B
C

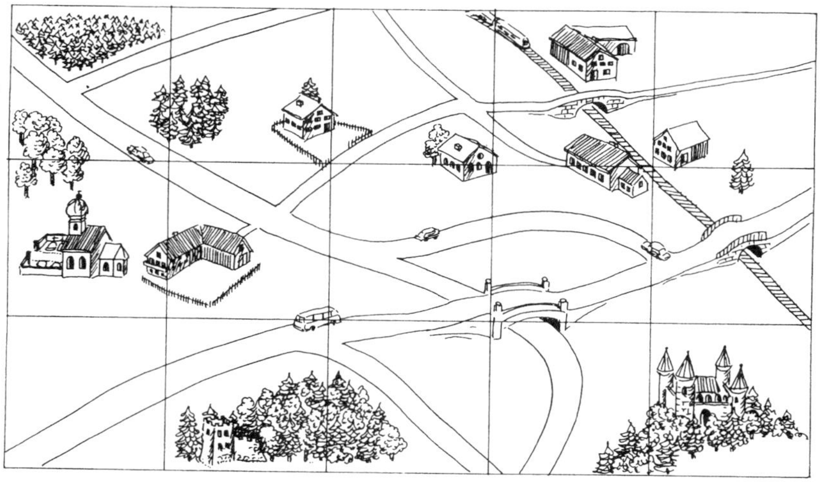

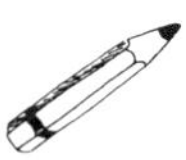

1 2 3 4 5

A
B
C

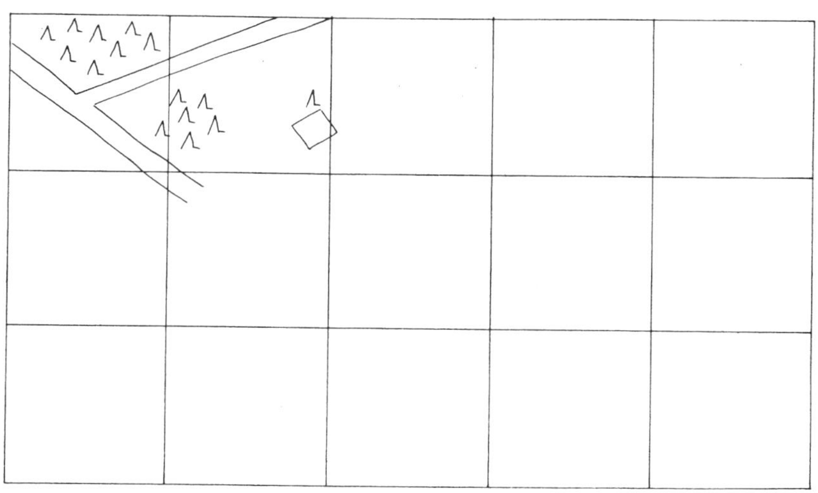

Name: ______________________ Datum: ____________

Symbole auf der Landkarte – wer kennt sie?

Schreibe die richtigen Nummern in das Feld rechts daneben.

1. Campingplatz
2. Nadelwald
3. See
4. Kirche
5. Restaurant
6. Aussichtspunkt
7. Wiese
8. Laubwald
9. Parkplatz
10. Häuser, Ort
11. Ruine
12. Kloster
13. Fußweg
14. Höhle
15. Friedhof
16. Bahnlinie
17. Mischwald
18. Burg
19. Sportplatz
20. Hotel
21. Straße
22. Hallenbad
23. Brücke
24. Bergwerk

Name: ____________________ Datum: ____________

Schatzkarte

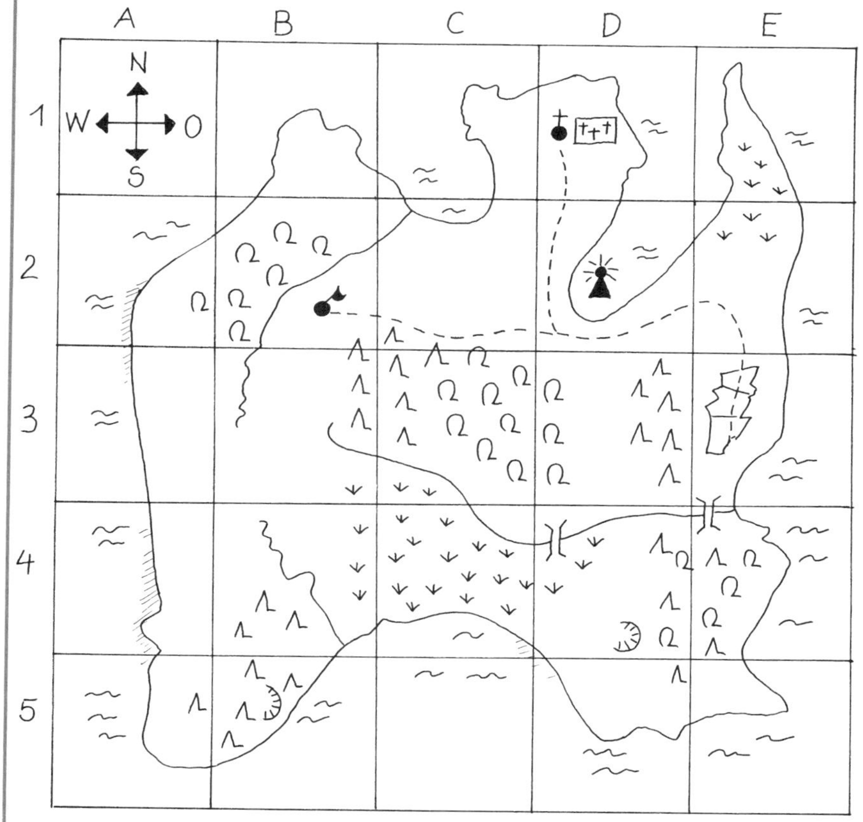

Zusatzaufgabe:
Zeichne eine Legende unter die Schatzkarte.

Name: ______________________ Datum: __________

So findest du den Schatz!

- Gehe in der Nähe des Leuchtturmes D/2 an Land.
- Du nimmst den Fußweg, der am Laubwald vorbei bis zur Schlossruine führt. Hier findest du einen Spaten. Nimm ihn mit.
- Jetzt gehst du in südlicher Richtung am Nadelwald entlang.
- Bald wirst du die Quelle eines Flusses erreichen. An einer seichten Stelle kannst du durch das Wasser waten.
- Nun überquerst du die Wiese in südöstlicher Richtung, bis du auf einen Steinbruch triffst.
- Nach eifrigem Buddeln blitzt dir der Schatz entgegen.
- Trage ihn auf einen möglichst kurzen und sicheren Weg zu deinem Schiff.

Du hast die Insel jetzt kennengelernt.
Sieh dir den Plan noch einmal genau an.
Wo hättest du den Schatz versteckt?
Beschreibe den Weg.

Name: ______________________ Datum: ____________

Das weiß ich über eine Landkarte

1. Benenne die Symbole der Landkarte.

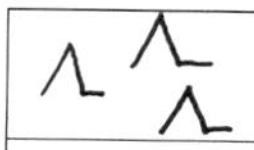					
			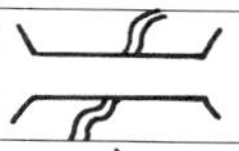		

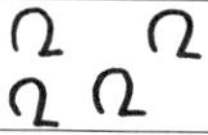			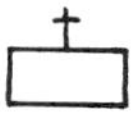		

			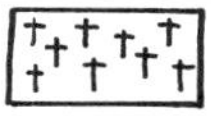		
			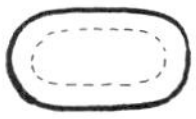		

2. Ein anderes Wort für „Zeichenerklärung“: ____________________

3. Um eine Landkarte gut ablesen zu können, ist sie aufgeteilt in

______________________________.

4. Beschrifte die Windrose.

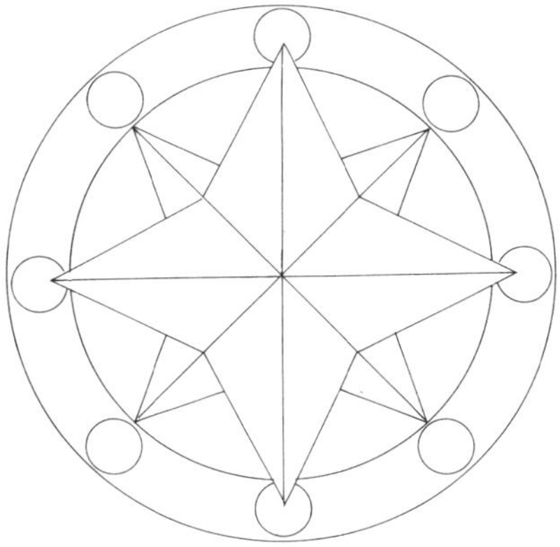

Name: ______________________________	Datum: ____________

5. Auf der Landkarte liegt ______________________________ oben.

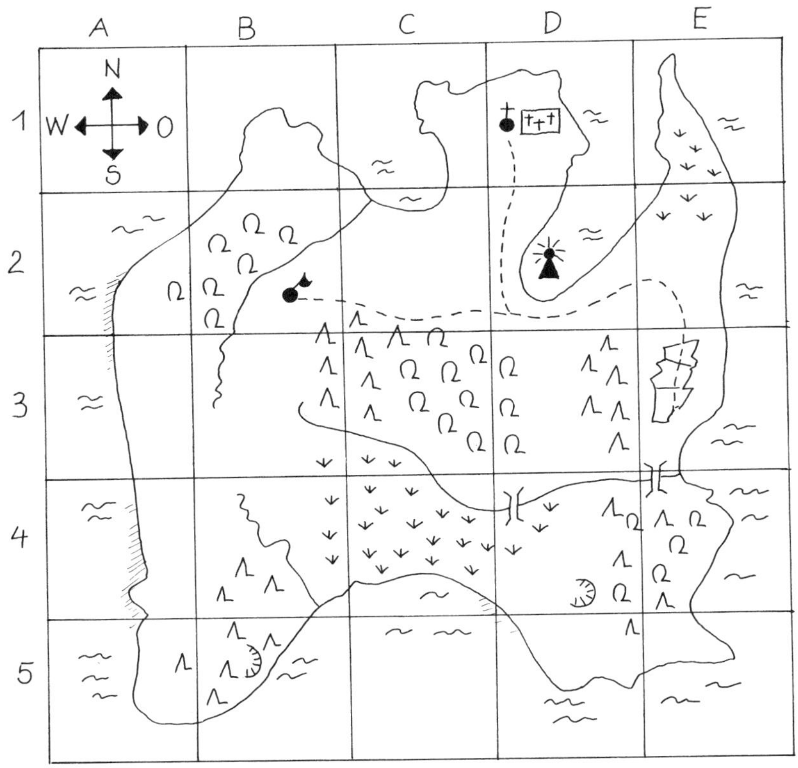

6. Wo liegen folgende Zeichen?

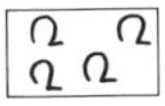 __________

 __________

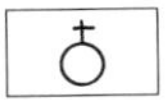 __________

 __________

 __________

7. Was befindet sich hier?

E / 3 ______________________

D / 2 ______________________

A / 1 ______________________

C / 5 ______________________

C / 4 ______________________

E / 1 ______________________

Du hast von ___ Punkten _____ erreicht.

Je kleiner der Maßstab ist (z. B. 1 : 200 000 bei geografischen Karten), um so weniger Einzelheiten sind abgebildet. Karten mit großen Maßstäben (1 : 25 000 und größer) sind für Kinder besser geeignet, da Einzelheiten abgebildet sind und das schwierige Übertragen von Wirklichkeit auf Abbildung und umgekehrt leichter fällt.
Zum Umrechnen müssen den Kindern die Maßeinheiten mm, cm, m und km sowie ihre Beziehungen untereinander vertraut sein. Zur Unterstützung der Vorstellung ist begleitendes Sprechen wichtig, z. B.: Der Maßstab 1:100 bedeutet: 1 cm auf der Karte entspricht in der Wirklichkeit 100 cm oder 1 m.
Auf vielen Karten ist in der Legende eine Maßstabsleiste angegeben. Damit lassen sich ebenfalls Entfernungen auf der Karte bestimmen, indem mit dem Lineal die Luftlinie gemessen wird.

Maßstab 1 : 5000

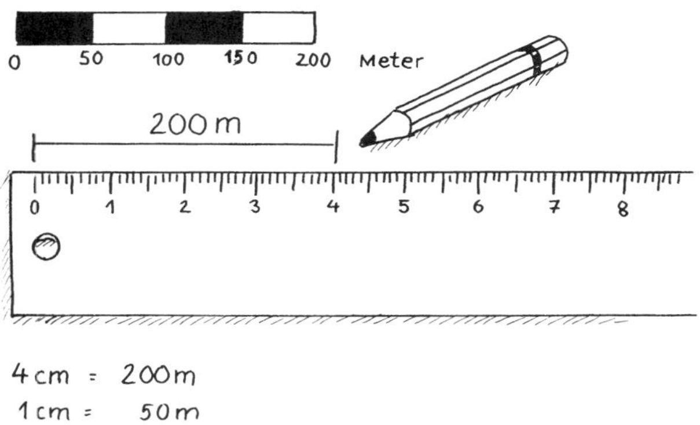

Aufgaben unter der Fragestellung „Was liegt im Umkreis von ____ km von der Schule entfernt?“ lassen sich mit einem Zirkel messen, indem die Maßstabsleiste mit dem Zirkel abgegriffen wird.

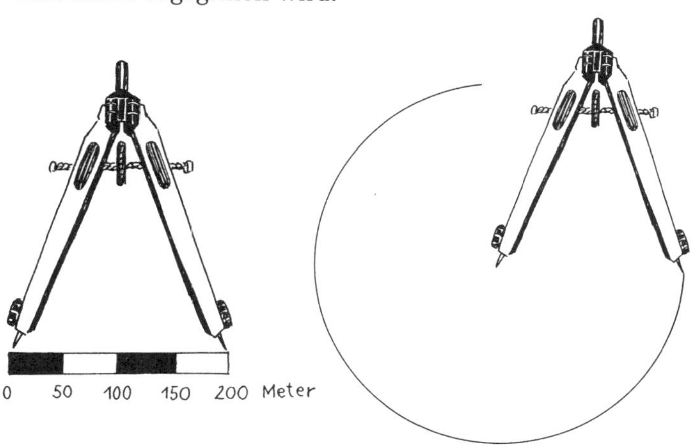

2.1 Skizzieren und Maßstab

Das Skizzieren von Wegstrecken erfordert eine maßstabsgetreue Verkleinerung.

Material
Folie (Kopiervorlage 28, siehe S. 99), Lineal (30 cm)

Vorschläge für den Unterricht
Hinführung durch eine kurze Lehrererzählung
Familie Roth machte am letzten Wochenende eine 12 km lange Wanderung zu einem See. Freunde hatten ihnen eine Skizze von dem Weg dorthin gezeichnet. Unterwegs jammerte ihre Tochter Anna: „Wie weit ist es denn noch? Wann sind wir endlich am See?"
Die Lehrerin zeigt die Wegskizze (Folie oder Tafelbild, Kopiervorlage 28, S. 99):
Was meint Anna? An welcher Stelle gab es Probleme mit der Skizze?
Die Kinder benennen das Problem: Die 2 km-Strecke ist viel zu kurz gezeichnet.
Zielangabe: Wie verkleinern wir richtig?
Erarbeitung: Die Kinder nennen als Problemlösung:

4 km sollen als 4 cm
3 km als 3 cm
2 km als 2 cm gezeichnet werden.

Die Kinder fertigen eine entsprechende Skizze an.
Einführen des Zeichens [:] für den Vergleich von Zeichnung und Wirklichkeit.

> 1 cm auf der Skizze entspricht 1 km in der Wirklichkeit
> 1 cm [:] 1000 m = 100 000 cm

Sprechen: Wir haben eine Skizze im Maßstab von 1 : 100 000 gezeichnet.

Die Lehrerin zeigt ein Lineal von 30 cm und zeichnet	Die Kinder erkennen,
eine 30 cm lange Strecke,	dass Maßstab und Wirklichkeit gleich groß sind, nämlich 1 : 1.
eine 60 cm lange Strecke,	dass der Maßstab größer ist als die Wirklichkeit, nämlich 2 : 1.
eine 15 cm lange Strecke.	dass der Maßstab kleiner ist als die Wirklichkeit, nämlich 1 : 2.

Familie Roth macht einen Ausflug

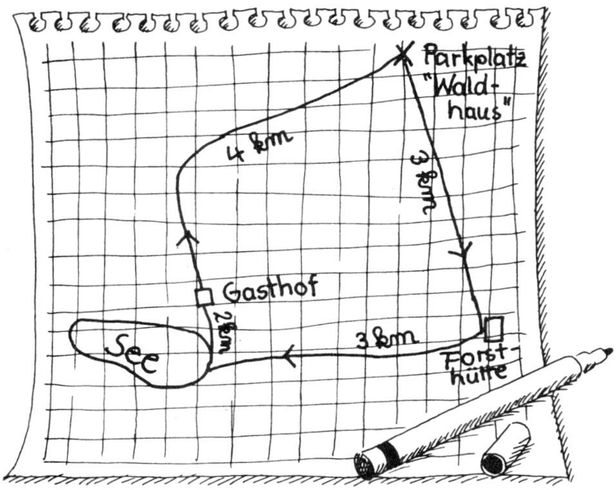

Tafelbild

Wir messen mit dem Maßstab

Zeichnung/Karte	entspricht	Wirklichkeit
30 cm	1 : 1	
60 cm	2 : 1	
15 cm	1 : 2	
3 cm	1 : 10	
3 mm	1 : 100	

Je kleiner der Maßstab, umso kleiner zeichnen wir die Strecke.

2.2 Verkleinern von Gegenständen im Maßstab 1:10

Vorüberlegungen

Der Maßstab 1 : 10 bedeutet: 1 cm auf der Karte entspricht in der Wirklichkeit 10 cm, 1 mm auf der Karte entspricht in der Wirklichkeit 10 mm oder 1 cm, 10 cm auf der Karte entsprechen in der Wirklichkeit 100 cm oder 1 m.

Material

Arbeitsblatt Kopiervorlage 29, S. 101

Vorschläge für den Unterricht

Tafelanschrift

Wir zeichnen im Maßstab 1 : 1

Arbeitsblatt Kopiervorlage 29 (S. 101) und Folie davon:
Die Kinder messen die Gegenstände auf dem Arbeitsblatt aus und zeichnen sie auf ein DIN-A3-Papier. Die Ergebnisse werden im Sitzkreis vorgestellt und auf einer Folie eingetragen.

2.3 Übungen mit dem Maßstab

Vorschläge für den Unterricht

- Arbeitsblatt Kopiervorlage 30 (S. 102, mit 150 % zu vergrößern!)
  Lösungen: Länge der Teilstrecken 2,5 cm; 1,5 cm, 3,5 cm; 4,5 cm – Gesamtstrecke: 12 cm/12 km – Ziel: Wald
  Das Lösungsblatt wird im Klassenraum, hinter der Tafel oder an einer Lösungsstation aufgehängt oder es wird eine Kontrollfolie (Overlayfolie) aufgelegt.
- *Klammerkarten* (Kopiervorlage 31, S. 103)
  Die Lehrerin schneidet die Klammerkarten zu, faltet sie an der Faltlinie und steckt acht Büroklammern an. Die Kinder setzen die Büroklammern an die richtige Stelle und kontrollieren auf der Rückseite.
- Rückschau, Bewertung
  Die Kinder stellen ihre Arbeitsergebnisse vor. Eventuelle Probleme werden aufgearbeitet.
- Die Lehrerin erinnert an die „Planung eines Waldtages“ in erreichbarer Entfernung von der Schule. Die Kinder erhalten Schulumgebungskarten (Ortspläne, Wanderkarten), suchen ein geeignetes Waldgelände aus und wählen weitere Ziele.
  Sie ordnen die Karten nach der Größe des Maßstabs.

Name: ______________________ Datum: ____________

Wir zeichnen im Maßstab 1 : 10

1. Miss in der Wirklichkeit. Schreibe auf.
2. Zeichne den richtigen Maßstab. Schreibe auf.

	Wirklichkeit	Zeichnung
Blatt Papier Länge		
Blatt Papier Breite		
Stift		
Stuhl		
Schrank		

Lösungsbeispiel

Wir zeichnen im Maßstab 1 : 10

1. Miss in der Wirklichkeit. Schreibe auf.
2. Zeichne den richtigen Maßstab. Schreibe auf.

	Wirklichkeit	Zeichnung
Blatt Papier Länge	21 cm	2 cm 1 mm
Blatt Papier Breite	29 cm	2 cm 9 mm
Stift	13 cm	1 cm 3 mm
Stuhl	50 cm	5 cm
Schrank	2 m 10 cm	21 cm

Name: ______________________ Datum: ____________

Radausflug

Am Sonntag machen Frau und Herr Radler mit ihren drei Kindern eine Radtour.
Löse die Aufgaben. So weißt du, wohin und auf welcher Strecke die Familie gefahren ist.

1. Wie lange sind die Teilstrecken auf der Karte? Rechne mit dem Maßstab.

	1. Teilstrecke	2. Teilstrecke	3. Teilstrecke	4. Teilstrecke	Gesamtstrecke
Wirklichkeit	2,5 km	1,5 km	3,6 km	4,5 km	
Karte					

2. Welche Strecke ist Familie Radler gefahren?
   Miss die Teilstrecken auf der Karte und fahre die Strecke farbig nach.

3. Rahme das Bild von Familie Radlers Ziel farbig ein.

Maßstab 1 : 100 000

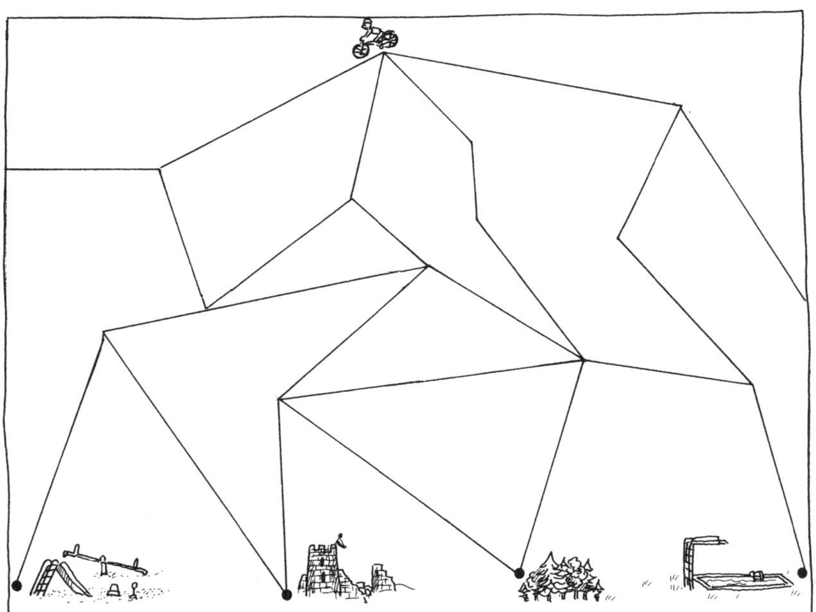

Die Kopiervorlage bitte mit 150 % vergrößern.

Übungen mit dem Maßstab
Wir vergleichen Strecken auf der Karte mit Strecken in der Wirklichkeit.

einfach

Übungen mit dem Maßstab	
Der Maßstab 1 : 10 bedeutet:	
1 cm auf der Karte ist in Wirklichkeit **10 cm**.	**10 cm** auf der Karte sind in Wirklichkeit **1 cm**.
Der Maßstab 1 : 2 000 bedeutet:	
1 cm auf der Karte ist in Wirklichkeit **2 000 m**.	**1 cm** auf der Karte ist in Wirklichkeit **2 000 cm**.
Der Maßstab 1 : 100 bedeutet:	
1 cm auf der Karte ist in Wirklichkeit **100 mm**.	**1 cm** auf der Karte ist in Wirklichkeit **1 m**.
Der Maßstab 1 : 10 000 bedeutet:	
1 cm auf der Karte ist in Wirklichkeit **1000 m**.	**1 cm** auf der Karte ist in Wirklichkeit **100 m**.
Der Maßstab 2 : 1 bedeutet:	
Diesen Maßstab gibt es gar nicht!	**1 cm** auf der Karte ist in Wirklichkeit **5 mm**.
Der Maßstab 1 : 20 000 bedeutet:	
1 cm auf der Karte ist in Wirklichkeit **20 000 cm**.	**1 mm** auf der Karte ist in Wirklichkeit **20 000 mm**.
Der Maßstab 1 : 200 000 bedeutet:	
1 cm auf der Karte ist in Wirklichkeit **2 km**.	**1 cm** auf der Karte ist in Wirklichkeit **200 m**.

hier falten

Übungen mit dem Maßstab	
Der Maßstab 1 : 10 bedeutet:	
	Richtig!
Der Maßstab 1 : 2 000 bedeutet:	
Richtig!	
Der Maßstab 1 : 100 bedeutet:	
Richtig!	
Der Maßstab 1 : 10 000 bedeutet:	
Richtig!	
Der Maßstab 2 : 1 bedeutet:	
Richtig!	
Der Maßstab 1 : 20 000 bedeutet:	
Richtig!	**Richtig!**
Der Maßstab 1 : 200 000 bedeutet:	
	Richtig!

schwieriger

Übungen mit dem Maßstab	
Der Maßstab 1 : 10 bedeutet:	
1 cm auf der Karte ist in Wirklichkeit **10 cm**.	**10 cm** auf der Karte sind in Wirklichkeit **1 cm**.
Der Maßstab 1 : 2 bedeutet:	
1 cm auf der Karte ist in Wirklichkeit **2 m**.	**1 cm** auf der Karte ist in Wirklichkeit **2 cm**.
Der Maßstab 1 : 100 bedeutet:	
1 cm auf der Karte ist in Wirklichkeit **100 cm**.	**1 cm** auf der Karte ist in Wirklichkeit **1 m**.
Der Maßstab 1 : 1 000 bedeutet:	
1 cm auf der Karte ist in Wirklichkeit **100 m**.	**1 cm** auf der Karte ist in Wirklichkeit **10 m**.
Der Maßstab 1 : 5 000 bedeutet:	
1 cm auf der Karte ist in Wirklichkeit **5 000 cm**.	**1 cm** auf der Karte ist in Wirklichkeit **50 m**.
Der Maßstab 1 : 20 000 bedeutet:	
1 cm auf der Karte ist in Wirklichkeit **20 000 mm**.	**1 mm** auf der Karte ist in Wirklichkeit **20 000 mm**.

hier falten

Übungen mit dem Maßstab	
Der Maßstab 1 : 10 bedeutet:	
	Richtig!
Der Maßstab 1 : 2 bedeutet:	
Richtig!	
Der Maßstab 1 : 100 bedeutet:	
Richtig!	**Richtig!**
Der Maßstab 1 : 1 000 bedeutet:	
Richtig!	
Der Maßstab 1 : 5 000 bedeutet:	
Richtig!	**Richtig!**
Der Maßstab 1 : 20 000 bedeutet:	
Richtig!	

C. HÖHENDARSTELLUNG

Vorüberlegungen

Ein **Berg** ist eine Bodenerhebung. Mehrere Berge sind ein **Gebirge.** Eine **Ebene** ist eine flache Landschaftsform mit geringen Reliefunterschieden. Ein **Tal** ist eine langgestreckte Hohlform, die meist durch Flüsse entstanden ist.
Heute sind folgende Höhendarstellungen auf Karten gebräuchlich:
Bei einem *Schummerungs- oder Schattenrelief* werden Berghänge durch verschiedene Schattierung oder Tönung plastisch dargestellt. Diese Methode ist jedoch für die Grundschule zu anspruchsvoll.
Höhenschichtenfarben in unterschiedlich intensiven Brauntönen geben auch den Kindern ein klares Bild der Geländeform. Eine Höhenschicht ist die Fläche zwischen zwei Höhenlinien. Durch farbige Abstufung entsteht eine Höhenschichtenkarte. Je dunkler das Braun ist, um so höher ist der Berg. Für Gebiete mit gleicher Höhenlage wird die gleiche Farbe verwendet.
In Verbindung mit *Höhenlinien* ist eine genaue Darstellung der Geländeform möglich. Die Höhenlinien verbinden Punkte gleicher Höhenlage miteinander. Bei einem flachen Berghang (Flachhang) liegen die Höhenlinien weit auseinander, bei einem Steilhang dagegen liegen sie eng beieinander. Besonders auf Wanderkarten sind Höhenlinien gebräuchlich.
Zur Einführung und Erarbeitung werden Karten mit großem Maßstab verwendet. Fiegl und Schwarz (1999) geben folgende handlungs- und anschauungsbezogenen Möglichkeiten zur Einführung der Höhenlinien an:

- Zerlegen eines Bergmodells in Scheiben (aus Plastilin, Ton, Kartoffel- oder Rübenscheiben):

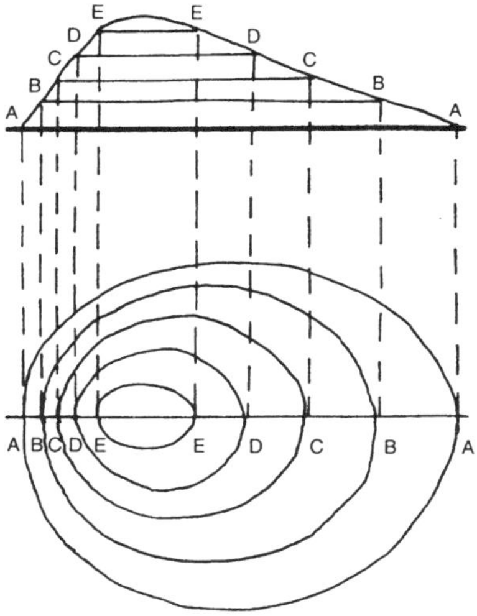

Die Höhenlinien werden durch Umfahren der Höhenschichten mit dem Bleistift gewonnen. Damit diese nicht verrutschen, werden Stäbe durch die Schichten gesteckt. Ein Bergmodell (aus Knetmasse oder Gips) wird im gläsernen Wasserbecken mit Markierungsschritten schrittweise unter Wasser gesetzt:

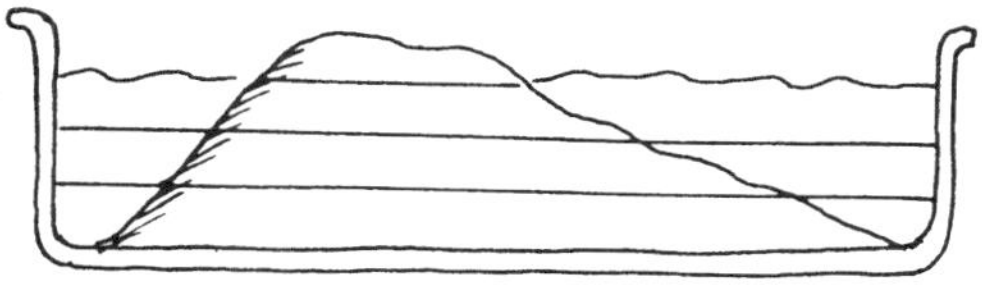

Die Höhenlinien werden durch stufenweises Anfüllen des Wasserbeckens gewonnen und anschließend jeweils aus der Vogelperspektive auf die oben liegende Glasplatte gezeichnet.

- Ein Bergmodell im Sandkasten wird mit Bleistift umfahren:

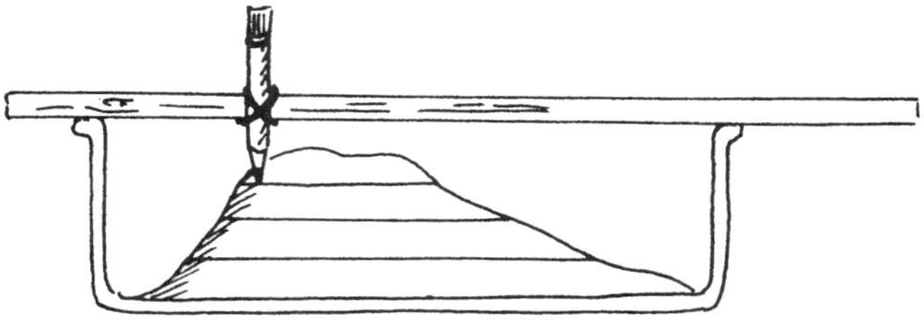

Die Höhenlinien werden durch Umfahren des Bergmodells mit einem an einer Latte befestigten Bleistift gewonnen.

Da das Verständnis der Höhenlinien große Anforderungen an das Denkvermögen und die Vorstellungskraft der Kinder stellt, sollte der methodische Weg variiert, wiederholt und umgekehrt werden. An gleichen und verschiedenen Objekten werden mehrere Darstellungsweisen angewendet.

1. Höhenlinien auf der Karte

Material
Folie (siehe S. 106), Kartoffeln, Messer, Kopiervorlagen 32 und 33, siehe S. 107 f.)

Vorschläge für den Unterricht
Hinführung durch eine kurze Lehrererzählung:
Anna, Marie und Leon machen eine Radtour. Sie haben ihre Tour gut vorbereitet und mit Hilfe des Maßstabes die Entfernung ausgemessen. Trotzdem brauchen sie viel mehr Zeit, als sie angenommen hatten.
Die Kinder vermuten mögliche Gründe.

Erarbeitung
Die Lehrerin zeigt dazu dieses Folienbild.

Mögliche Äußerungen der Kinder: Auf der Karte müssen die Berge dargestellt werden.
Problemstellung (Tafelanschrift):

Wie werden Berge auf der Karte dargestellt?

Mit einer halben Kartoffel (in einer geeigneten Form) wird das Modell eines Berges gezeigt. Arbeitsblatt (Kopiervorlage 32, S. 107): In Einzel- oder Partnerarbeit stellen die Kinder die Höhenlinien dar. Es kann auch eines der o. g. Verfahren gewählt oder zusätzlich angewendet werden.
Vorstellen der Ergebnisse
Die Kinder heften ihre Arbeitsergebnisse an eine Pinnwand oder die Tafel. Sie beschreiben an Hand der Zeichnung die Form der Modellberge (steiler Hang, flacher Hang) und ordnen den Zeichnungen die „Kartoffelberge“ zu.
Erkenntnis 1: Die Höhenlinien verlaufen in gleicher Höhe um den Berg.
Erkenntnis 2: Wenn die Höhenlinien sehr weit auseinanderliegen, ist der Berghang flach. Wenn die Höhenlinien sehr eng nebeneinander liegen, ist der Berghang sehr steil.
Sicherung

- Arbeitsblatt (Kopiervorlage 33, S. 108) und Lösung (S. 109)
- Die Kinder suchen auf Karten (wenn möglich von der Umgebung der Schule) geeignete Höhen:
  - Kinder machen eine Radtour. Für die Auffahrt wählen sie einen Flachhang, für die Abfahrt einen Steilhang.
  - Für einen Familienausflug wird ein niedriger Berg mit flachem Auf- und Abstieg gesucht.
  - Wo findet sich ein steiler Berghang für eine Schlittenfahrt?

Name: ______________________ | Datum: ____________

Ein „Kartoffelberg“

Vor dir auf dem Tisch liegt eine Kartoffel, ein Messer, zwei Stecknadeln, ein Stück Pappe und ein Bleistift.

1. Halbiere die Kartoffel.
   Nimm eine Hälfte der Kartoffel.
   Zerschneide sie in vier gleich starke Scheiben.
2. Lege die größte Scheibe auf die Pappe.
   Stich an jeder Seite mit einer Nadel die Scheibe durch, befestige sie an der Pappe.
   Fahre mit einem Bleistift um die Scheibe.
3. Wiederhole dies mit allen anderen Scheiben der Größe nach.

1.
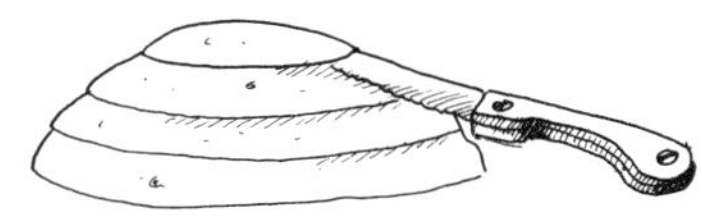

2.
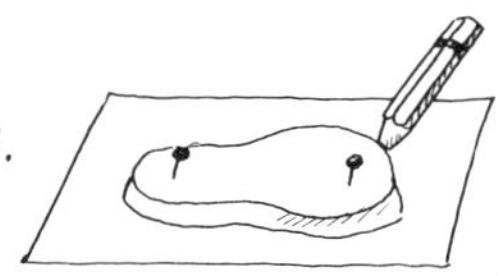

3.
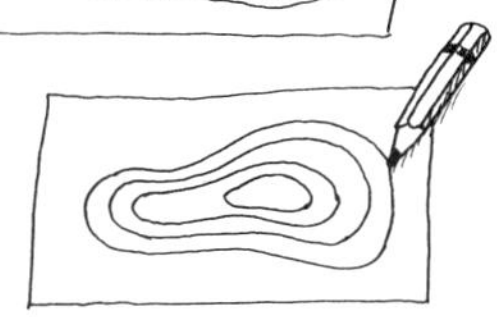

Zeichnung ⓐ

4. Lege die Scheiben deiner Kartoffelhälfte wieder richtig aufeinander.
5. Vergleiche die Schnittlinien an deinem Kartoffelstück mit den Linien der Zeichnung ⓐ.
6. Vergleiche die Linien deiner Zeichnung ⓐ mit den Linien der Zeichnung ⓑ.
7. Was fällt dir dabei auf?
   Je steiler …

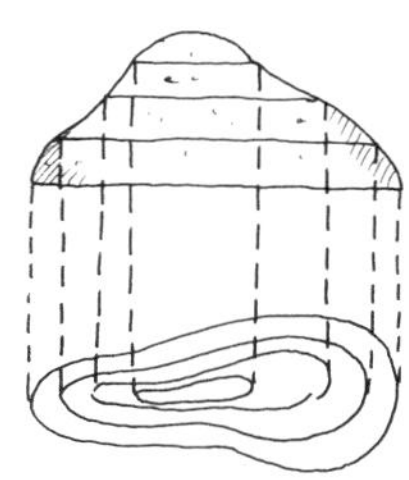

Zeichnung ⓑ

____

____

____

8. Was ist hier falsch? Streiche es durch.

a) Die Schnittlinien an deinem Kartoffelstück verlaufen
   – ganz anders als die Linien in der Zeichnung ⓐ.
   – so ähnlich wie die Linien in der Zeichnung ⓐ.

b) Die Linien deiner Zeichnung a unterscheiden sich
   – kaum von den Linien der Zeichnung ⓑ.
   – sehr von den Linien der Zeichnung ⓑ.

Name: ______________________ Datum: __________

Modellberg aus Höhenlinien

1. Trage die Höhenzahlen bei den Höhenlinien ein.
2. Zeichne den Querschnitt des Berges.
3. Welche Strecke ist steiler? Kreuze an.

   A – B ☐ C – D ☐

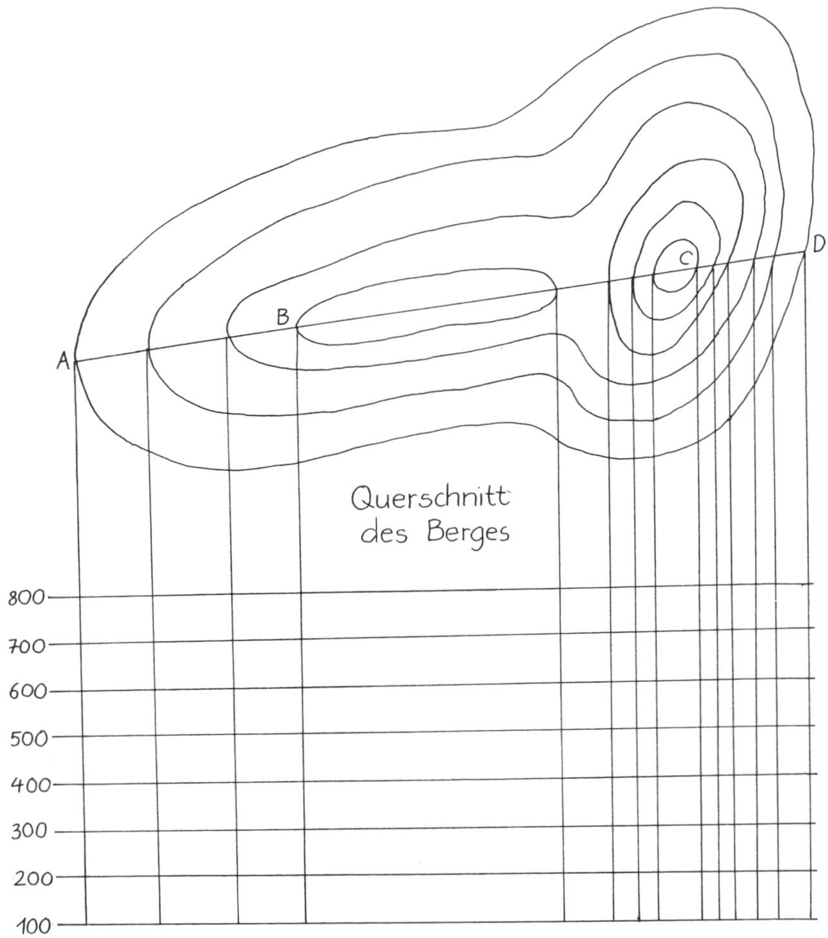

Lösung zu KV 33, S. 108: Modellberg aus Höhenlinien

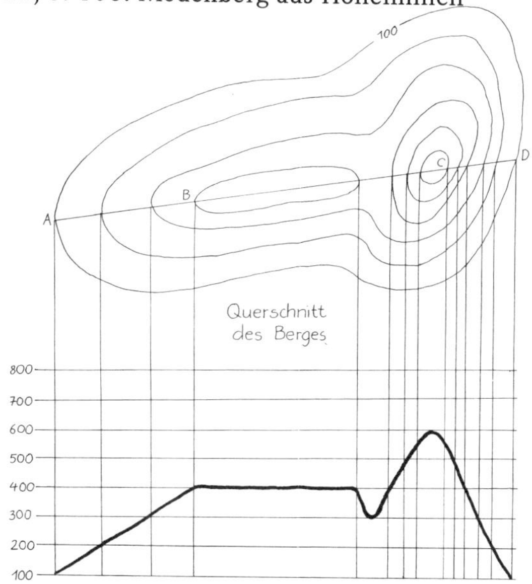

2. Höhendarstellung durch Farben

Material

Kartoffelberge aus der vorangegangenen Stunde, Deckfarbenkasten, Pinsel

Vorschläge für den Unterricht

- Die Kinder betrachten verschiedene Karten mit Höhendarstellungen und stellen fest, dass Berge nicht nur durch Höhenlinien, sondern auch durch unterschiedliche Farben dargestellt werden.
- Sie fertigen zu den Modellbergen (Kartoffel) eine Legende der Höhenschichten an, indem sie die Kartoffelscheiben als Druckstock nutzen. Dazu bemalen sie die unterste Schicht mit Deckfarben dunkelgrün, die nächsten gelb, hellbraun und dunkelbraun. Auf ein DIN-A4-Papier drucken sie die Farben untereinander und schreiben die entsprechende Höhenbezeichnung daneben.

3. Übungen zur Höhendarstellung

- Arbeitsblätter Kopiervorlagen 34 bis 36 (S. 110 ff.)
- Test zur Ergebnissicherung (Kopiervorlagen 37 a + b, S. 113 f.)

Name: ______________________ Datum: __________

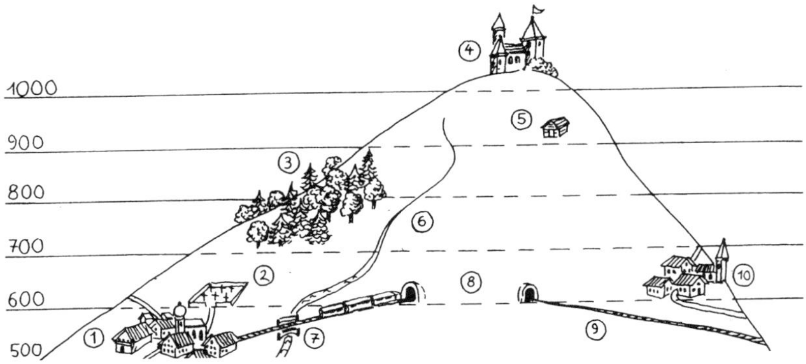

Auf der unteren Karte ist dieser Berg mit Höhenlinien und Kartenzeichen dargestellt.

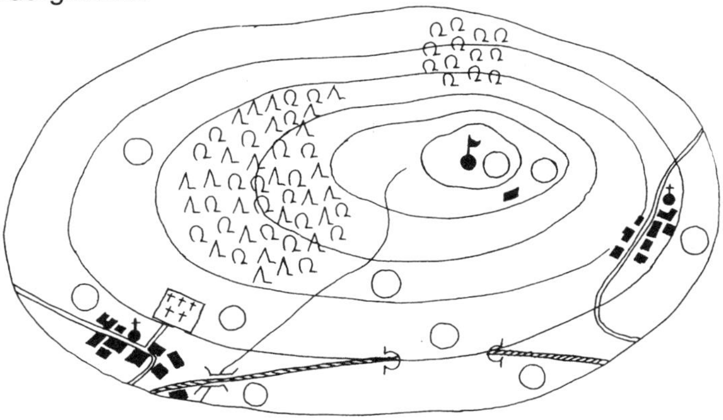

1. Trage die Werte der Höhenlinien von 500 m bis 1000 m ein.
2. Trage in die leeren Kreise die richtigen Nummern aus dem oberen Bild ein.
3. In welcher Höhenlage befindet sich der Mischwald? __________
4. In welcher Höhe liegt die Burg? __________
5. Wie groß ist der Höhenunterschied zwischen Dorf 1 und der Berghütte? __________
6. Wie verläuft die Eisenbahnlinie? Beschreibe.

____

____

____

Name: ______________________ Datum: ____________

Zeichne eine Karte

1. Erläutere die Abbildungen.
2. Male sie mit den Kartenfarben aus.
3. Lies den Text genau und zeichne in die Abbildungen:
   Am Meeresufer steht ein Haus. Bis etwa 100 m Höhe dehnen sich Wiesen aus. Danach folgt bis 300 m Höhe Mischwald. Die Berggipfel sind mit Büschen bewachsen. Im Tal zwischen den beiden Bergen steht eine Schutzhütte. In 300 m Höhe befindet sich eine Burgruine. Auf dem höchsten Berggipfel ist ein Aussichtsturm.
4. Fertige eine Zeichenerklärung an.

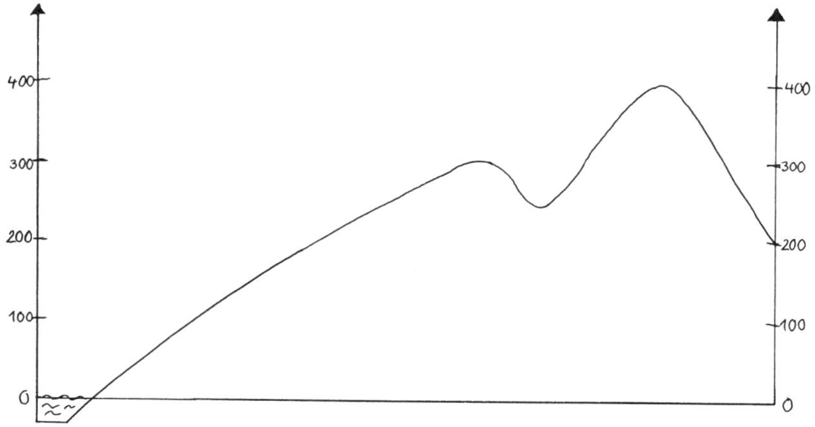

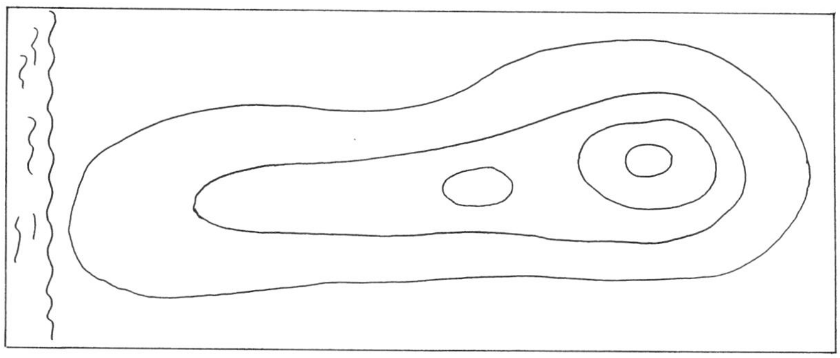

Zeichenerklärung:

Name: ______________________ Datum: ____________

Eine Bergwanderung

Marie will mit ihrer Familie eine Bergwanderung unternehmen. Sie schauen sich die Karte vom Burgberg an.

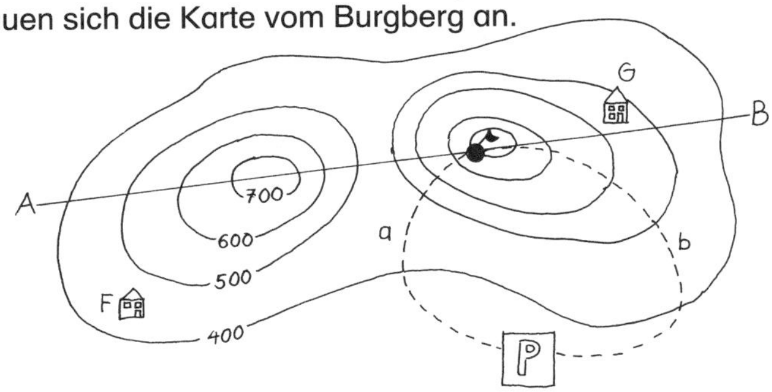

1. In welcher Höhe liegt die Burg? ______________
2. Welcher Weg vom Parkplatz aus ist steiler?
   Weg ______ ist steiler als Weg ______.
3. Kann Marie vom Parkplatz aus
   das Forsthaus (F) ja nein sehen?
   das Gasthaus (G) ja nein
4. In welcher Höhe liegt das Forsthaus? ______________
5. In welcher Höhe liegt das Gasthaus? ______________
6. Welcher Querschnitt gehört zu dem dargestellten Berg?

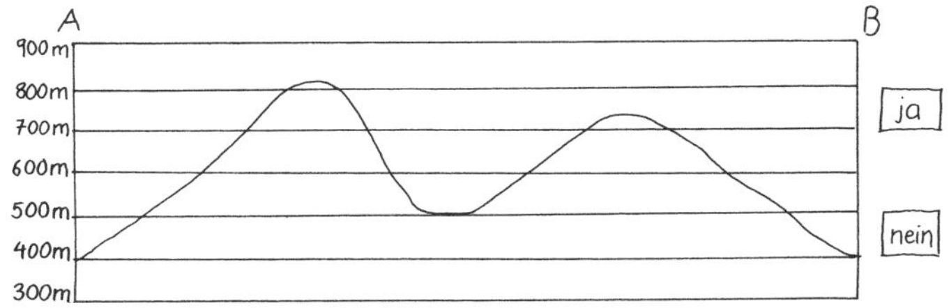

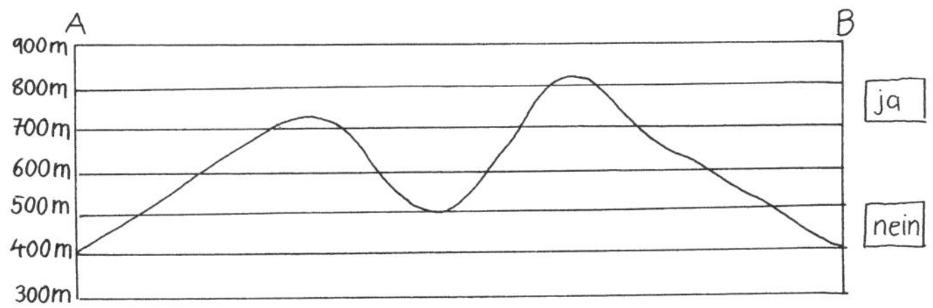

Name: ____________________ Datum: __________

Das weiß ich über eine Landkarte.

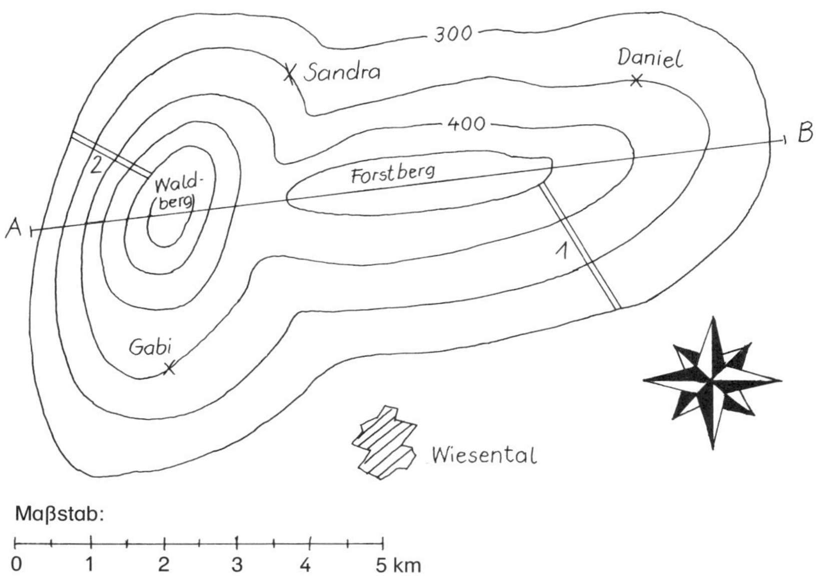

1. Schreibe die Himmelsrichtungen an die Windrose.

2. Wie weit ist es von A nach B ? ____________________

3. Wie hoch ist der Forstberg? ____________________

4. Wie hoch ist der Waldberg? ____________________

5. Welche Strecke ist steiler? 1 oder 2 ?

   ______________ ist steiler als ______________.

Kopiervorlage 37 b

Name: ______________________ Datum: __________

6. Welcher Querschnitt von A nach B ist richtig?
   Kreuze an.

7. Wer kann den Ort Wiesental sehen?
   Kreuze an.

   ◯ Sandra ◯ Daniel ◯ Gabi

8. In welcher Himmelsrichtung von Gabi aus gesehen liegt der Ort?
   Wiesental liegt im ____________________.

9. Zeichne ein.

   a) Von 350 m – 450 m: Laubwald

   b) Auf dem Gipfel des Forstberges steht ein Aussichtsturm.

   c) Im Nordwesten der Karte liegt ein Restaurant.

   d) Im Norden der Karte befindet sich ein See.

10. Wiesental liegt 70 m hoch.
    Mit welcher Kartenfarbe würdest du diese Höhe darstellen? ____________________

Du hast von _____ Punkten _____ erreicht.

Das Wetter

Die Unterrichtseinheit „Das Wetter“ sollte geplant werden, wenn die Wetterlage nicht konstant ist (November, März, April). So können unterschiedliche Wettererscheinungen unmittelbar beobachtet und untersucht werden. Kenntnisse über die Himmelsrichtungen sowie über den natürlichen Kreislauf des Wassers sind Voraussetzung. Um das Verständnis für das Entstehen von Wettererscheinungen zu vertiefen, können einzelne Experimente aus der Einheit „Der natürliche Wasserkreislauf“ wiederholt werden. Auf das Thermometer wird nicht näher eingegangen, da „Erfahrungen mit Temperaturen“ bereits im 1./2. Schuljahr thematisiert wurden (vgl. „Ganzheitlicher Sachunterricht im zweiten Schuljahr“ S. 236). Der Unterricht findet weitgehend im Freien statt; ferner kann eine Wetterwarte oder eine Wetterstation aufgesucht werden.

Fächerübergreifende Ansätze

Deutsch

- Wortschatzerweiterung zum präzisen Beschreiben von Wettererscheinungen, z. B.:
  Bewölkung: heiter, bedeckt, stark bewölkt etc.
  Temperatur: kalt, kühl, warm, heiß etc.
  Niederschlag: Regen, Hagel, Schnee, Schauer etc.
  Wind: Brise, Sturm, windstill etc.
- Bauernregeln lesen, witzige Bauernregeln schreiben
- Täglich einen Wetterbericht schreiben und ihn wie im Fernsehen oder Radio vortragen (Hilfsmittel: Kassettenrekorder oder aus Pappe gebastelter Fernseher)
- Wetterabenteuer und Rettungsgeschichten schreiben

Musik

- „Regenlied“ von U. und B. Meyerholz
- Wettergeräusche erzeugen, als Klangzeichen aufschreiben und als Hintergrund-„Musik“ verwenden

Kunst

- Einzelne Wettererscheinungen visuell darstellen
- Schneekristalle basteln

Textiles Gestalten und Werken

- Materialeigenschaften von Textilien
- Wetter und Kleidung
- Wettermessgeräte nach Anleitung bauen (evtl. Abbildungen)
- Ein Wärmekarussell (eine Weihnachtspyramide) bauen

1. Wettererscheinungen

1.1 Wettererscheinungen mit allen Sinnen erleben

Vorüberlegungen

Niederschläge können mit allen Sinnen erlebt werden. Dagegen ist der Wind als Wettererscheinung nicht unmittelbar sichtbar. Beobachtbar sind nur die Auswirkungen. Luftströmungen sind aber direkt fühlbar und auch hörbar.

Material
Kassettenrekorder, Blätter, Papier, Watte, Regenschirme, große Pappen, Stoppuhren, Papprollen von Haushaltspapier oder Toilettenpapier

Vorschläge für den Unterricht

- Windgeräusche (z. B. unter Bäumen oder Wind, der in eine Flasche bläst) mit dem Kassettenrekorder aufnehmen
- Blätter, Papierschnipsel, Watte in die Luft werfen und protokollieren, welche und wie weit die Dinge fliegen
- Mit einem aufgespannten Regenschirm, mit Pappe in der Hand gegen den Wind laufen und die Zeiten stoppen und vergleichen

Name: ____________________ Datum: __________

50 m – Lauf gegen den Wind

	ohne Regenschirm	mit Regenschirm
Lara		
Marie		
Julian		

- Haut mit Wasser befeuchten und gegen den Wind halten, das Temperaturempfinden beschreiben und festhalten
- Regengeräusche mit dem Kassettenrekorder aufnehmen
- Regentropfen auf unterschiedlichen Gegenständen durch ein Papprohr betrachten und zeichnen
- Regentropfen unter der Lupe betrachten und zeichnen
- Sich in den Regen stellen und den Regen auf der Haut fühlen
- Barfuß durch Tau laufen
- Mit Gummistiefeln in einer Pfütze um die Wette springen: Wer schafft die höchsten Spritzer?

1.2 Wettererscheinungen beschreiben

Vorüberlegungen
Wetter wird wissenschaftlich als Zustand der Atmosphäre an einem bestimmten Ort und zu einer bestimmten Zeit definiert. Wettererscheinungen wie Regen, Gewitter etc. entstehen durch ein Zusammenspiel von einzelnen Faktoren wie Temperatur, Wind, Bewölkung, Niederschlag, Luftfeuchtigkeit und Luftdruck. Auf Abbildungen sind in der Regel diese Faktoren nur mittelbar zu erschließen. So lassen z. B. bewegte Bäume, Rauchfahnen, die Körperhaltung von Menschen... Rückschlüsse auf die Windstärke zu.

Material
Zeichenblock, Buntstifte, Kopiervorlage 38 (siehe S. 118)

Vorschläge für den Unterricht
- Im Laufe einer Woche täglich ein Bild malen, auf dem das jeweilige Wetter deutlich erkennbar ist.
- Abbildungen, auf denen unterschiedliche Wettererscheinungen dargestellt sind, vergleichend betrachten und unter den Aspekten Temperatur, Windstärke, Art des Niederschlags und Bewölkung beschreiben (Kopiervorlage 38).

2. Wettervorhersage

2.1 Wetterbericht und Wetterkarte

Vorüberlegungen
Grundlage für einen Wetterbericht sind genaue Beobachtungen an Wetterstationen, die sich auf dem Land, auf dem Wasser und in der Luft befinden. Gleichzeitig und regelmäßig werden rund um die Erde Messdaten ermittelt, gesammelt und von Computern ausgewertet. Diese Beobachtungen werden auf Wetterkarten festgehalten. Wissenschaftliche Wetterkarten informieren über den Verlauf der Isobaren (Linien gleichen Luftdrucks), die Lage von Hoch- und Tiefdruckzentren und den Verlauf von Warm- und Kaltfronten. Diese werden täglich z. B. vom Deutschen Wetterdienst in Offenbach/Main veröffentlicht. Der Wetterbericht enthält in der Regel eine Beschreibung der momentanen Wetterlage und prognostiziert das Wetter für die nächsten Stunden und Tage. Im Fernsehen, Internet oder Zeitungen werden Wetterkarten vereinfacht. Sie enthalten Angaben zur Temperatur, Windrichtung, Windstärke, Bewölkungsdichte und Niederschlagsart, die zum Teil mit Symbolen dargestellt sind.

Name: ______________________ Datum: ____________

Wie ist das Wetter?

1. Beschreibe die Wettererscheinungen.

Temperatur: ____________

Bewölkung: ____________

Wind: ____________

Niederschlag: ____________

Jahreszeit: ____________

Temperatur: ____________

Bewölkung: ____________

Wind: ____________

Niederschlag: ____________

Jahreszeit: ____________

Temperatur: ____________

Bewölkung: ____________

Wind: ____________

Niederschlag: ____________

Jahreszeit: ____________

Temperatur: ____________

Bewölkung: ____________

Wind: ____________

Niederschlag: ____________

Jahreszeit: ____________

Material

Eine Wetterkarte aus einer aktuellen Tageszeitung, Aufnahmen von Wetterberichten aus dem Radio und Fernsehen, Modekataloge

Vorschläge für den Unterricht

- Eine einfache Wetterkarte aus einer Tageszeitung betrachten, das Wetter mündlich und schriftlich beschreiben, das jeweilige Wetter zeichnerisch darstellen
- Einen Wetterbericht im Internet (z. B. www.dwd.de), Fernsehen oder Radio verfolgen und mündlich, schriftlich oder zeichnerisch wiedergeben
- Entsprechend der Wetterkarte angemessene Kleidung und angemessene Freizeitaktivitäten auswählen, diese aufzeichnen, ausschneiden oder pantomimisch darstellen

2.2 Wettersymbole

Vorüberlegungen

Windstärken-Skala nach Francis Beaufort

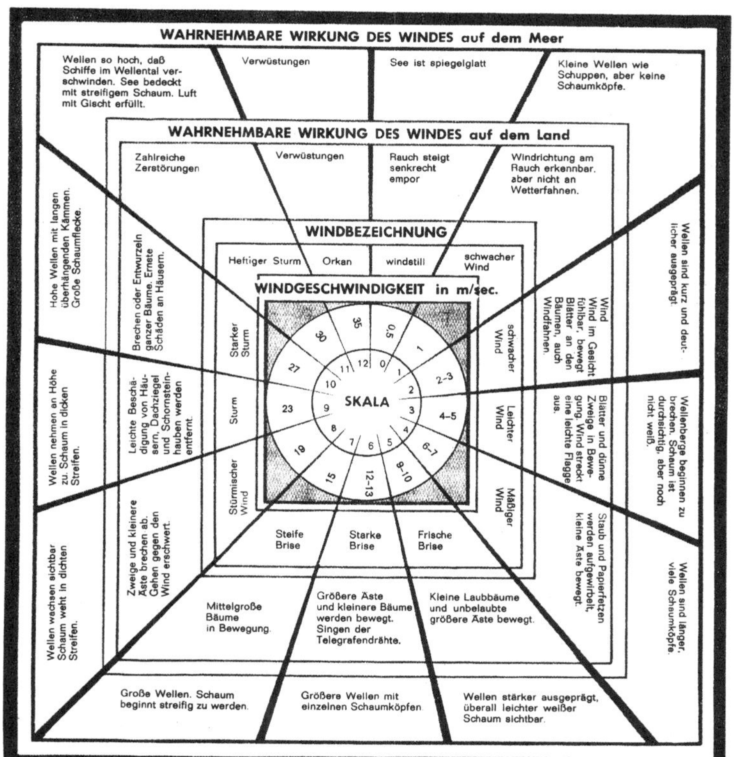

aus: Was ist Was? Das Wetter. Band 7. Tessloff Verlag, Nürnberg

Temperaturen-Farbskala mit unterschiedlichen Blau-Gelb- und Rottönen

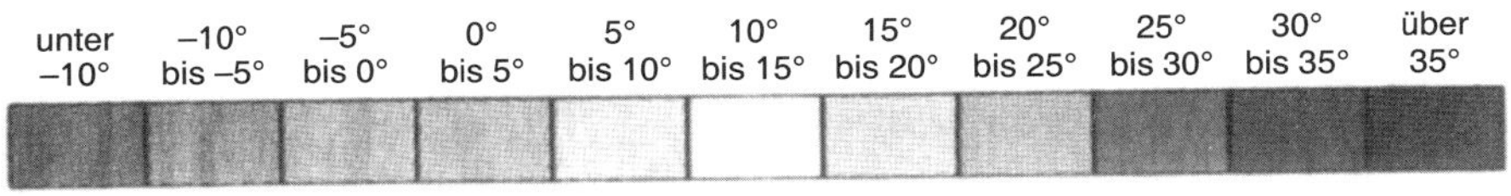

Bewölkung

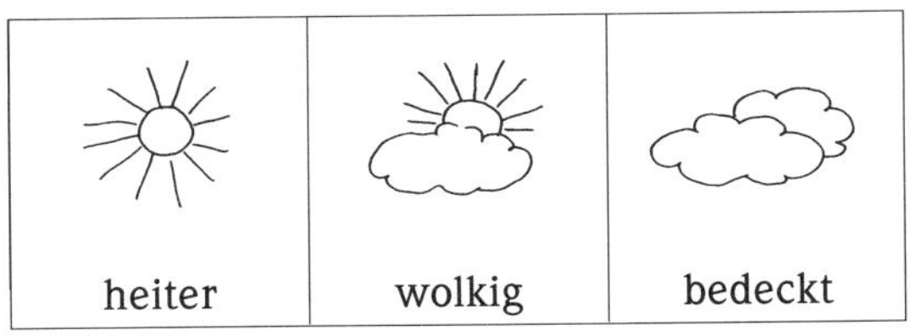

Niederschlag

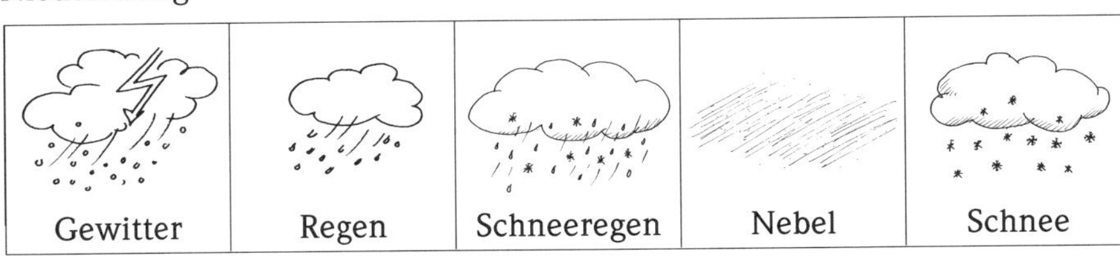

Die Windrichtung wird meist auf einer Windrose (vgl. S. 125) markiert, wobei das Windsymbol in die Richtung zeigt, aus der der Wind kommt.

Material
Kopiervorlage 39 (siehe S. 121), farbiges, festes Papier, Stifte

Vorschläge für den Unterricht

- Symbole für Wettererscheinungen erfinden und diese mit genormten Symbolen vergleichen
- Arbeitsteilige Gruppenarbeit: Die Kinder erstellen Zuordnungsspiele wie Memory, Domino und Quartett, bei denen Symbol, Text und/oder Abbildung zuzuordnen sind, und spielen sie.
- Rate- und Quizspiele

Wettersymbole (Memoryspiel)

heiter	wolkig	bedeckt	Gewitter

Regen	Schneeregen	Schnee	Nebel
Windstärke 0 	Windstärke 1 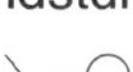	Windstärke 3 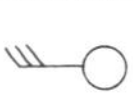	Windstärke 9 
Windstille	schwacher Wind	leichter Wind	Sturm

3. Das Wetter beobachten und messen

3.1 Wettermessgeräte

Vorüberlegungen

- Messgeräte zum Bestimmen der Windrichtung und -stärke:
  Wetterfahnen, die sich im Wind drehen und damit anzeigen, aus welcher Richtung dieser bläst, gehören zu den ältesten meteorologischen Instrumenten. In christlichen Ländern findet man oft Wetterhähne auf Kirchturmspitzen. Der Kopf zeigt immer in die Richtung, aus der der Wind bläst, da die Schwanzseite größer als die Kopfseite ist. Ein Schalenkreuz-Anemometer dient zum Messen der Windgeschwindigkeit. Es findet sich häufig an exponierten Bauwerken wie z. B. Brückenköpfen.

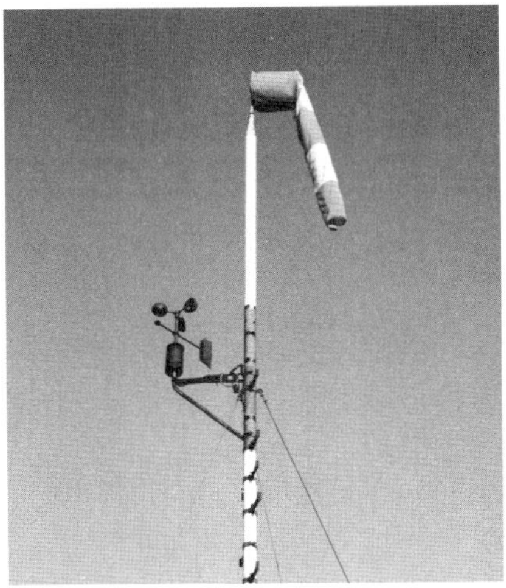

Foto: archivberlin Windmesser

Bei der Konstruktion eines eigenen Windmessgerätes stellen sich für die Kinder folgende Probleme:
Zum Einen müssen die verwendeten Materialien bereits auf geringe Luftbewegungen reagieren, aber trotzdem reißfest sein. Dazu eignen sich besonders textile Stoffe aus natürlichen oder synthetischen Fasern. Zum anderen müssen diese Stoffe so befestigt werden, dass sie zwar festgehalten werden, sich aber gleichzeitig im Wind drehen können.
Mögliche Lösungen: Einen Stoff an einen festen Draht oder einen Holzstab kleben oder binden. Diesen in einen mit Sand gefüllten Behälter, in Styropor, Plastilin oder ähnliches Material stecken. Der Stoff kann dreieckig wie ein Wimpel oder rechteckig wie eine Fahne sein. Bei einer dreieckigen

Form lässt sich die Windrichtung eindeutiger festlegen, da der Stoff weniger flattert. Die Spitze zeigt in die Richtung, in die der Wind bläst. Bei einer rechteckigen Wetterfahne kann die Heftigkeit der Bewegungen als Maß für eine selbst festgelegte Windstärkenskala dienen.

Foto: MEV-Verlag, Augsburg

Wird anstelle des textilen Stoffes ein fester Stoff wie Pappe oder Styropor benutzt, darf die Achse nicht mittig festgelegt werden. Wie beim Wetterhahn zeigt die kleinere Fläche in die Richtung, aus der der Wind weht.
Weitere grobe Bestimmungsmöglichkeiten für Windrichtung und -stärke sind u. a. flatternde Tücher, frei fallende Papierschnitzel, Bewegungen von Ästen, aufsteigender Rauch, ziehende Wolken sowie ein hochgehaltener angefeuchteter Finger, der sich an der zum Wind gerichteten Seite schneller abkühlt.
Voraussetzung zum Ablesen der Windrichtung ist, dass am Standort des Messgerätes die Himmelsrichtungen bekannt sind. Diese können mit einem Kompass oder am Sonnenstand bestimmt werden.

- Messgeräte zur Bestimmung der Niederschlagsmenge:
Dazu wird die Niederschlagshöhe [mm] gemessen. Sie gibt an, wie hoch der Erdboden bedeckt sein würde, sofern der Niederschlag weder verdunstet noch abfließt oder versickert. Ein Millimeter Niederschlagshöhe entspricht dabei einer Menge von einem Liter je m^2 Bodenfläche. Fällt der Niederschlag in fester Form (etwa als Schnee), so wird die Wasserhöhe des geschmolzenen Niederschlages als Höhe ermittelt.

Beim Bau eines Regenmessers müssen die Kinder Folgendes bedenken: Der Regenmesser soll aus einem transparenten, möglichst bruchfesten Material (z. B. Joghurtbecher) bestehen. Ggf. kann auch problematisiert werden, wie sich der aufgefangene Niederschlag vor Verdunstung schützen lässt, z. B. durch eine kleine Einlassöffnung wie bei einem Trichter. Ferner ist eine Messskala festzulegen und am Regenmesser anzubringen.
Bei den selbst hergestellten Messgeräten ergibt sich das Problem der Eichung. Skalen können von Kindern willkürlich festgelegt werden, z. B. Windstärke 3 nach Janina, Niederschlagsmenge 10 nach Julian. Damit lassen sich relative Unterschiede messen, aber die Messergebnisse lassen sich nicht mit anderen vergleichen.
In einem problemorientierten Sachunterricht (vgl. S. 15) können die Kinder oben beschriebene Messgeräte durch Ausprobieren und Überprüfen selbstständig konstruieren. Dieses Vorgehen ist qualitativ anspruchsvoller als eine einfache Rekonstruktion. Auf Abbildungen und Arbeitsblättern befinden sich Anleitungen zum Bau von weiteren Wettermessgeräten.

- Natürliche Messgeräte zur Bestimmung der Luftfeuchtigkeit
  Ein Hygrometer misst die Feuchtigkeit der Luft. Ein Kieferzapfen z. B. ist ein natürlicher Hygrometer. Wenn die Schuppen glatt anliegen, ist die Luft feucht und es wird regnen. Wenn die Schuppen weit abstehen, ist die Luft trocken und es bleibt schön.

Material
Kopiervorlagen 40 und 41 (siehe S. 125 f.), Holzstäbe unterschiedlicher Stärke (Schaschlikspieße, Besenstiele), fester Draht, dünner Draht, Drahtzange, Trinkhalme, Marmeladengläser, Kunststoffbecher, Sand, Plastilin, Styropor, Pappe, Papier, Schnüre, Schere, verschiedene textile Stoffe, Kunststofftüten, Trichter, Kiefer- oder Fichtenzapfen

Vorschläge für den Unterricht

- Wind- und Niederschlagsmessgeräte durch Ausprobieren konstruieren
- Windmessgeräte in der Umgebung suchen
- Einfache Hilfsmittel zum Bestimmen der Windrichtung und -stärke kennen lernen
- Aus der Naturbeobachtung Windrichtung, Windstärke, Luftfeuchtigkeit bestimmen
- Eigene Maßeinheiten und Skalen erfinden
- Klassenintern begründend eine gemeinsame Skala festlegen
- Offizielle Maßeinheiten kennen lernen und mit den eigenen vergleichen

Name: ______________________ Datum: ____________

Wetterfahne

Du brauchst dazu:

- einen Kunststoffbecher (Joghurtbecher) oder ein Glas (leeres Marmeladenglas)
- Sand
- festen Draht
- ein Stück Stoff als Fahne
- Klebstoff
- festes Papier
- eine Windrose
- einen Kompass

1. Klebe die Windrose auf festes Papier und schneide sie aus.
2. Fülle den Joghurtbecher mit Sand.
3. Stanze in der Mitte der Windrose ein Loch und klebe sie auf den Becherrand.
4. Stecke den Draht mit dem einen Ende durch die Windrose.
5. An dem anderen Ende befestigst du deine Fahne.
6. Mit einem Kompass kannst du jetzt deine Wetterfahne ausrichten.

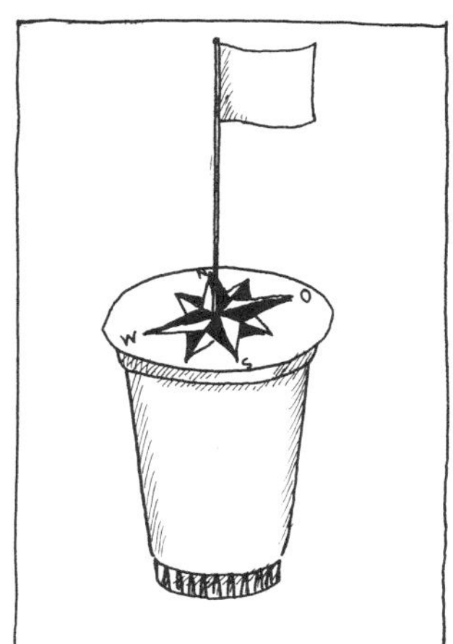

Name: ______________________________	Datum: ____________

Regenmesser

Du brauchst dazu:

- eine leere Kunststoffflasche (z. B. Mineralwasserflasche)
- ein Lineal oder ein Maßband
- durchsichtiges Klebeband
- ein scharfes Messer (Achtung! Vorsicht!)

1. Schneide den oberen Teil der Flasche ab.
2. Setze ihn umgekehrt – wie einen Trichter mit der engen Öffnung nach unten – wieder auf den unteren Teil der Flasche.
3. Befestige das Maßband auf dem unteren Teil der Flasche und überklebe es mit durchsichtigem Klebeband.
   Oder:
   Trage mit einem Lineal und einem wasserfesten Stift die Zentimeter auf der Flasche ab.

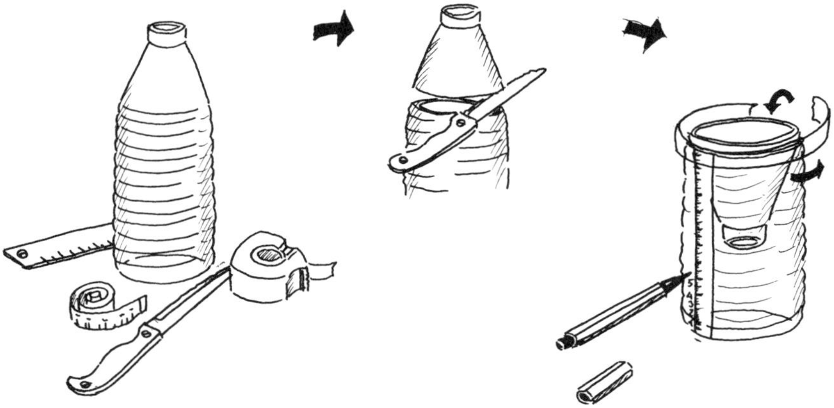

3.2 Wetterstation

Informationen zur Sache

Bei der Standortwahl für Wettermessgeräte ist zu bedenken, dass die Geräte vor unsachgemäßem Gebrauch geschützt sind und dass sie auf einem freien, etwas erhöhten Platz aufgestellt werden, damit z. B. Bäume oder Gebäudeteile den Regenmesser nicht abdecken, den Wind abschwächen oder die Temperatur beeinflussen.

Material

Kopiervorlage 42 (siehe S. 128), Wettermessgeräte

Vorschläge für den Unterricht

- Begründete Vorschläge für den Standort einer Wetterstation sammeln
- In einem Planspiel „Gemeinderat XY plant den Bau einer Wetterstation" verschiedene Argumente vortragen und zu einem gemeinsamen Beschluss kommen
- Die Wetterstation mit selbst gebauten und/oder fertigen Messgeräten aufbauen

3.3 Wettertagebuch

Vorüberlegungen

Wetterbeobachtungen und -messungen werden täglich zur gleichen Uhrzeit durchgeführt und auf einem Beobachtungsbogen festgehalten. Der Beobachtungsbogen enthält Datum und Angaben zur Windstärke, Windrichtung, Bewölkung, Niederschlagsart, Niederschlagsmenge und Temperatur. Zur schnellen Übersicht eignen sich Tabellen, in denen überwiegend Symbole eingetragen werden (siehe Kopiervorlage 43, S. 129)

Material

Kopiervorlage 43 (siehe S. 129)

Vorschläge für den Unterricht

- Wetterbeobachtungen und Messungen gemeinsam über einen festgelegten Zeitraum (ca. eine Woche) durchführen und protokollieren
- Wetterdienst: Jeweils zwei Kinder führen über einen festgelegten Zeitraum Wetterbeobachtung, -messung und -protokollierung durch
- Auswertung der Wetterprotokolle unter folgenden Aspekten:
  Ermitteln der höchsten und niedrigsten Werte,
  Ermitteln der längsten Regenperiode und Schönwetterperiode

Name: ______________________ Datum: __________

Wetterstation

1. Welcher Regenmesser steht am richtigen Platz? Male ihn an und begründe deine Meinung.

2. Wo soll dein Windmesser stehen? Zeichne auf die Rückseite und begründe deine Meinung.

Name: ______________________________ Datum: ______________

Wetterbeobachtung

Datum	Windstärke	Windrichtung	Bewölkung	Art des Niederschlags	Niederschlagsmenge in mm	Temperatur

- Herstellen von Zusammenhängen zwischen einzelnen Faktoren wie Windrichtung (Windstärke) und Niederschlagshäufigkeit, Windrichtung (Windstärke) und Temperatur, Temperatur und Niederschlagsart
- Wetterprotokolle auf der Homepage veröffentlichen und mit Wetterprotokollen an anderen Standorten vergleichen
- Wetterprotokolle mit offiziellen Wetterbeschreibungen vergleichen, Unterschiede feststellen und erklären
- Nach der Wetterbeobachtung eine Wetterkarte zeichnen und einen Wetterbericht schreiben

3.4 Wolkenbilder

Vorüberlegungen

Aus Wolkenbildern können auch Kinder relativ sicher das Wetter für die nächsten Minuten oder Stunden vorhersagen. Voraussetzung dafür ist, dass die Wolkenbilder gut voneinander unterschieden werden können.

- Federwolken: Fein, schleierartig, wie eine Feder am Himmel; weiß, seidig glänzend. Stehen diese Wolken bei sonnigem Wetter beständig am Himmel, bleibt es schön.
- Haufenwolken: Unterseite flach, Oberseite blumenkohlartig gewölbt; unten grau, oben weiß. Lösen sich kleine Wolken auf, bleibt das Wetter schön. Werden sie dichter, gibt es Gewitter.
- Regenwolke: Schwer, grau-dunkel, hält die Sonne ab; an der Unterseite ziehen Wolkenfetzen. Bringt im Sommer Dauerregen und im Winter Schneefall.
- Gewitterwolken: Riesige, dichte Wolkenmassen, hoch aufgetürmt; unten dunkel, oben weißgrau. Verlieren die Wolken ihre Blumenkohlform, gibt es bald ein Gewitter, auch mit Hagel.

Federwolke

Haufenwolke

Regenwolke

Gewitterwolke

Material
Fotos von Wolkenbildern, Fernglas, Papprolle

Vorschläge für den Unterricht
- Fotos von Wolkenbildern sammeln und beschriften
- Wolkenbilder mit einem Fernglas oder durch eine Papprolle beobachten und zeichnen
- Nach den Wolkenbildern das Wetter vorhersagen
- Wettervorhersagen mit dem tatsächlichen Wetter vergleichen, Fehler in der Vorhersage erkennen und ansatzweise erklären

4. Wie entsteht...?

4.1 ...Wind

Vorüberlegungen
Luftströmungen werden als Wind bezeichnet. Sie entstehen z.B., wenn warme Luft nach oben steigt und wenn Gebiete unterschiedlich stark erwärmt werden wie Wasser und Land, sodass sich Druckunterschiede bilden.

Material
Dünner Karton, Schere, Bindfaden, eine leere kalte Flasche, die zuvor im Kühlschrank gestanden hat, eine Münze

Vorschläge für den Unterricht

- *Experiment*

Frage: An welchem Platz bewegt sich die Papierschlange?

Material: Dünner Karton, Schere, Bindfaden
Durchführung: Aus einem dünnen Karton spiralförmig einen Papierstreifen, die Papierschlange, ausschneiden, an einem Ende einen Bindfaden befestigen.

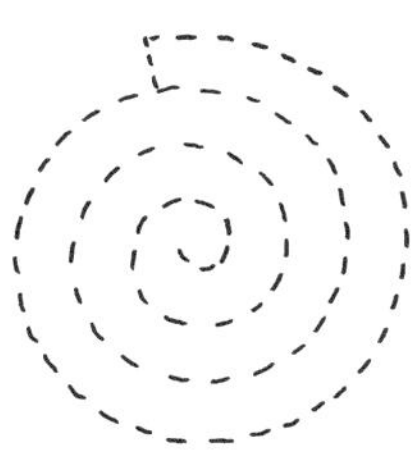

Die Papierschlange an dem Bindfaden festhalten und an verschiedenen Plätzen (am Tisch, über der Heizung, über einem brennenden Teelicht – Vorsicht! – etc.) beobachten.

Beobachtung: Wenn die Papierschlange über die Heizung oder über das brennende Teelicht gehalten wird, beginnt sie sich zu drehen.
Erklärung: Über der Heizung und über dem brennenden Teelicht ist die Luft wärmer. Die Papierschlange dreht sich, wenn die warme Luft nach oben steigt.

- *Experiment*

Frage: Was geschieht mit der Münze auf der Flasche, wenn die Luft in der Flasche erwärmt wird?

Material: Eine leere, kalte Flasche, die zuvor im Kühlschrank gestanden hat, eine Münze, Wasser
Durchführung: Den Rand der Flaschenöffnung mit etwas Wasser anfeuchten, die Öffnung mit einer Münze verschließen und mit beiden Händen die Flasche umfassen.

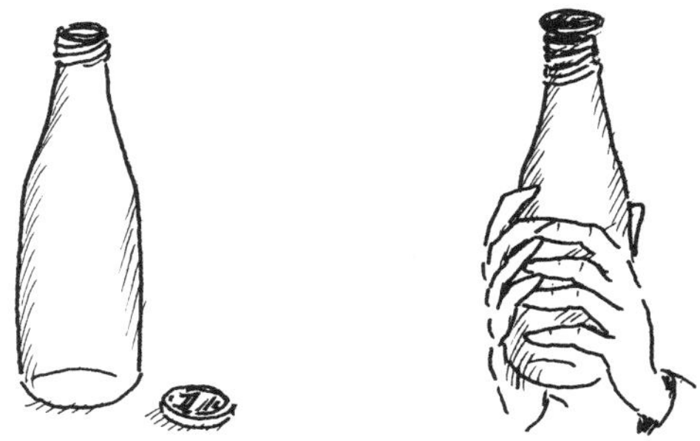

Beobachtung: Nach einiger Zeit hebt sich die Münze und fällt wieder runter. Es klappert.
Erklärung: Wenn die Luft in der Flasche erwärmt wird, dehnt sie sich aus, steigt nach oben und hebt die Münze an. Der Wasserfilm auf der Flasche verhindert, dass die Luft entweicht.

4.2 ... Niederschlag

Vorüberlegungen (s. auch S. 53)
Es gibt Niederschlag aus den Wolken (Regen, Schnee, Hagel und Graupel) und Niederschlag aus der Luft. Nebel sind Wolken, die bereits dicht über dem Erdboden entstehen.
Wenn Regentropfen durch kalte Luftschichten fallen und dabei gefrieren, entsteht Graupel. Hagel sind Eiskörner ab fünf mm. Sie entstehen in Gewitterwolken. Sie gefrieren, fallen und werden wieder hoch über die Gefrierpunktlinie gewirbelt, sodass eine neue Wasserschicht zu Eis wird. An aufgeschnit-

tenen Hagelkörnern kann man die Schichten erkennen und zählen, die durch das Auf und Ab in der Gewitterwolke entstanden sind. Wenn die Lufttemperatur in einer Wolke unter 0 °C sinkt, kondensiert der Wasserdampf direkt zu winzigen Kristallen. Diese verbinden sich mit anderen Kristallen. So entsteht eine Schneeflocke. Auf Grund der Struktur der Wassermoleküle sind Schneeflocken immer hexagonal (sechsförmig) angeordnet, häufig sternförmig.
Tau entsteht, wenn sich die Luft nachts abkühlt und der Wasserdampf an Gegenständen oder Pflanzen kondensiert. Reif bildet sich bei unter 0 °C. Wenn die Lufttemperatur unter 0 °C sinkt, gefrieren die Tautropfen und bilden eine dünne Eisschicht, den Raureif.

Material
Fotos von verschiedenen Niederschlagsformen, Lupe, Schnee, Hagelkorn, Zweig

Vorschläge für den Unterricht

- Siehe S. 57
- Abbildungen von Niederschlägen sammeln und beschriften
- Schneekristalle unter der Lupe betrachten und zeichnen
- Hagelkörner durchschneiden, unter der Lupe betrachten und zeichnen (Hagelkörner können im Tiefkühlfach konserviert werden)
- Einen kleinen Zweig mit Wasser besprühen und ins Tiefkühlfach oder bei Frost nach draußen legen

4.3 ... ein Gewitter

Vorüberlegungen
Eine Gewitterwolke entsteht durch gewaltige Aufwinde z. B. entlang von Kaltfronten oder über von der Sonne besonders erhitzten Stellen. In der Gewitterwolke bilden sich elektrische Ladungen z. B. durch Reibung. Die Entladung erfolgt durch einen riesigen Funken, den Blitz. Blitze sind sehr heiß und erhitzen auf ihrer Bahn die Luft auf mehrere tausend Grad, die dadurch einen Augenblick grell leuchtet. Wir sehen den Blitz. Explosionsartig dehnt sich dabei die warme Luft aus. Wir hören den Donner. Der Schall benötigt für einen Kilometer ca. drei Sekunden. Zählt man die Sekunden zwischen Blitz und Donner und teilt diese Zahl durch drei, kann man die Entfernung des Blitzes berechnen. Blitze haben sehr viel Elektrizität, deshalb sind sie gefährlich. Zur Entladung schlägt der Blitz meist in höher gelegene Stellen ein. Deshalb darf man sich bei Gewitter nicht unter einem Baum, auf einem freien Platz, z. B. einer Wiese, oder im Wasser aufhalten.

Material
Für jede Gruppe zwei Luftballons, Fotos von Gewitterwolken

Vorschläge für den Unterricht

- *Experiment*

Frage: Wie entsteht ein Blitz?

Material: Zwei aufgepustete Luftballons
Durchführung: Den Raum verdunkeln, zwei aufgepustete Luftballons gleichzeitig unabhängig voneinander an Textilien reiben, die Luftballons anschließend so halten, dass sie sich fast berühren.
Beobachtung: Zwischen den Ballons sind kleine Lichtblitze. Man hört ein schwaches Knistern.
Erklärung: Wenn man die Luftballons reibt, laden sie sich elektrisch auf. Wenn man sie nah aneinander hält, entladen sie sich. Es entsteht ein Blitz.

- Bilder von Gewitterwolken sammeln
- Richtiges Verhalten bei Gewitter besprechen, zeichnen und ein Plakat erstellen
- Bei Gewitter die Entfernung berechnen

Abfallentsorgung als Aufgabe der Gemeinde

Vorbereitende Handlungsanregungen

Material
Verschiedene Abfallstoffe (Obstreste, Papier, Baumwolle, Joghurtbecher, Dosen, Glasscherben), Marmeladengläser, großer Glasbehälter (ausrangiertes Aquarium), Erde

- Erkennen des Problems durch Langzeitbeobachtungen bereits einige Wochen vor Beginn der Unterrichtseinheit: Die Kinder graben im Schulgarten Hausmüll (Obstreste, Papier, Baumwolle, Joghurtbecher, Blechdosen, Glasscherben) ein und beobachten ihn im Abstand von einer Woche.
- Ist kein Schulgarten vorhanden, wird der Hausmüll in Marmeladengläser gelegt, etwas angefeuchtet und zugeschraubt. Beobachtung: Welche Stoffe verändern sich?
- Verrottungsversuch in einem ausgedienten Aquarium: Auf dem Boden des Aquariums wird eine lockere Erdschicht verteilt, darüber Hausmüll gelegt und der wiederum mit einer lockeren Erdschicht bedeckt. Das Aquarium wird an einem dunklen Ort aufgestellt und einmal in der Woche der Zustand des Mülls betrachtet und protokolliert.

Was geschieht mit dem Abfall?

Trage die Zeichen ein.

verändert □ unverändert ○ verrottet ●

	Obst	Papier	Plastik	Blech	Glas
1. Woche					
2. Woche					
3. Woche					
4. Woche					
...					
12. Woche					

Fächerübergreifende Ansätze

Deutsch

- Fantasiegeschichte: Der Weg eines Joghurtbechers
- Bildergeschichte: Post für Familie Meier
- Protokoll: Was geschieht mit dem Müll?
- Einen Mülltext verfassen
- Müllwörter

Mathematik

- Abfallmengen berechnen
- Kosten für die Müllabfuhr berechnen
- Kosten für Plastikbeutel und Butterbrotpapier über das Jahr berechnen und mit dem Preis einer Frischhaltedose vergleichen

Religion

- Die Schöpfung
- Wir belasten unsere Umwelt

Kunst

- Collagen aus Altpapier und Aluminiumfolie

Werken

- Basteln mit Müll
- Herstellung eines Papierschöpfrahmens

Musik

- Musikinstrumente aus Müll herstellen und in einem Müllorchester einsetzen

1. Abfallarten unterscheiden

1.1 Was ist Müll?

Vorüberlegungen

Hausmüll sind feste Abfälle von Privathaushalten, die von der Müllabfuhr abgefahren werden. Jährlich entsteht pro Kopf eine Menge von ungefähr 250 kg Hausmüll (Tendenz steigend).

Material

Verrottungsversuche (siehe S. 135, Kopiervorlage 44, siehe S. 137), Foto einer Mülldeponie, farbiges Tonpapier für die Mind-map

Vorschläge für den Unterricht

- Möglichkeiten für den Einstieg:
  - Auswerten der Ergebnisse der Langzeitbeobachtung: Die Abfälle in den Marmeladengläsern zeigen, dass es Stoffe gibt, die verrotten (Obstreste), und solche, die sich auch durch Feuchtigkeit nicht verändern (Kunststoff, Glas). Das Problem „Wohin mit dem Müll?“ wird formuliert.

Name: ____________________ Datum: __________

Hier entsteht Müll

Wo? Was?

In der Klasse

In der Küche

Im Wohnzimmer

Im Bad

Im Garten

– Die Abbildung einer Mülldeponie zeigt beeindruckend, wie groß die zu entsorgende Müllmenge ist und wie sie das Landschaftsbild stört.

Foto: MEV-Verlag, Augsburg

- Eine Mind-map zum Stichwort „Müll" erstellen, im Klassenzimmer aushängen und als Stichwortsammlung für spätere Unterrichtsschritte nutzen. Diese Sammlung wird fortlaufend ergänzt.
- Arbeitsblatt Kopiervorlage 44 (siehe S. 137): Zu Hause beobachten, wie viel und welcher Müll entsteht, und in einem Müllprotokoll festhalten.
- Zu Hause erkunden, wie der entstandene Müll entsorgt wird. Dabei werden die Kinder auf die für ihren Wohnort eingeführten Recycling-Systeme aufmerksam.

1.2 Müll sortieren

Vorüberlegungen
Der ständig wachsende Müllberg in Industrie und Haushalten ließ sich durch die klassischen Entsorgungsmethoden auf Deponien und durch Verbrennen nicht mehr bewältigen und führte bundesweit zum Recycling. Dazu ist es notwendig, Müll zu trennen. Für Grundschüler vereinfacht ergeben sich folgende Abfallarten:

- Papier/Pappe
- organische Stoffe
- Glas

- Kunststoffe
- Verbundverpackungen (z. B. Getränkeverpackung)
- Metalle
- Sonderabfälle
- Sperrmüll
- von der Müllabfuhr zu entsorgender Restmüll

Material
Verschiedene Müllarten, Plastikfolie, Gummihandschuhe, beschriftete Kartons für jede Müllart, zerlegbarer Müll (z. B. alter Wecker), Kopiervorlage 45 (siehe S. 140)

Vorschläge für den Unterricht

- Die Kinder bringen von zu Hause gereinigten Müll mit.
- Der mitgebrachte Müll wird auf einer Plastikfolie auf dem Fußboden ausgebreitet und gemeinsam betrachtet. Wenn nicht jede Müllart vertreten ist, ergänzt die Lehrerin die Sammlung entsprechend.
- Im Unterrichtsgespräch wird der Müll nach o. g. Arten in Kartons mit entsprechender Aufschrift sortiert. Sicherung: Arbeitsblatt Kopiervorlage 45.
- Da vielleicht nicht allen Kindern bewusst ist, was z. B. Kunststoff ist, werden die Artbegriffe geklärt, Gefahren durch Giftstoffe genannt und die Entsorgung von Sondermüll wird beschrieben.
- In Gruppen- oder Partnerarbeit zerlegen die Kinder Müll, der aus mehreren Materialien besteht, in Einzelteile (z. B. Joghurtbecher mit Aluminiumdeckel, Getränkekartons, ein alter Wecker). Danach werden die Einzelteile den verschiedenen Müllarten zugeordnet.
- Der Impuls „Gehört all dieser Müll in die Mülltonne?“ führt zum Begriff „Recycling“ und seiner Klärung.
- Die Kinder bringen ihr Vorwissen über das regionale Recyclingsystem ein.

2. Abfallverwertung und -entsorgung

2.1 Wohin mit dem Müll?

Vorüberlegungen
Das Erfassen und Trennen des Abfalls löst das Müllproblem noch nicht. Problematisch bleibt weiterhin der Verbrauch an Rohstoffen und Energie, die Lagerung des nicht verwertbaren Mülls und seine Verbrennung.

Name: ________________________ Datum: ____________

Wohin mit dem Müll?

Schreibe in die Behälter, welche Abfälle sie enthalten.

Vorschläge für den Unterricht

- Die Kinder berichten über ihre Erfahrungen der Müllentsorgung und beschreiben das in ihrer Region übliche Verfahren.
- Für die folgenden Unterrichtsstunden über Entsorgungsanlagen werden Expertengruppen gebildet, die sich über eine Anlage gezielt informieren und eine mögliche Erkundung vorbereiten.

2.2 Kompostierungsanlage

Vorüberlegungen

In einer Kompostierungsanlage werden organische Abfälle wie Gras, Laub, kleine Zweige, Garten- und Küchenabfälle (auch Kaffeesatz, Eierschalen) aufgeschüttet. In diesem Haufen setzt ein Gärungsprozess ein, der zu einer Temperatur von bis zu 70° C führen kann. Gleichzeitig zerkleinern im Boden Kleinlebewesen die Pflanzenreste, fressen sie und setzen sie um. Pilze und Bakterien mineralisieren die organischen Stoffe zu Erde. Diese Erde ist sehr nährstoffreich und Boden, der mit Komposterde angereichert wurde, gewinnt an Fruchtbarkeit. Allerdings ist diese Erde nicht zum Düngen von Feldern geeignet, auf denen Obst und Gemüse angebaut werden, da nicht gewährleistet ist, dass alle Giftstoffe aus dem Kompostmüll beseitigt wurden. Die Kompostierung von pflanzlichen Abfällen verringert die Menge des Hausmülls beträchtlich.

Material

Fragebogen, Fotoapparat, Kassettenrekorder, Videokamera, Informationstext, Kopiervorlagen 46 und 47 (siehe S. 142 f.)

Vorschläge für den Unterricht

- Auswerten der Langzeitbeobachtung (s. S. 135) und Hervorheben der Vorzüge des Kompostierungsverfahrens
- Besuch einer Kompostierungsanlage (sofern in erreichbarer Nähe): Dazu erfragt die Expertengruppe die Telefonnummer (Stadt- oder Gemeindeverwaltung) und vereinbart einen Termin.
- Fragen an den Abfallexperten sammeln
- Den Ablauf der Erkundung mit Fotos dokumentieren, Interview evtl. mit Kassettenrekorder aufnehmen, mit der Videokamera einen Film drehen
- Arbeitsblatt Kopiervorlage 46 (siehe S. 142): Kennzeichnen von Biomüll
- Einen Sachtext zur Kompostierung erstellen, z. B.:

Name: ______________________ Datum: ____________

Was gehört in den Biomüll?

1. Verbinde die Dinge, die in die Biotonne gehören, mit der Tonne.
2. Streiche durch, was nicht in die Biotonne gehört.

Name: ______________________ Datum: ______________

Der Kreislauf des Biomülls

Beschreibe den Kreislauf des Biomülls.

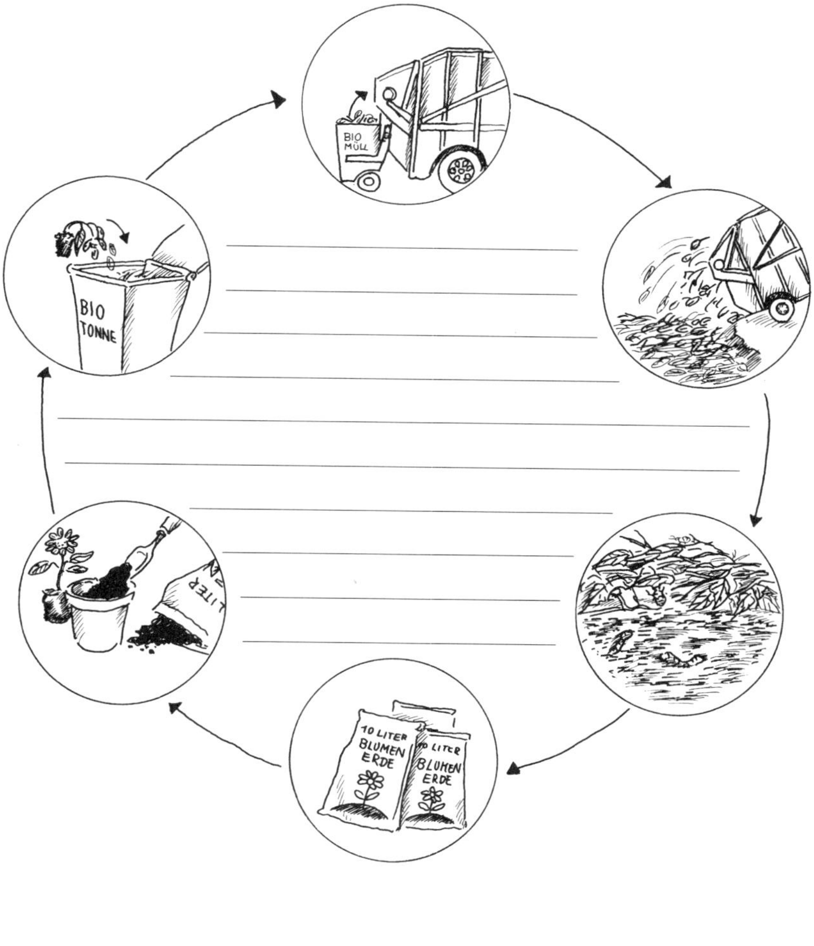

Biomüll

In den Biomüll gehören Abfälle aus natürlichen Stoffen, die leicht zerfallen: Gemüse- und Obstreste, Kaffeesatz, Teeblätter, Gartenabfälle. In den Kompostierungsanlagen werden diese Abfälle auf großen Halden gelagert und beginnen zu gären. Dabei entsteht eine Temperatur von fast 70°C. Bakterien, Würmer, Insekten und Pilze zersetzen die gelagerten Abfälle zusätzlich. So entsteht aus dem Biomüll innerhalb von zwei Jahren nährstoffreiche Erde, die gut als Blumenerde verwendet werden kann.

- Arbeitsblatt Kopiervorlage 47 (siehe S. 143): Der Kreislauf des Biomülls
- Möglichkeiten zusammenstellen, wie sich in der Schule die Abfallmenge durch Sammeln von pflanzlichen Abfällen reduzieren lässt.
- Im Schulgarten oder an einer abgelegenen Stelle des Schulhofes einen Komposthaufen anlegen, im Klassenraum einen Behälter aufstellen, in dem kompostierbare Abfälle des Schulfrühstücks gesammelt werden.
- Die Fotodokumentation mit appellativen Texten versehen und im Schulgebäude ausstellen.

2.3 Mülldeponie

Vorüberlegungen

Mülldeponien werden in der Regel dort angelegt, wo durch Kies- oder Sandabbau Vertiefungen in der Erde entstanden sind. Eine andere Möglichkeit ist, eine Müllhalde aufzuschütten, sodass ein Berg entsteht. In den Hausmüll gerät trotz Mülltrennung ein erheblicher Teil an Giftstoffen. Damit diese nicht in das Erdreich und dadurch in das Grundwasser gelangen, muss der Grund der Mülldeponie zum Erdreich hin abgedichtet und mit einem Drainagesystem ausgestattet sein. Müllwagen fahren den Hausmüll an und kippen ihn auf der Deponie ab. Danach wird er mit schweren Fahrzeugen, den Kompaktern, verdichtet. Ist das Fassungsvermögen der Deponie erschöpft, wird Humuserde auf den Müll aufgefahren und bepflanzt. So kann ein Müllberg zu einem Ausflugsziel werden und im Winter als Rodelhang dienen.

Material

Sandkasten, Kopiervorlage 48 (Arbeitsblatt, siehe S. 145), Informationstext

Vorschläge für den Unterricht

- Erkunden einer Mülldeponie analog der Kompostierungsanlage
- Nachbauen einer Mülldeponie im Sandkasten

Name: ______________________ Datum: ____________

Die Mülldeponie

Trage ein:

Müllwagen	Bulldozer	Erd- und Bauschutt
Müll	Sickerwasserrohr	Ton- oder Lehmschicht
	begrünte Erdschicht	

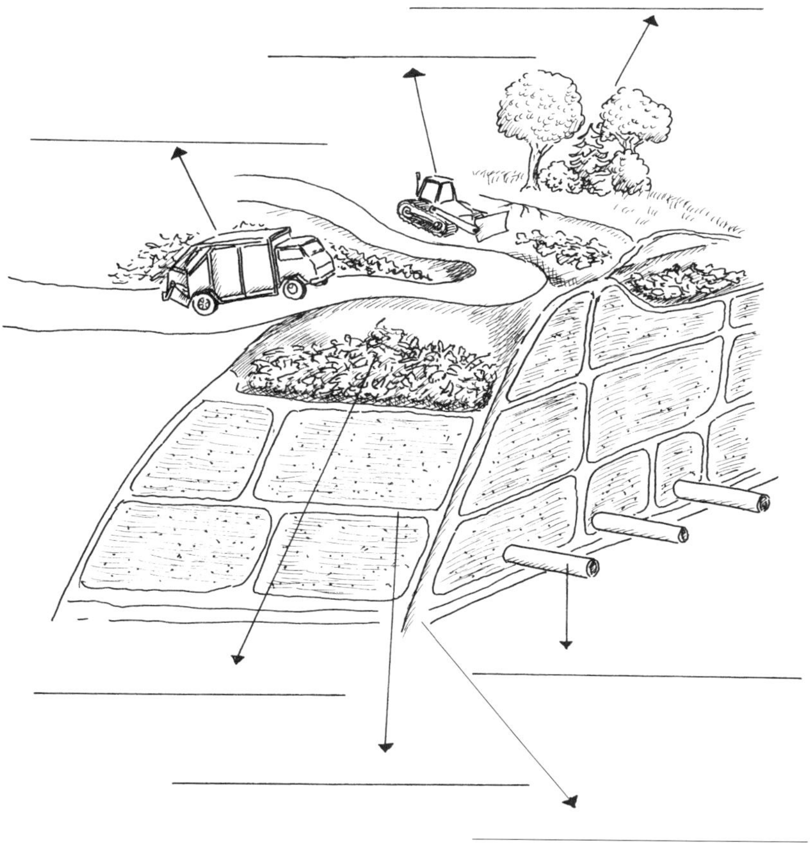

- Arbeitsblatt Kopiervorlage 48: Einfügen von Fachbegriffen und Erstellen eines Sachtextes zur Zeichnung, z. B.:

Die Mülldeponie

Die Mülldeponie ist die häufigste und preiswerteste Methode unseren Müll zu entsorgen. Die Müllabfuhr transportiert den Haus- und Sperrmüll zu einer Deponie. Dort wird er im Wechsel mit Bauschutt- und Erdschichten gelagert. Mit Bulldozern werden die Schichten verdichtet. Die unterste Schicht muss immer eine wasserundurchlässige Lehm- oder Tonschicht sein, damit Giftstoffe aus dem Hausmüll nicht mit dem Regenwasser in das Grundwasser fließen. Sickerwasserrohre leiten das Wasser ab. Wenn die Deponie eine gewisse Höhe erreicht hat und damit ausgeschöpft ist, wird die Fläche mit Erde abgedeckt und bepflanzt. Im Winter kann man auf dem Hügel rodeln.

2.4 Müllverbrennungsanlage

Vorüberlegungen

Etwa ein Viertel unseres Mülls wird verbrannt. Dazu wird der Müll zunächst in großen Müllbunkern gesammelt und mit Greifern in den Ofen gefüllt, der den Müll bei ca. 1000° verbrennt. Elektromagnete sortieren den Eisenschrott aus. Die verbleibende Schlacke wird zerkleinert und im Straßenbau verwendet. Der beim Verbrennen entstandene Heißdampf treibt Turbinen zur Stromerzeugung an. Dieser Strom deckt zunächst den Eigenbedarf der Anlage, Überschüsse werden in das öffentliche Stromnetz eingespeist. Mit der Wärme können auch Fernheizwerke betrieben werden. Laut BUND wird durch Recycling trotzdem eine bis zu siebenfach bessere Energieausnutzung erreicht. Außerdem belasten die beim Verbrennen entstehenden Rauchgase und Stäube die Umwelt erheblich.

Material

Kopiervorlagen 49 und 50 (Arbeitsblätter, siehe S. 147 f.) mit Abbildung und Informationstext

Vorschläge für den Unterricht

- Erkunden einer Müllverbrennungsanlage
- Arbeitsblatt Kopiervorlage 49: Beschreiben der Müllverbrennung
- Arbeitsblatt Kopiervorlage 50: Einsetzen von Fachbegriffen in einen Lückentext

Name: ______________________________ Datum: ____________

Die Müllverbrennungsanlage 1

Betrachte die Zeichnung und schreibe auf, wie eine Müllverbrennungsanlage funktioniert.

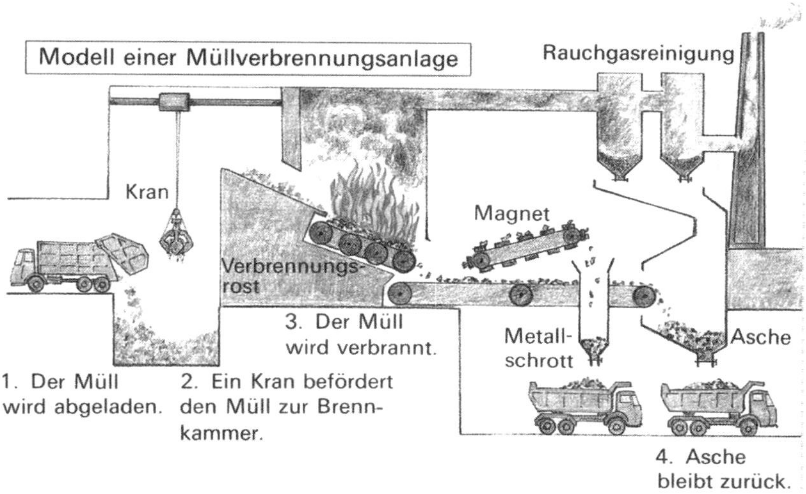

____

____

____

____

____

____

____

____

____

____

____

____

____

Die Müllverbrennungsanlage 2

Ein Viertel unseres Mülls wird in Müllverbrennungsanlagen verbrannt. Das hat den Vorteil, dass die Müllmenge enorm ____________ ____________ wird. Außerdem kann der Heißdampf, der dabei entsteht, ____________ antreiben und damit Elektrizität und Fernwärme erzeugen. Die Temperatur im ________________________ liegt zwischen 800 °C und 1000 °C.

Durch das Verbrennen entsteht eine Menge Rauch, die kleine ________________________ und ________________________ ____________ enthält.

Deshalb darf dieser Rauch nicht einfach in die frische Luft gelangen. Filter in der ________________________ halten diese Stoffe zurück. Die herausgefilterten Ascheteilchen müssen auf einer ________________________ entsorgt werden. Nach der Verbrennung bleibt eine Menge Schlacke und Metallschrott übrig. Dieses Material wird im ________________________ verwendet.

Trage die fehlenden Wörter ein:

Rauchgasreinigung, Verbrennungsofen, Turbinen, giftige Gase, Sondermülldeponie, Straßenbau, Ascheteilchen, verringert

Kontrollblatt zu KV 50 (siehe S. 148)

Ein Viertel unseres Mülls wird in Müllverbrennungsanlagen verbrannt. Das hat den Vorteil, dass die Müllmenge enorm **verringert** wird. Außerdem kann der Heißdampf, der dabei entsteht, **Turbinen** antreiben und damit Elektrizität und Fernwärme erzeugen. Die Temperatur im **Verbrennungsofen** liegt zwischen 800 °C und 1000 °C. Durch das Verbrennen entsteht eine große Menge Rauch, der kleine **Ascheteilchen** und **giftige Gase** enthält. Deshalb darf dieser Rauch nicht einfach in die frische Luft gelangen. Filter in der **Rauchgasreinigung** halten diese Stoffe zurück. Die herausgefilterten Ascheteilchen müssen auf einer **Sondermülldeponie** entsorgt werden. Nach der Verbrennung bleibt eine große Menge Schlacke und Metallschrott übrig. Dieses Material wird im **Straßenbau** verwendet.

2.5 Wiederverwertung von Müll

Vorüberlegungen

Die Müllentsorgung hat sich in den letzten Jahrzehnten zu einem gravierenden Umweltproblem entwickelt. Nicht nur die Entsorgung, sondern auch der immer größer werdende Bedarf an Rohstoffen und Energie belasten die Ressourcen. Deshalb führt man verschiedene Stoffgruppen einer Wiederverwertung zu. Dies sind insbesondere Pappe und Papier, Glas, Metall und in vermehrtem Maße auch Kunststoff. Wiederverwertbare Verpackungen sind mit dem sog. Grünen Punkt gekennzeichnet, der ausweist, dass die Hersteller der Verpackung dem *Dualen System Deutschland* (DSD) angeschlossen sind. Der DSD übernimmt gegen Gebühren die Organisation der Sammlung und das Sortieren von Verpackungen.
Die Methoden zur Sammlung sind regional unterschiedlich. So werden in einigen Gemeinden *Gelbe Säcke* oder *Gelbe Tonnen* zur Verfügung gestellt, in denen der Verbraucher diese Wertstoffe sammelt, die dann von einer Recyclingfirma abgefahren werden. Andere Gemeinden stellen Sammelcontainer für die diversen Wertstoffe auf. Recyclingbetriebe nehmen diese Stoffe auf, sortieren sie gezielt und führen sie den wiederverarbeitenden Betrieben zu.

Material

Papier aus Altpapier, aus Rohstoffen hergestelltes Papier, Tafelbild, Arbeitsblätter Kopiervorlagen 51 und 52 (siehe S. 151 f.) zur Papierherstellung: Altpapier, Wasser, Plastikwanne, Mixer, Schöpfrahmen aus Fliegendraht, Handtuch, zwei Pappen, Nudelholz, Lappen, Zeitung

Vorschläge für den Unterricht

- Erkunden eines Recyclinghofes und Erstellen eines Fragebogens
- Folie: Der Weg der Wertstoffsammlung

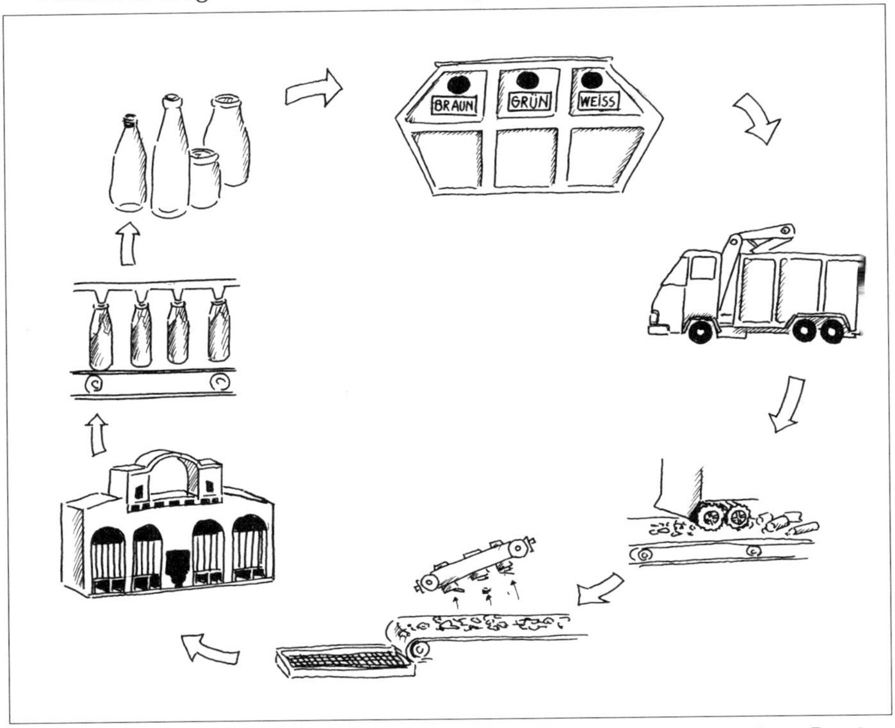

- Wenn eine Firma, die aus Wertstoffen neue Produkte herstellt, z.B. eine Papierfabrik, in der Nähe ist, so wird auch diese erkundet. Dabei werden die Produktionskosten zur Herstellung von Recyclingprodukten ermittelt und mit den Kosten zur Herstellung der Produkte aus Rohstoffen verglichen.
- Arbeitsblatt Kopiervorlage 51 (siehe S. 151): Altpapierrecycling als Beispiel für Wiederverwertung
  Einstieg: Die Kinder vergleichen Papier, das aus Altpapier und aus Holz hergestellt ist, beschreiben den Unterschied und bringen ihr Vorwissen über die Papierherstellung ein. Der Verbrauch von Holz wird exemplarisch für alle Rohstoffe problematisiert, die zum Herstellen benötigt werden.
- Nachdem das Altpapierrecycling erarbeitet wurde, suchen die Kinder Wege, wie sie selbst im Klassenraum Papier herstellen können.
- Arbeitsblatt Kopiervorlage 52 (siehe S. 152): Nach Anleitung Papier herstellen

Name: ______________________ Datum: ____________

Recycling von Papier

1. Lies den Text unten und nummeriere die Abbildungen in der richtigen Reihenfolge.

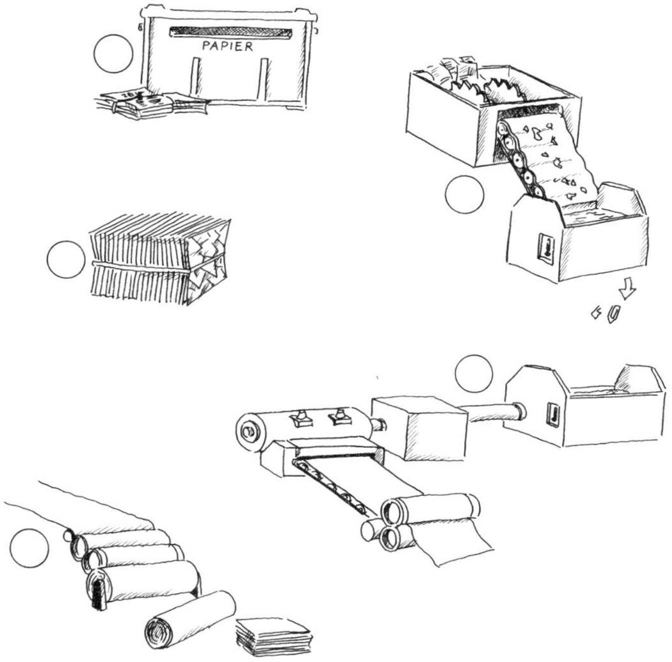

Recycling von Papier

In einem Altpapiercontainer werden alte Zeitungen und Kartons gesammelt. Ein LKW bringt den Papiermüll zur Recyclingfirma, die aus dem Altpapier neues Papier herstellt. Dort wird das Papier zunächst gepresst. Im nächsten Schritt wird das Papier zerfasert. Dabei wird es in kleine Schnipsel zerrissen. In einem Behälter, dem Pulper, werden die Schnipsel mit viel Wasser gemischt und zu einem Brei verarbeitet. Dabei werden auch fremde Stoffe, die noch im Papier enthalten waren, wie Heftklammern und Büroklammern entfernt. Der entstandene Papierfaserbrei kommt in die Papiermaschine und wird von mehreren Rollen so lange gewalzt, bis daraus große Bögen Rohpapier entstanden sind. Diese werden auf Rollen gewickelt.

Name: ______________________ | Datum: ____________

Wir stellen unser eigenes Papier her

Dazu brauchen wir:
alte Zeitungen, eine große Plastikschüssel, Wasser, einen Mixer, einen Papierschöpfrahmen, hergestellt aus Holzleisten und einem Fliegengitter, ein Handtuch, eine Presse oder ein Nudelholz, ein Trockentuch, Zeitungspapier

So geht es:

1. Zuerst reißen wir die alten Zeitungen in kleine Schnipsel, weichen diese in der Plastikschüssel mit viel Wasser ein.
   Am nächsten Tag rühren wir das eingeweichte Papier mit dem Mixer, bis ein flüssiger Brei entstanden ist. Dabei wird das Papier noch feiner zerkleinert.

1.

2. Nun tauchen wir den Papierschöpfrahmen in den Papierbrei und holen ihn waagrecht wieder heraus. Der Brei muss gleichmäßig auf dem Fliegengitter verteilt sein.
3. Den Schöpfrahmen stellen wir zum Abtropfen auf das Handtuch. Auf den Papierbrei legen wir das Trockentuch und streichen vorsichtig darüber, um das Wasser auszudrücken.

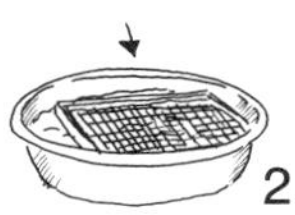

2.

3.

4. Wenn der Papierbrei etwas angetrocknet ist, legen wir ihn umgedreht auf Zeitungspapier. Mit dem Nudelholz rollen wir diese Papierlage und drücken dabei noch mehr Wasser heraus. Besitzt man eine Presse, kann man mehrere Schichten aufeinanderlegen.
5. Das entstandene Papier legen wir zum Trocknen auf Zeitungspapier.

4.

5.

3. Abfallvermeidung

3.1 Brauchen wir Verpackungen?

Vorüberlegungen

Alle mit der Müllbeseitigung verbundenen Probleme sind auch durch Recyclingverfahren nicht aufzuheben, sodass Umweltschützer und Politiker verstärkt für Müllvermeidung eintreten. Da Verpackungen mehr als die Hälfte des Hausmüllvolumens bzw. 30% des gesamten Müllvolumens ausmachen, ist das Einsparen von Verpackungen sinnvoll. Auch für Kinder ist hier ein aktiver Beitrag zum Umweltschutz möglich. Einerseits sind sie Konsumenten und kaufen im Auftrag ihrer Eltern ein. Zum anderen können sie in ihrem Schulranzen auf das Verwenden von umweltfreundlichen Produkten achten.

Material
Verschiedene Verpackungen, ein großer Bogen Tonpapier

Vorschläge für den Unterricht

- Die Kinder bringen verschiedene Lebensmittel und Gebrauchsgegenstände incl. ihrer Verpackungen mit, unterscheiden, was zur Verpackung gehört und was wirklich gebraucht wird, und halten die Ergebnisse in einer Tabelle fest:

Produkt	Das wird gebraucht	Das ist Verpackung
Milch	Milch	Milchtüte
Gummibären	Gummibären	Plastiktüte
Cornflakes	Cornflakes	Pappschachtel, Plastiktüte
...		

- Warum brauchen wir Verpackungen?

Dazu brauchen wir Verpackungen

Verpackungen informieren über die Ware: Inhalt, Nährwert, Gewicht
Verpackungen schützen die Ware: vor Verschmutzung, Hitze ...
Verpackungen erleichtern den Transport: Obst muss nicht einzeln getragen werden, Zahncreme verschmutzt nicht die Tasche, ...

- Auf welche Verpackungen kann ich verzichten?

Nicht alle Verpackungen werden gebraucht

Ware	**macht viel Müll**	**spart Müll**
Limonade	Getränkedose	Pfandflasche
Äpfel	Kunststoffnetz	Einkaufskorb
Brot	Plastikbeutel	Leinentasche, beim Bäcker kaufen
Schulfrühstück	Plastikbeutel	Frischhaltedose
...		

- Jedes Kind schreibt seine Vorschläge, wie man Verpackungen vermeiden kann, auf einen kleinen Zettel und klebt diesen auf ein großes Plakat, das im Schulgebäude aufgehängt wird.

3.2 Müll in der Schule

Vorüberlegungen

In jedem Klassenraum sammelt sich im Laufe eines Schulvormittags eine so große Menge Müll an, dass zum Ende der Unterrichtszeit der Mülleimer überquillt. Das gleiche gilt für die Abfallkörbe auf dem Schulhof, ganz zu schweigen von den Abfallmengen, die nicht im Abfallkorb gelandet sind, sondern auf dem Gelände verstreut liegen.

Material

Abfall aus dem Schulabfallkorb, Abfall aus dem Klassenmülleimer, Waage, großer Bogen Tonpapier, Werbeprospekte

Vorschläge für den Unterricht

- Die Kinder wiegen den Inhalt eines Schulhofabfallkorbes und den Inhalt eines Klassenmülleimers nach der zweiten Pause und rechnen das Gewicht des entstandenen Mülls für eine Woche, einen Monat und ein Jahr hoch.
- Sie betrachten den Inhalt eines Klassenmülleimers und suchen nach Möglichkeiten, wie sich die Müllmenge reduzieren lässt, z. B. durch das Verwenden von Frischhaltedosen, Pfandflaschen oder wiederauffüllbaren Flaschen, durch das Benutzen von Schmierpapier, wo es möglich ist.
- Sie schreiben die errechnete Müllmenge und Lösungsvorschläge auf ein Plakat, ergänzen die Angaben mit Zeichnungen oder ausgeschnittenen Fotos aus Werbeprospekten und hängen es im Schulgebäude aus.

- Gemeinsames Frühstück mit müllarm verpackten Waren: Sie untersuchen, welcher Müll trotzdem noch entstanden ist und welcher sich hätte vermeiden lassen.

3.3 Umweltschutz im Schulranzen

Vorüberlegungen
In der Regel finden sich in den Schulranzen der Kinder eine Reihe von Wegwerfprodukten oder Produkte, die bei der Herstellung umweltschädlich sind. Kleber und Filzstifte enthalten Lösungsmittel, die einerseits der Gesundheit schaden, andererseits durch ihre Herstellung die Umwelt belasten. Federmappen und Ranzen sind aus Kunststoff statt aus umweltfreundlichem Leder, Schutzumschläge sind aus Plastik statt aus Papier, Lineale und Anspitzer sind aus Plastik statt aus Holz, Bleistifte und Buntstifte sind mit buntem Lack überzogen. Füllhalter werden mit Plastikpatronen nachgefüllt statt mit Tinte aus dem Tintenfass. Diese Beispiele zeigen die Notwendigkeit, Alternativen für umweltbelastende Materialien zu suchen.

Material
Arbeitsblatt Kopiervorlage 53 (siehe S. 157)

Vorschläge für den Unterricht

- Arbeitsblatt Kopiervorlage 53: Umwelttest in der Schule
- Den Inhalt eines Federmäppchens nach Wertstoffen (Buntstifte, Radiergummis, Lineale und Anspitzer aus Holz), Teilmüll (Tintenpatronen, nachfüllbare Kugelschreiber und Filzstifte) und Restmüll (Einwegfilzstifte, Tintenkiller) sortieren
- Den Inhalt eines Ranzens nach den gleichen Kriterien sortieren
- Möglichkeiten der Müllvermeidung suchen und auf einem Plakat festhalten

3.4 Die müllarme Schule

Vorüberlegungen
Als Schluss der Unterrichtseinheit werden die Ergebnisse in einer Ausstellung den anderen Klassen und den Eltern präsentiert, verbunden mit dem Appell: Wir tun etwas gegen den Müll! Machst du mit?
Oder es wird ein „müllarmes“ Schulfest geplant, bei dem z. B. kein Wegwerfgeschirr verwendet wird und Getränke nur aus Pfandflaschen ausgeschenkt werden.

Material
Plakatpapier, schriftliche Unterrichtsergebnisse, verpackte Waren, unverpackte Waren, weitere Gegenstände siehe Ausstellungstisch

Vorschläge zur Ausstellung

- Umsetzbare Vorschläge für eine müllarme Schule auf Zetteln notieren und diese auf einem Plakat vorstellen, z. B. Mülltrennung, Anlegen eines Komposthaufens, beidseitig kopierte Arbeitsblätter, Verwendung von Umweltschutzpapier
- Alle während des Unterrichts entstandenen Plakate aushängen
- Ausstellungstisch mit Anregungen zur Müllvermeidung: unverpackte Äpfel neben in Folie eingeschweißten Äpfeln, Pfandflaschen neben Getränkedosen und Tetrapaks, Frischhaltedosen neben Plastikbeuteln und Butterbrotpapier, Plastiktüten neben einem Einkaufskorb, Buntstifte und Wachsmalstifte neben Filzstiften, Materialien aus Holz neben solchen aus Plastik etc.
- Im Werkunterricht hergestellte Geschenke und Bastelarbeiten aus Müll
- Aufruf zum Sammeln von Müll, der sich noch als Bastelmaterial verwenden lässt wie Kronkorken, Korken, Kordeln, Joghurtbecher, Keksdosen, Schachteln etc.

Name: ______________________ Datum: __________

Test: Ist unsere Schule umweltfreundlich?

Umweltschutz im Schulranzen?

	ja	nein
Hefte aus Recycling- oder Umweltschutzpapier		
Holzlineale		
Frischhaltedosen		
nachfüllbare Trinkflasche		
Schutzumschläge aus Papier		
Anspitzer aus Metall oder Holz		
Wachsmalstifte ohne Plastikhülle		
lösungsmittelfreier Klebstoff		
Kolbenfüllhalter		
Radiergummi aus Naturgummi		
unlackierte Bunt- und Bleistifte		
ohne Tintenkiller		

Umweltschutz im Klassenraum und im Büro?

	ja	nein
Wird die Rückseite von unbenutztem Papier als Schmierpapier verwendet?		
Sammelt ihr Altpapier?		
Trennt ihr Müll?		
Hat der Postkasten die Aufschrift: Bitte keine Werbung!		
Briefumschläge und Kopierpapier aus Altpapier oder Umweltschutzpapier?		
Wird beidseitig kopiert?		
Ordner und Mappen aus Karton statt aus Plastik		

Die Entwicklung des Menschen

Vorbemerkungen

Sexualität ist ein Grundbedürfnis des Menschen.

Man sollte den Fragen der Kinder nachgehen und einfache und klare Antworten darauf geben. Die Kinder sollen

- lernen, lustbetont und verantwortungsvoll mit diesem Teil ihres Lebens umzugehen;
- lernen, offen, aber behutsam und angemessen darüber zu reden;
- sich ihres eigenen Körpers bewusst werden und die richtigen Bezeichnungen für die Geschlechtsteile kennen.

Die Themen „Gefühle", „Berührungen" und „Nein – Sagen" hängen unmittelbar mit der eigenen Körperwahrnehmung zusammen.
Begleitend zur Unterrichtseinheit haben die Kinder Gelegenheit, Fragen zu stellen: Sie schreiben ihre Fragen auf einen Zettel und werfen ihn in einen Fragekasten oder kleben ihn auf ein Frageplakat. Beim Eingehen auf die Fragen wird auch thematisiert, dass auch Erwachsene sich bei diesem Thema verlegen und unsicher fühlen können. Eventuell formulieren die Kinder Gesprächsregeln (z. B.: Niemand darf ausgelacht werden.), damit man offen und ehrlich sprechen kann.
Diese Unterrichteinheit lässt sich auch in eine Einheit „Gefühle" und eine Einheit „Sexualerziehung" aufteilen. Doch ist die Komponente „Gefühl" bei jeder Einheit zur Sexualerziehung zu berücksichtigen.
Medien dürfen keine Reiz- oder Schockwirkung auslösen. Deshalb werden Begriffe vorneweg geklärt, ggf. mit Hilfe von Schemazeichnungen. Erst danach können natürliche Abbildungen gezeigt werden.
Die angegebenen Medien lassen sich auch beim Üben und Wiederholen an Lernstationen nutzen. (Siehe Lernen an Stationen S. 28 ff.)
Um die Identifikation zu erleichtern, wird den Figuren auf den Arbeitsblättern durchgängig ein Jungen- bzw. Mädchenname zugeordnet, den allerdings kein Kind in der Klasse haben sollte.
Zu empfehlen ist die gemeinsame Lektüre des Buches „Peter, Ida und Minimum" von G. Fagerström und G. Hannsson (s. Literaturliste). Meine Klasse fragte beispielsweise, ob es eine Fortsetzung dieses Buches gäbe. Ein Kind bemerkte: „Wenn ich einmal groß bin, möchte ich meinen Kindern das genauso erklären, wie der Vater von Peter und Ida." Dieses Buch erläutert in einer Bildergeschichte kindgerecht Fragen zur Zeugung, Schwangerschaft und Geburt. Die Arbeit mit dem Buch wird durch die angegebenen Arbeitsblätter ergänzt. Diese Vorgehensweise eignet sich besonders für Lehrkräfte, die sich

über das Vorgehen noch unsicher sind. Auch die Elternarbeit wird durch diese gemeinsame Ausgangsbasis sehr erleichtert.
Sehr hilfreich ist eine Bücherecke im Klassenraum zu diesem Thema. Die Bücher können in öffentlichen Büchereien oder in Beratungsstellen ausgeliehen werden.

Elternarbeit

Laut Schulgesetz ist Rücksicht auf das Erziehungsrecht der Eltern zu nehmen. Daher werden die Eltern auf einem Elternabend über Ziele, Inhalte, Gestaltung und die Unterrichtsmaterialien der Sexualerziehung informiert.

Fächerübergreifende Ansätze

Deutsch

- Lesen von Büchern zum Thema
- Ich – Buch
- Erlebniserzählungen zu ausgewählten Gefühlen

Kunst

- Zeichnen von Gefühlsbildern (z.B. Gefühlswetterbericht)
- Farbbilder zu Gefühlen
- Erstellen von Collagen aus Zeitschriften (z.B. Traumjunge – Traummädchen)

Musik

- Gefühle mit Instrumenten umsetzen und ausdrücken
- Lieder zum Thema Junge und Mädchen

Wichtige Adressen

Bundeszentrale für gesundheitliche Aufklärung (BZgA), Ostmerheimstr. 200, 51101 Köln, Telefon: 0221/8992-0
PRO FAMILIA (Deutsche Gesellschaft für Sexualberatung und Familienplanung e. V.): Cronstettenstr. 30, 60322 Frankfurt a.M., Telefon: 069/550901; Vertriebsstelle: Niddastr.76, 60329 Frankfurt a.M.
Donna Vita (Fachhandel für Bücher und Materialien gegen sexuellen Missbrauch); Postfach 5, Post Husby, 24973 Ruhnmark, Telefon: 04634/1717, Fax: 04634/1702
Kostenlose Materialien kann man bei folgenden Stellen erhalten:

- zuständiges Gesundheitsamt
- Hersteller von Monatsbinden und Tampons, z.B.: Johnsen & Johnsen, Informationsdienst, Postfach 104041, 40031 Düsseldorf (Tampons und Monatsbinden, eine Dokumentation und Poster zur Pubertätsentwicklung, Medienmappe mit Overheadfolien)

1. Junge und Mädchen sind verschieden

1.1 Gleiche und unterschiedliche Körperteile (Wiederholung)

Vorüberlegungen

Das Geschlecht eines Menschen lässt sich nicht anhand von Kleidung oder Frisur bestimmen. Im Kindesalter haben Mädchen und Jungen auch die gleichen Körperproportionen, sodass auch nackt von hinten kein Unterschied zu sehen ist. Das Geschlecht lässt sich nur durch äußere Geschlechtsmerkmale bestimmen. Von der kindersprachlichen Ebene mit familiären Begriffen wie Muschi, Pillermann und der vulgärsprachlichen Ebene mit derben obzönen Begriffen wie Fotze, Schwanz sollte die Schule die Kinder zu der standardsprachlichen Ebene mit hochsprachlichen Begriffen (Junge: Hoden, Penis oder Glied, Mädchen: Schamlippe, Scheide) führen. Medizinische Begriffe wie Vagina, Vulva, Klitoris müssen im Primarbereich nicht verwendet werden.
Tipp: Wenn die Lehrkräfte von Parallelklassen die Einheit gleichzeitig durchführen, können sie auch geschlechtshomogen unterrichten.

Material
Kopiervorlagen 54 – 56 (siehe S. 161 ff.), Würfelspiel: Spielsteine, Würfel, evtl. Plakate der Firma Johnson & Johnson, Tapetenrolle

Vorschläge für den Unterricht

Überprüfen des Vorwissens aus den vorherigen Schuljahren
Bei wenig Vorwissen der Kinder kann man folgendermaßen vorgehen:

Gemeinsames Betrachten von Bildern und Unterrichtsgespräch

- Fragestellung „Junge oder Mädchen?“
  - Abbildungen von Junge und Mädchen mit Kleidung (z. B. Poster der Firma Johnson & Johnson oder Folie von Kopiervorlage 54 , S. 161)
  - Abbildung eines nackten Kindes von hinten (Poster der Firma Johnson & Johnson oder Folie von Kopiervorlage 55, S. 162)
- Welche Teile des Körpers kenne ich bereits?
- Welche Körperteile sind nicht sichtbar?
- Welche Körperteile sind bei Jungen und Mädchen gleich?

Fragen zu den Abbildungen eines nackten Jungen und Mädchens von vorne (Poster der Firma Johnson & Johnson oder Folie von Kopiervorlage 56, S. 163):

- Worin unterscheiden sich der Körper von Junge und Mädchen?
- Wörter für die Geschlechtsorgane sammeln (Tafelanschrift)
- Standardbegriffe für die Geschlechtsorgane verwenden (s. Sachinformation)

Wer ist Lena und wer ist Michael?

Schreibe die Namen der Körperteile zu den Pfeilen.

Kopf, Hals, Arme, Hände, Beine, Füße

Name: ______________________ Datum: __________

Junge oder Mädchen?

Arm	Bein	Ellenbogen	Fuß	Hals	
Hand	Knie	Kopf	Po	Rücken	Schulter

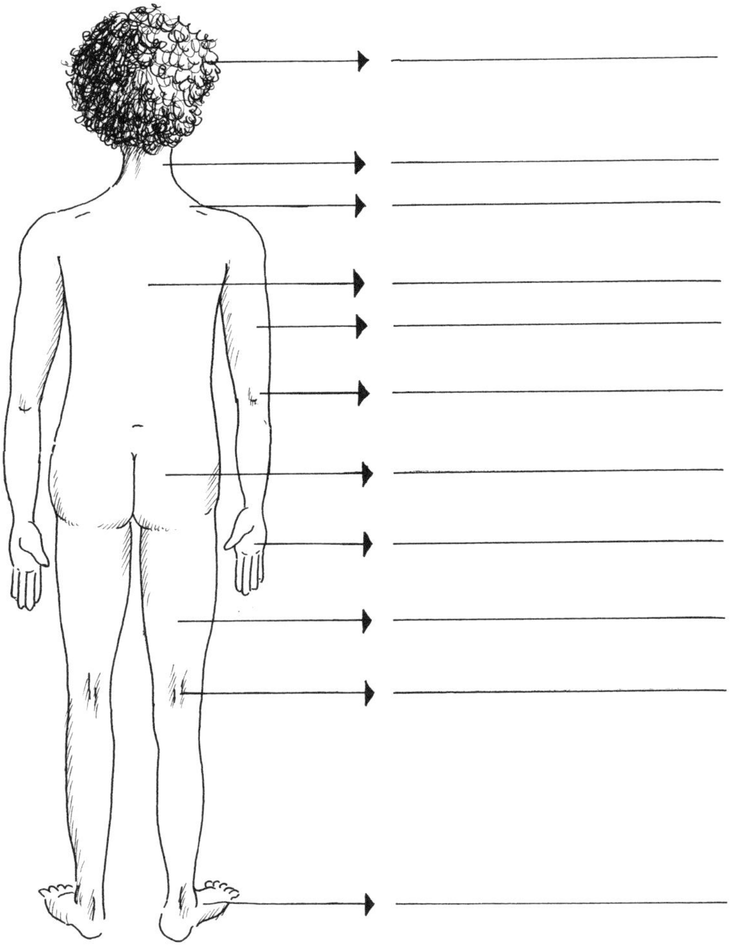

Schreibe die Namen der Körperteile zu den Pfeilen.

Junge und Mädchen sind verschieden

Hier ist Lena **Dort ist Michael**

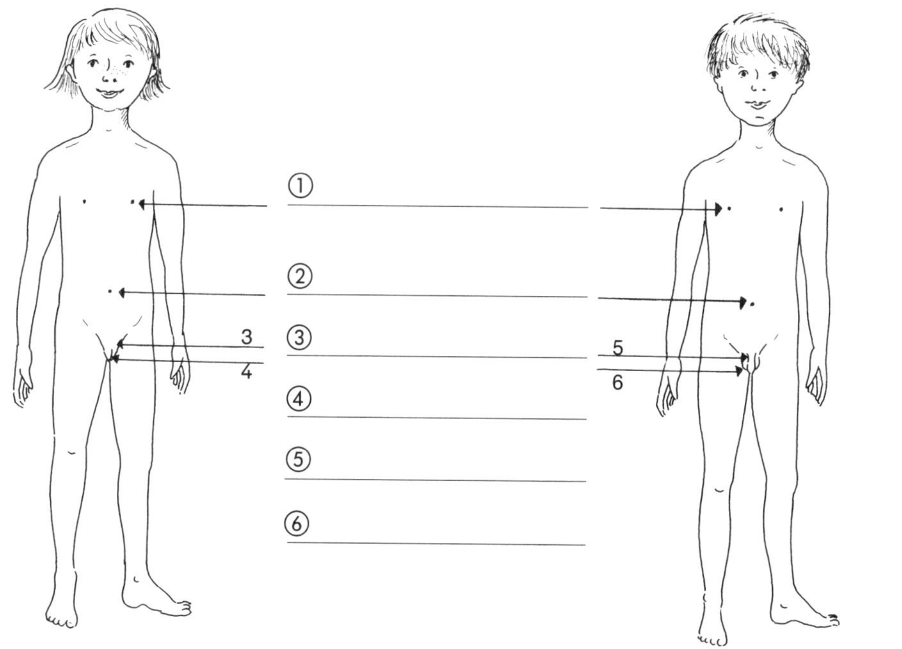

Schreibe die Namen der Körperteile zu den Pfeilen.

Brustwarzen, Bauchnabel, Hoden, Glied, Schamlippen, Scheide

Sichern der Begriffe

- *Arbeitsblatt: Junge und Mädchen sind verschieden:* Kopiervorlage 56, S. 163
- Auf einer Tapetenrolle umfahren die Kinder den Körperumriss ihres Partners, zeichnen die Körperteile und Genitalien ein und beschriften sie.
- *Würfelspiel zu den Körperteilen*
  Vorbereitung: Das Arbeitsblatt Kopiervorlage 56 wird mit Klebepunkten zu einem Spielplan gestaltet; Herstellen von Karten mit den Namen der Körperteile.

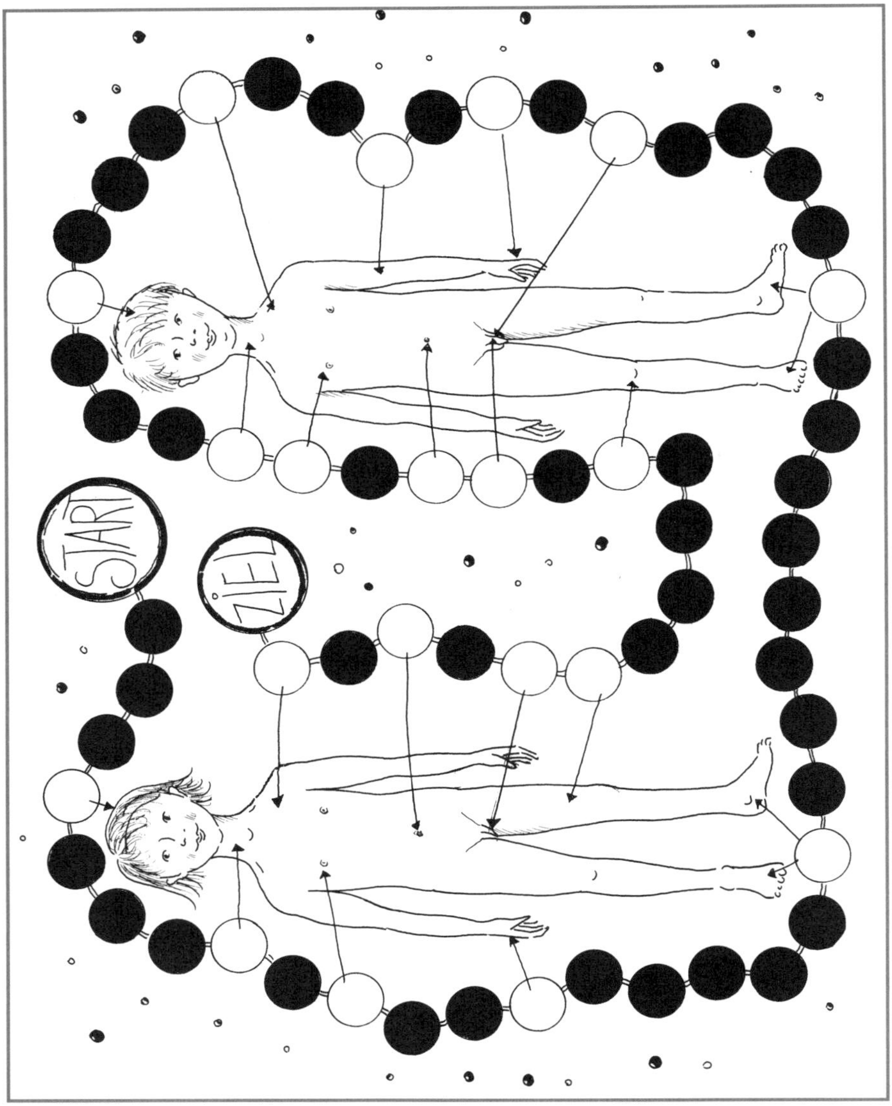

Dieses Spiel können die Kinder auch gut selbst herstellen.
Spielverlauf: Die Kinder verteilen Karten mit den Namen der Körperteile an die Mitspieler und würfeln reihum. Wer auf ein Feld mit einem gezogenen Körperteil gelangt, legt die Karte ab. Wer zuerst alle Karten abgelegt hat, hat gewonnen.

- Lesen von Aufklärungsbüchern (z. B. Fagerström,..., Peter, Ida und Minimum,... S. 10–15)

1.2 Ich bin ein Junge – Ich bin ein Mädchen (Rollenverständnis)

Vorüberlegungen

Die Kinder sollen geschlechtsspezifische Rollenerwartungen hinterfragen. Durch neue Hirnforschungen wird ein genetischer Unterschied im Verhalten von Frauen und Männern nachgewiesen, der nicht auf Sozialisation und Erziehung beruht.

Material
Kopiervorlagen 57 und 58 (siehe S. 166 f.)

Vorschläge für den Unterricht

- Interviews von Eltern und Großeltern
- Anlegen eines Ich-Buches (fächerübergreifend im Kunst-, Sach- und Deutschunterricht); Ideen für inhaltliche und gestalterische Merkmale werden im Unterrichtsgespräch entwickelt.
  Mögliche Themen: Porträt, Lieblingsbeschäftigungen, Hobbys, Aussagen über das eigene Aussehen (Größe, Haar- und Augenfarbe,...), Abdruck der eigenen Hand, Lieblingsbücher, Das mag ich , Das mag ich nicht.
  Gestaltung: Titelblatt; zu jedem Thema auf einer Seite schreiben, zeichnen, Fotos oder ausgeschnittene Abbildungen einkleben, evtl. zum Schluss das Buch binden.
- Die Jungen füllen Arbeitsblatt Kopiervorlage 57, S. 166 (Mädchen) aus, Mädchen bearbeiten Arbeitsblatt Kopiervorlage 58, S. 167 (Jungen). Danach teilen die Mädchen zu jedem Punkt mit, was sie über die Jungen geschrieben haben, und umgekehrt.
- Unterrichtsgespräch zu unterschiedlichen Erwartungen an Frauen und Mädchen (z. B. putzen, kochen, waschen, legen Wert auf Kleidung, weinen, sind ängstlich und sensibel usw.) bzw. an Männer und Jungen (Autos reparieren, sind mutig und draufgängerisch, weinen nicht, usw.). Rollenspiele zu den unterschiedlichen Erwartungen (vgl. S. 27).

Name: ______________________ Datum: ____________

Mädchen

Gruppenarbeit: Schreibt eure Meinungen auf.

① Mädchen sehen so aus:

____

____

____

____

____

② Mädchen mögen:

____

____

____

____

③ Mädchen verhalten sich so:

____

____

____

____

____

____

④ Gut an Mädchen finden wir:

____

____

____

____

____

⑤ Nicht gut an Mädchen finden wir:

____

____

____

____

____

Name: ______________________ | Datum: ____________

Jungen

Gruppenarbeit: Schreibt eure Meinungen auf.

① Jungen sehen so aus:

② Jungen mögen:

③ Jungen verhalten sich so:

④ Gut an Jungen finden wir:

⑤ Nicht gut an Jungen finden wir:

Anschließend werden im Rollenspiel die Rollen getauscht, indem Jungen typische Frauenrollen spielen und umgekehrt. Die Eindrücke und Erfahrungen werden besprochen.

- Lesebuchtexte zu unterschiedlichem Rollenverhalten (z. B. Bumfidel hat eine Puppe aus, Gisela Braun, a. a. O.)
- Spielzeug und Spiele für Jungen und Mädchen
  Die Kinder bringen Spielzeug mit und versuchen es zu sortieren nach Spielzeug für Jungen und Spielzeug für Mädchen. Im Unterrichtsgespräch wird festgestellt, dass diese Unterscheidung nicht leicht ist und das meiste Spielzeug von Jungen und Mädchen benutzt wird.

2. Über Gefühle sprechen – Prävention

Kindern fällt es oft schwer die eigenen Gefühle und die anderer zu erkennen und zu benennen. Mimik und Gestik von Personen können jedoch Aufschluss über die emotionale Lage des Gegenübers geben. Vor allen Dingen trägt das Wahrnehmen eigener Gefühle sowie das Unterscheiden von angenehmen und unangenehmen Gefühlen maßgeblich dazu bei, sexuellen Missbrauch zu verhindern. Es ist auch wichtig, dass die Kinder „gute“ Geheimnisse (ein verstecktes Geschenk, eine Überraschung...) und „schlechte“ Geheimnisse (Jemand will Geld von dir. Falls du etwas verrätst, wird dir Schlimmes angedroht.) voneinander unterscheiden und erfahren, dass sie schlechte Geheimnisse weitererzählen sollen. Sie sollen ferner wissen, dass man sich über in einer Notlage erpresste Versprechungen (z. B. nichts weitersagen) ohne schlechtes Gewissen hinwegsetzen darf.

Daraus ergeben sich folgende Präventionsmaßnahmen für den Unterricht:

- Festigen der eigenen Intuition (Vertraue deinem Gefühl.)
- Unterscheiden von guten und schlechten Geheimnissen (Geheimnisse, die schlechte Gefühle auslösen, kannst du weitererzählen.)
- Unterscheiden von angenehmen und unangenehmen Berührungen (Keiner hat das Recht, dich gegen deinen Willen anzufassen.)
- Recht auf körperliche Selbstbestimmung (Dein Körper gehört dir.)
- Recht auf Selbstbestimmung und Grenzziehung (Wenn du nicht willst, dann sage „NEIN!“.)
- Recht auf Hilfe und Unterstützung (Suche dir Hilfe.)

2.1 Gefühle, die jeder hat

Material

Lernspiel Kopiervorlage 59 (siehe S. 170), Bilder von Menschen, Materialien für die Gefühlsecke (Stoffsäckchen, Duftöl, Watte, Reis, Bilder und Collagen aus dem Kunstunterricht)

Vorschläge für den Unterricht

- Betrachten von unterschiedlichen Bildern von Menschen und Benennen der Gefühle der abgebildeten Personen (z. B. Fotobilder aus Zeitschriften oder Zeichnungen, Kopiervorlage 59
- *Gefühls –Memory:* Kopiervorlage 59
- *Darstellen von Pantomimen zu Gefühlen*
  Die Kinder ziehen eine Memorykarte und stellen das darauf abgebildete Gefühl pantomimisch dar. Die anderen Kinder versuchen das dargestellte Gefühl zu erraten. Wer richtig geraten hat, ist als nächster an der Reihe.
- *Herstellen von eigenen Fotobilderbüchern zu Gefühlen*
  Die Kinder bringen verschiedene Fotos mit oder schneiden Bilder aus Zeitungen aus, die für sie ein Gefühl symbolisieren, und schreiben das passende Gefühl oder einen kurzen Text dazu.
- *Unsere „Gefühls-Fünf-Minuten-Runde“* (langfristig durchzuführen)
  Zu Unterrichtsbeginn, zwischendurch oder zu Unterrichtsende nehmen sich Kinder, die gerade ein starkes Gefühl verspüren, die passende Karte von der Pinnwand und versuchen ihr Gefühl zu beschreiben. Dabei kann Material, das in einer Schachtel ausliegt und das auch die Kinder selbst laufend ergänzen, hilfreich sein, z. B. verschieden farbige Tücher, Naturmaterial (Steine in verschiedenen Größen und Farben, Zweige ...), ein Glas, Abbildungen von Tieren und Blumen ... Beim Sprechen suchen die Kinder Material heraus, das ihnen passend erscheint, und ordnen es begründend an.
- *Einrichten und Gestalten von Gefühlsecken im Klassenraum*
  (fächerübergreifend im Sach-, Kunst-, Textil- und Deutschunterricht)
  Wutecke:
  - Ein Kind, das wütend ist, setzt sich auf den Wutstuhl und spricht über seine Wut.
  - Ein wütendes Kind kann gegen einen aufgehängten Sandsack boxen.
  - Die Kinder basteln Wutsäcke (mit Reis gefüllte Stoffsäckchen), die sie bei Wut knautschen können.
  - Wutausstellung: Abbildungen mit wütenden Gesichtern, Zeichnungen von Gefühlswetterberichten (z. B. Gewitterdarstellungen mit Blitz und Donner), Texte zum Thema (s. Lesebücher, Bücher zum Religions- und Ethikunterricht auch des 1./2. Schuljahrs)

verschämt

stolz

einsam

erschrocken

zufrieden

fröhlich

verlegen

verliebt

wütend

misstrauisch

erstaunt

traurig

Angstecke:

- An eine Pinnwand hängen die Kinder Bilder und Texte von Gegenständen und Situationen, die sie ängstigen.

Freudeecke:

- Sofaecke
- Duftsäckchen mit angenehmen Düften (Füllung: Mit Duftöl getränkte Watte) werden angefertigt.
- Collage mit Geschichten und Abbildungen

2.2 Gute und schlechte Gefühle

Material

Kopiervorlagen 60 – 62, siehe S. 172 ff.

Vorschläge für den Unterricht

- Ausfüllen einer Tabelle: angenehme, „komische“ und unangenehme Gefühle. Die Kinder schildern Situationen, in denen sie bestimmte Gefühle erlebt haben, und benennen diese, z. B. Freude (Meike hat ein schönes Fahrrad zum Geburtstag geschenkt bekommen.), Angst (Ingo ist allein zu Hause. Im Keller hört er ein Tappen und Schlurfen).

  Oder: Die Kinder denken sich Geschichten aus, benennen die auftretenden Gefühle und ordnen sie an der Tafel in drei Kategorien ein:

  Ergeben sich beim Einordnen verschiedene Meinungen, so kann eine Gefühlskarte auch in zwei Spalten erscheinen.

angenehm 	unangenehm 	weiß nicht (?)
froh, glücklich, fröhlich	ängstlich	schadenfroh
stolz	sich schämen, beschämt	erstaunt
zufrieden	ärgerlich	nachdenklich
verliebt	wütend, zornig	aufgeregt
gut gelaunt	erschrocken	gelangweilt
lustig	verlegen	gehetzt sein
gelobt werden	misstrauisch	sich beobachtet fühlen
Spaß haben	einsam	trotzig
sicher	unsicher	
	missverstanden	
	enttäuscht	
	eifersüchtig	
	neidisch	
	Probleme haben	
	traurig	
	„sauer“	
	beleidigt	
	unruhig	

Name: ______________________________ Datum: ____________

Was ist dir angenehm? – Was ist dir unangenehm?

① Kreuze an.

	☺ angenehm	☹ unangenehm
– geküsst werden		
– gekitzelt werden		
– gekämmt werden		
– in den Arm genommen werden		
– einen Klaps bekommen		
– gelobt werden		
– eine Ohrfeige bekommen		
– hochgenommen werden		
– getadelt werden		
– auf die Schulter geklopft werden		
– auf den Schoß genommen werden		
– festgehalten werden		

② Fällt dir eine angenehme oder eine unangenehme Situation ein? Beschreibe sie.

③ Was kannst du tun, wenn dir etwas unangenehm ist?

Erlebnisse

Eine Tante lädt dich in den Ferien für eine Woche ein.	Du siehst deine Lieblingssendung im Fernsehen an, als dein Freund klingelt.
Du hast mit einem Los einen Flug mit einem Segelflugzeug gewonnen.	Auf deinem Schultisch liegt plötzlich ein kleines Geschenk.
Deine Nachbarin in der Schule leiht sich ständig deine Schere aus und gibt sie dir nicht zurück.	Unter deine letzte Hausaufgabe hat die Lehrerin geschrieben: Schreibe noch einmal.
Auf dem Schulhof gab es Streit mit einem größeren Jungen einer anderen Klasse. Er bedroht dich: „Warte nur, bis die Schule vorbei ist!“	Du fährst mit dem Rad ins Schwimmbad. Als du wieder nach Hause willst, hat jemand die Luft aus dem Reifen gelassen. Die Luftpumpe ist nicht da.
Deine beste Freundin hat versprochen, zu deinem Geburtstag zu kommen. Doch sie kommt nicht.	Du erhältst Fernsehverbot, weil du in Deutsch eine schlechte Note geschrieben hast.
An der Schulbushaltestelle wird es immer voller. Du stehst eingekeilt und ein Junge stößt dir seinen Arm ins Gesicht.	Dir ist plötzlich übel. Einige Kinder stehen ratlos um dich herum und sehen dich an.
In der Pause rempelt dich ein anderes Kind mehrmals an.	Auf der Kirmes darfst du mit deinem Vater in der Geisterbahn fahren.
Deine Großeltern haben deinen Geburtstag vergessen.	Bei einer Feier sollst du vor dem Publikum ein Gedicht vortragen.

Gefühle

wütend	„sauer“
aufgeregt	enttäuscht
beschämt	ärgerlich
traurig	stolz
beleidigt	glücklich
einsam	aufgeregt
übermütig	ängstlich
unsicher	schadenfroh

- Arbeitsblatt: Kopiervorlage 60, S. 172
- Gruppenarbeit: Jede Gruppe erhält Karten mit kurzen Situationsbeschreibungen (s.o.) sowie Karten mit Gefühlen (Kopiervorlage 61 und 62, S. 173 f.). Die Kinder legen die Karten paarweise (Situation – zugehöriges Gefühl) zusammen.
- Berührungsspiele mit einem Partner, z. B. Gewittermassage:
  Die beiden Kinder sitzen hintereinander. Die Lehrerin beschreibt ein Gewitter. Das hintere Kind simuliert die Naturerscheinung auf dem Rücken des Kindes vor ihm. Nach einem Tausch schildern die Kinder, welche Berührungen sie als angenehm und als unangenehm empfunden haben.

2.3 Das darf nicht jeder

Vorüberlegungen

Kinder haben das Recht, selbst zu entscheiden, wer sie auf welche Weise berühren darf. Wenn ein anderer sie gegen ihren Willen berührt, müssen sie nein sagen, sich wehren oder wegrennen und ggf. Hilfe holen. Die Kinder sollen erfahren, dass es sexuellen Missbrauch gibt.
Sollten Sie als Lehrerin von sexuellem Missbrauch erfahren, ist überlegtes und keinesfalls vorschnelles Handeln erforderlich. Beratungsstellen geben wertvolle Hinweise.

Material
Kopiervorlage 63 und 64 a + b (siehe S. 176 ff.)

Vorschläge für den Unterricht

- Arbeitsblatt Kopiervorlage 63, S. 176
- Erzählen oder Lesen von Geschichten (z. B. Tante Knuddel, Onkel Sabbelschmatz in: Gisela Braun, a. a. O. s. Literaturliste)
- Arbeitsblatt Kopiervorlage 64, S. 177 f.
- Anfertigen eines „Hilfeholblattes“:
  Die Kinder schreiben auf ein Blatt die kostenlose Telefonnummer des Kindersorgentelefons („Nummer gegen Kummer“ 0130/11103 und Uhrzeiten der Erreichbarkeit: 15.00 – 19.00 Uhr) und ergänzen es individuell (z. B. durch Adressen lokaler Hilfseinrichtungen).

Name: ______________________ Datum: ____________

Das darf nicht jeder!

	Mutter	Vater	Freund Freundin	Nachbar Nachbarin	Lehrer Lehrerin
① mir zu essen geben					
② meine Haare kämmen					
③ mir ein Pflaster aufkleben					
④ mir bei den Hausaufgaben helfen					
⑤ mich mit Worten trösten					
⑥ mich mit Streicheln trösten					
⑦ mich mit Küssen trösten					
⑧ mich schlagen					
⑨ mit mir schmusen					
⑩ mich ausschimpfen					
⑪ von mir einen Kuss verlangen					
⑫ mich baden oder abtrocknen					
⑬ mich an der Hand nehmen					
⑭ mir einen Weg zeigen					
⑮ mir etwas Hübsches schenken					
⑯ mir etwas Schönes zeigen					
⑰ mich im Auto mitnehmen					
⑱ mich kitzeln					
⑲ mich an den Schultern fassen					
⑳ mir übers Haar streichen					

Name: ______________________ Datum: ____________

Gute und schlechte Geheimnisse

Es gibt gute und schlechte Geheimnisse.
Gute Geheimnisse sind angenehm und machen Freude.
Schlechte Geheimnisse sind unangenehm und machen Angst.
Schlechte Geheimnisse musst du weitersagen, auch wenn du Ärger bekommen könntest. Sie bereiten dir sonst lange, vielleicht dein ganzes Leben lang Kummer.

① Rahme farbig ein: schlechtes Geheimnis – schwarz, gutes Geheimnis – gelb
② Welches Geheimnis hattest du auch schon einmal? Mache ein Kreuz in diesen Kreis.

A
Du hast gesehen, wie Anja aus der Büchertasche von Jessica Geld genommen hat.

B
Auf deinem Weg zur Schule musst du durch eine kleine Anlage. Dort verstecken sich hinter den Büschen jeden Tag zwei Jungen und fordern von jedem Schulkind einen Euro. Wer nicht bezahlt, wird geschlagen.

C
Deine Klasse will für eine Woche ins Schullandheim. Alle freuen sich schon sehr darauf. Du allerdings nicht. Denn manchmal machst du nachts ins Bett. Deine Lehrerin will wissen, warum du nicht mitfahren willst.

D
Du hast in einem Schulbuch aus Versehen eine Seite zerrissen. Dein Nachbar hat es gesehen und sagt: „Bring mir jeden Tag 10 Cent mit, dann halte ich meinen Mund. Wenn nicht, sag ich es der Lehrerin und du musst ihr 15 Euro für das Buch geben."

E
Deine Freundin erzählt dir: „Ich mag es gar nicht, wenn am Abend meine Eltern fortgehen und Jens, der Junge von den Nachbarn, auf mich aufpassen soll. Manchmal ist er irgendwie komisch und will mich küssen, aber ich will es nicht." Deine Freundin will nicht, dass du das weitersagst. Denn sonst findet sie Jens o. k. und er hilft ihr auch ab und zu bei den Hausaufgaben.

Name: ______________________ Datum: ____________

Gute und schlechte Geheimnisse

F
Du hast ein schönes neues Lineal. Dein Nachbar hat es dir weggenommen. Er droht dir: „Wenn du es weitersagst, dann verhaue ich dich."

G
Annas Mama war im Krankenhaus. Morgen kommt sie wieder nach Hause. Anna und ihr Bruder Kevin haben die ganze Wohnung blitzblank aufgeräumt und auch Blumen aufgestellt. Als Anna und Kevin am Abend Mama ein letztes Mal im Krankenhaus besuchen, erzählen sie nichts davon.

H
Lukas machte mit seinem Onkel einen Ausflug. Auf einem einsamen Waldweg nahm der Onkel ihn auf seinen Schoß und sagte: „Na los, du wolltest doch schon immer mal Auto fahren. Aber erzähl das niemanden, sonst landen wir beide noch im Gefängnis." Lukas bekam Bauchkribbeln und hatte so ein merkwürdiges Gefühl.

I
In einigen Tagen hat eure Lehrerin Geburtstag. Die Klasse bespricht, wie die Kinder ihr eine Freude machen können. Frau Sonnenschein kommt herein und fragt: „Na, was flüstert ihr denn da?"

J
Am 1. April wollen Sara und ihr Bruder ihrem Papa einen lustigen Streich spielen. Sara muss schon dauernd kichern. Papa fragt: „Was ist nur los mit dir?"

③ Was könntest du tun, wenn du ein schlechtes Geheimnis hast?
Kreuze an.

☐ Ich bespreche es mit meiner Freundin.
☐ Ich sage es meiner Mama.
☐ Ich sage es meiner Lehrerin.
☐ Ich schreibe es auf und gebe den Zettel jemandem, dem ich vertraue.
☐ Ich sage es meinem Papa.
☐ Ich rufe beim Kindernotdienst an.

2.4. Nein-Sagen

Material
Bierdeckel, Geschichte „Das große und das kleine Nein“ (in: Gisela Braun, a. a. O.)

Vorschläge für den Unterricht

- Bierdeckelspiel
  Ein Kind legt sich auf den Boden und lässt sich mit Bierdeckeln abdecken. Wenn an einer Stelle kein Bierdeckel abgelegt werden soll, sagt es „Nein!“.
- Burgspiel
  Die Kinder stellen sich im Kreis auf, halten sich an den Händen und bilden so eine „Burg“. Zwei Kinder bleiben außerhalb des Kreises stehen. Um in die Burg zu kommen, berühren sie die Kinder im Kreis auf unterschiedliche Weise. Je nachdem ob die Berührung gefiel oder nicht, antwortet das betroffene Kind „Ja, komm herein!“ oder „Nein, du darfst nicht rein.“ Bei „Ja“ werden die Plätze getauscht.
- Das große und das kleine Nein (in: Gisela Braun, a. a. O. S. 46)
  Die Geschichte wird gelesen und im szenischen Spiel dargestellt. Dabei erproben die Kinder, wie sie durch Mimik, Lautstärke und Körperhaltung die Nachdrücklichkeit des Nein-Sagens verstärken können.

3. Körperliche Veränderungen während der Pubertät: Vom Mädchen zur Frau - Vom Jungen zum Mann

Material
Aufklärungsbücher für Kinder, Karteikarten zur Sexualerziehung, Material von Herstellern von Tampons und Binden (S. 159), Kopiervorlagen 65–70, S. 180, 182 ff.

Vorüberlegungen

Wenn Mädchen im Alter von acht bis vierzehn Jahren geschlechtsreif werden, bekommen sie etwa alle vier Wochen ihre Regel. Die einige Tage anhaltende Blutung wird Monatsblutung, Regel, Tage, Periode oder Menstruation genannt. Sie wird dadurch hervorgerufen, dass in den Eierstöcken Eizellen heranreifen. Alle vier Wochen wandert eine Eizelle in die Gebärmutter. Wird die Eizelle nicht befruchtet, löst sich die stark durchblutete Gebärmutterschleimhaut und wird zusammen mit der Eizelle aus der Gebärmutter ausgeschieden. Die Menstruation ist die Voraussetzung für eine Schwangerschaft. Die sekundären Geschlechtsmerkmale (Brust mit Brustdrüsen, in denen später Milch produziert wird, Scham- und Achselbehaarung) bilden sich heraus und die Hüften werden breiter.

Kopiervorlage 65

Lena kommt in die Pubertät

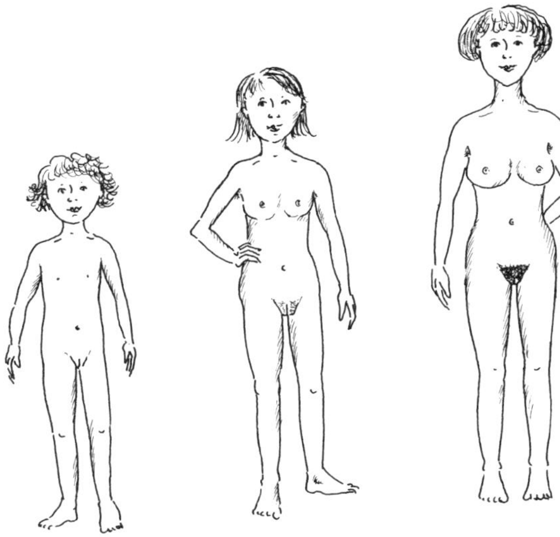

Kopiervorlage 66

Michael kommt in die Pubertät

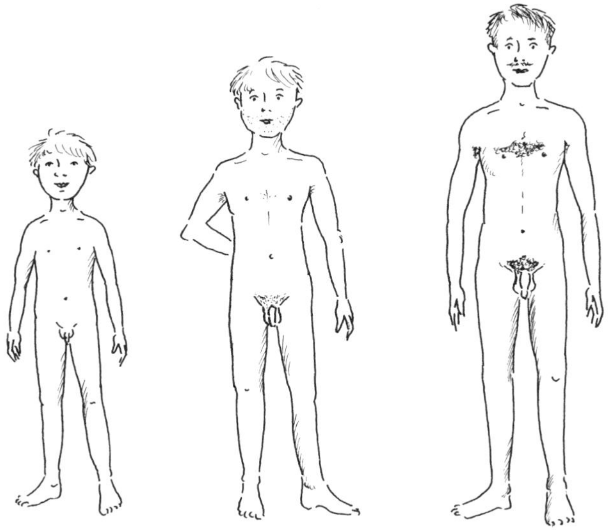

Wenn Jungen geschlechtsreif werden, bekommen sie den ersten unwillkürlichen Samenerguss (Pollution) – manchmal auch nachts. Die Samenzellen oder Spermien reifen zu Millionen in den Hoden heran. Wenn der Körper den Samen nicht mehr speichern kann, wird er ausgeschieden. Dabei wird das Glied steif (Erektion). Die Samenzellen verlassen mit der Samenflüssigkeit durch den Samenleiter und das Glied den Körper. Meist haben die Jungen während der Pollution angenehme Gefühle oder Träume.
Die körperlichen Veränderungen treten etwa zwei Jahre später als bei Mädchen ein. Die Brustwarzen vergrößern sich und werden dunkler. Eine Scham- und Achselbehaarung bildet sich heraus. Penis und Hoden werden größer. Die Schultern werden breiter. Durch die hormonelle Veränderung kommt der Junge in den Stimmbruch und die Stimme wird tiefer. Der Bartwuchs setzt ein.

Während der geschlechtlichen Reifung verändern sich nicht nur der Körper, sondern auch die Gefühle.
Wichtig ist nun auch die Hygiene. Die Haut produziert mehr Fett (Talg) und es können Pickel entstehen. Oft werden die Haare schnell fettig und sehen dann strähnig und ungepflegt aus. Manchmal produziert der Körper vermehrt Schweiß, der durch Bakterien zersetzt wird, und daher unangenehm riecht.

Vorschläge für den Unterricht
Jede Lehrerin sollte sich überlegen, ob ihre Klasse Schnittzeichnungen des menschlichen Körpers aufnehmen kann.

- Projekt „Aufklärungsbuch“
  In kleinen geschlechtshomogenen Gruppen gestalten die Kinder „ihr Buch“. Dazu sammeln und lesen sie zunächst Informationen über die Pubertät (Schulbücher, Aufklärungsbücher, Aufklärungsbroschüren, Bausteine Grundschule Heft 3/98, Karteikarten) und stellen anschließend ihr Buch zusammen. Die Lehrerin steht für eventuelle Fragen zur Verfügung. Am Ende stellt jede Gruppe ihr Buch vor und berichtet über ihre Erfahrungen.
- Betrachten von Bildern, Zeichnungen oder Folien
  Mädchen – Mädchen in der Pubertät – erwachsene Frau
  Junge – Junge in der Pubertät – erwachsener Mann
  (zu beziehen z. B. bei Johnson & Johnson) oder Kopiervorlagen 65 und 66, S. 180
  Im Unterrichtsgespräch werden die Unterschiede herausgearbeitet.
- Lesen von Informationstexten (z. B. Schlag nach im Sachunterricht 3/4, Bausteine Grundschule Heft 3/98 S.17–24)
- Beschriften des Arbeitsblatts Kopiervorlage 67, S. 182
- Kopiervorlage 68, S. 183: Gespräch über die Reaktionen des Körpers wie Pollution, Menstruation, Monatshygiene sowie auch Körpergeruch und Pickel

Name: ______________________________ | Datum: ____________

Michael und Lena verändern sich

1. Ordne richtig zu:

Mädchen
① Eierstock
② Eileiter
③ Gebärmutter
④ Schamlippen
⑤ Scheide

Jungen
① Hoden
② Samenleiter
③ Glied
④ Harnröhre
⑤ Vorhaut

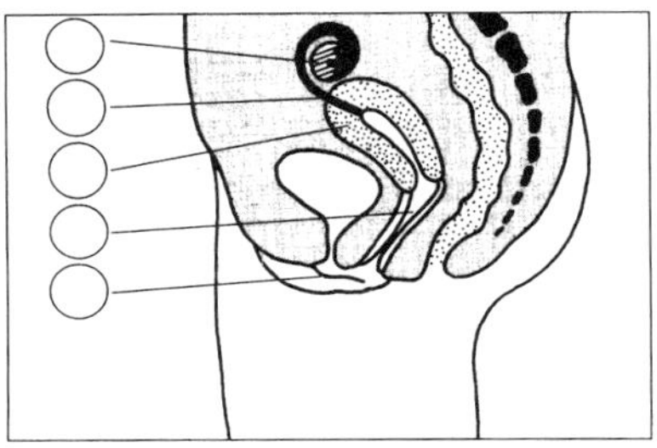

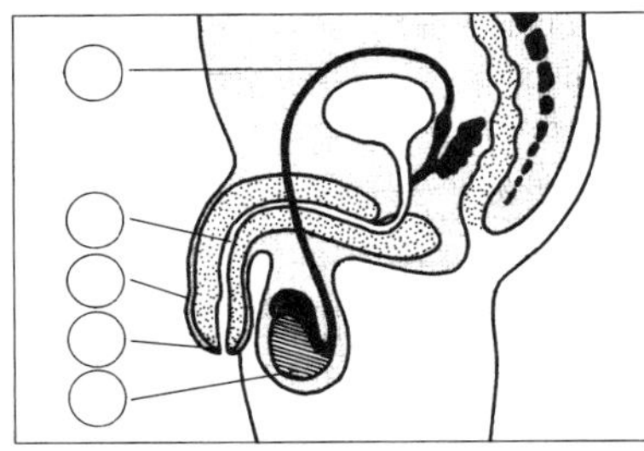

2. Während der Geschlechtsreife verändert sich bei Jungen und Mädchen der Körper. Ordne richtig zu.

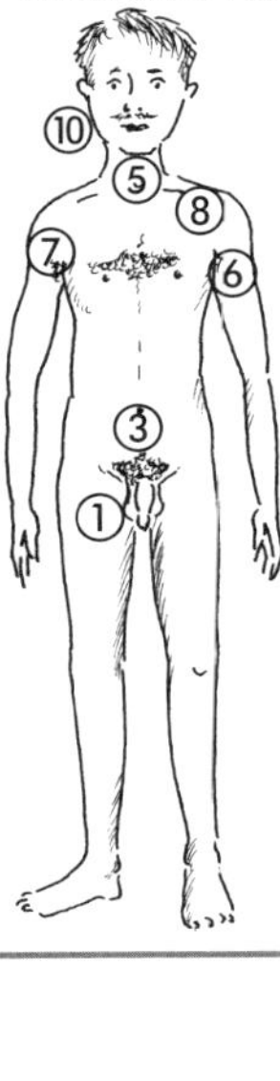

- ◯ Stimmbruch
- ◯ Schultern werden breiter
- ◯ Hoden wachsen
- ◯ Bartwuchs beginnt
- ◯ Achselbehaarung wächst
- ◯ Eierstöcke wachsen
- ◯ Brust wächst
- ◯ Schweißdrüsen wachsen
- ◯ Hüften werden breiter
- ◯ Schambehaarung wächst

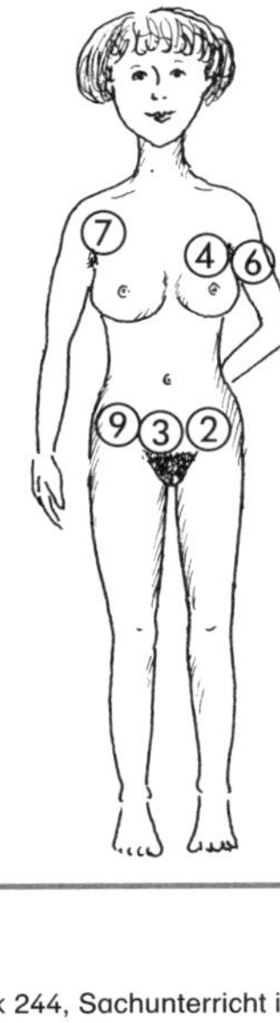

Name: ______________________ Datum: ___________

Stinktier – nein danke!

In der Pubertät wird aus einem Kind ein erwachsener Mensch. Dabei kann der Körper unangenehm reagieren.

Pickelgesicht
Dieses böse Schimpfwort macht viele Jugendliche traurig, die mit Pickeln zu kämpfen haben. Die Haut produziert viel zu viel Talg (Fett). Dadurch können Pickel entstehen.

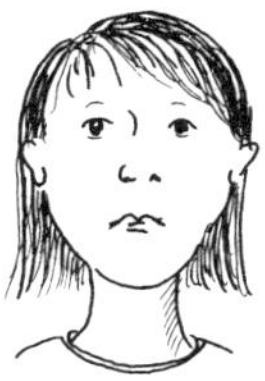

Spagetti-Haare
Weil die Kopfhaut zu viel Fett erzeugt, werden bei einigen Jugendlichen die Haare schnell fettig. Sie sehen strähnig und manchmal ungepflegt aus.

Stinktier
Nun produziert der Körper vermehrt Schweiß, der durch Bakterien zersetzt wird. Er kann unangenehm riechen.

In der Pubertät ist „Hygiene“ (Reinlichkeit) besonders wichtig. Wie kann man durch Körperpflege diese unangenehmen Begleiterscheinungen der Pubertät verringern?

Auch die äußeren Geschlechtsteile sollte man sorgfältig reinigen. Denn in der Schambehaarung setzen sich Schweiß und Bakterien fest und riechen übel.

Name: ______________________ Datum: ____________

Lena wird eine Frau

1. Wie verändert sich der Körper eines Mädchens während der Pubertät?

   Haare: ______________________

   ____

   Körperbau: ______________________

   ____

2. Mädchen bekommen während der Pubertät zum ersten Mal ihre Menstruation. Schreibe andere Wörter dafür auf.

   ____

3. Was geschieht bei der Menstruation?

   ____

   ____

4. Schreibe die Namen der weiblichen Geschlechtsorgane dazu.

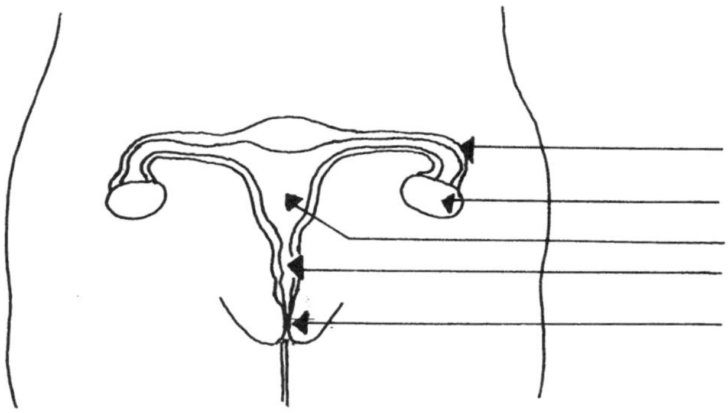

5. Warum kann sich ein Mädchen freuen, wenn es seine Menstruation bekommt?

Name: ______________________ | Datum: ____________

Michael wird ein Mann

1. Wie verändert sich der Körper während der Pubertät beim Jungen?

   Haarwuchs: ______________________

   ____

   ____

   Stimme: ______________________

   ____

   Körperbau: ______________________

   ____

2. Schreibe die Namen der männlichen Geschlechtsorgane dazu.

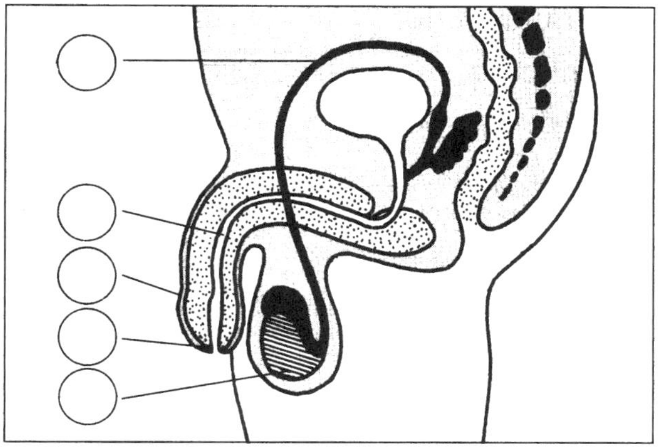

3. Was bedeutet Pollution?

   ____

4. Zeichne eine Samenzelle.

- Die Kinder schreiben auf, was ihnen dazu einfällt, wenn zwei sich lieben (z. B. Sie freuen sich, wenn sie sich sehen. Sie haben viel miteinander zu reden. Vgl. Über Gefühle sprechen S. 168 ff.).
- Lesen von Aufklärungsbüchern (z. B. Fagerström, u. a. Peter, Ida und Minimum,... S. 10–15)
- Arbeitsblatt Kopiervorlage 69 und 70, S. 184 f.

4. Zeugung, Schwangerschaft und Geburt

Material
Kopiervorlagen 71 a – c, 72 siehe S. 188 ff., Lesetext S. 192 f., Stecknadeln, weißes Papier, Tonpapier, Babyfotos und Babysachen der Kinder

Vorüberlegungen
In kindgemäßer Form werden der Zeugungsakt und die Begriffe Geschlechtsverkehr, Orgasmus und Befruchtung erläutert: Wenn Mann und Frau sich lieben, streicheln und küssen sie sich. Sie ziehen sich aus und legen sich zusammen. Das ist sowohl für die Frau schön als auch für den Mann. Dabei wird der Penis des Mannes stärker durchblutet und ganz steif. Er steckt seinen steifen Penis in die Scheide der Frau. Wenn beide das wollen, tut das nicht weh. Man nennt das Sex haben, miteinander schlafen oder Geschlechtsverkehr. Es gibt auch Begriffe aus der Vulgärsprache (z. B. ficken, vögeln, bumsen, rammeln, poppen), die – falls die Kinder sie nennen - mit ihnen erörtert werden. Wenn Frau und Mann sich lieben, ist das ein schönes Gefühl. Manchmal stöhnen sie dabei auch vor Lust. Wenn die Gefühle am allerschönsten sind, können sie einen Orgasmus bekommen. Der Mann bekommt dann einen Samenerguss. Die Samen schwimmen dabei durch den Eileiter im Körper der Frau. Wenn dort eine Eizelle ist, verschmelzen Ei- und Samenzelle. Neun Monate später wird ein Baby geboren. Ein neu geborenes Kind braucht sehr viel Aufmerksamkeit und Zuwendung. Ein älteres Geschwisterkind ist dann oft eifersüchtig. Ein Kind zu bekommen ist nicht davon abhängig, ob Frau und Mann miteinander verheiratet sind.
Auf Teil- und sogenannte Patchworkfamilien und Adoptivkinder kann eingegangen werden.
Wenn Fragen nach der Empfängnisverhütung – viele Kinder kennen Kondome oder Kondomautomaten – oder nach der Entstehung von Zwillingen auftreten, werden diese beantwortet.
Eineiige Zwillinge entstehen, wenn sich das Ei kurz nach der Befruchtung teilt und zwei Babys mit denselben Erbinformationen heranwachsen. Die Babys sind gleichgeschlechtlich.

Zweieiige Zwillinge entstehen, wenn zwei Eizellen gleichzeitig heranreifen und von zwei verschiedenen Samenzellen befruchtet werden. Die Babys können gleich – oder getrenntgeschlechtlich sein, da sie verschiedene Erbinformationen haben.

Zeugung

- Lesen von Aufklärungsbüchern und -texten mit anschließendem Unterrichtsgespräch (z. B. G. Fagerström, a.a.O. S.16–22 oder Bausteine Grundschule Heft 3/98, S. 28–29)

Schwangerschaft

- Babybuch
  Kopiervorlagen 71a – c, S. 188 ff.: Die Kinder halten die Entwicklung des Fötus innerhalb von neun Monaten von der befruchteten Eizelle bis zur Geburt in Text und Bild fest.
- Wenn die Kinder mit einer Stecknadel in ein Stück Papier stechen und es gegen das Licht halten, können sie sehen, wie groß eine Eizelle ist und wie klein sie einmal selbst waren.
- Lesen von Aufklärungsbüchern (z. B. G. Fagerström, a.a.O. S. 25–28, Schlag nach im Sachunterricht 3/4)

Geburt

- Zur Erklärung des Geburtsvorgangs eignet sich das Lesen von Aufklärungsbüchern (z.B. G. Fagerström ,...S. 29 – 38, Schlag nach im Sachunterricht 3/4)
- Babyfotoquiz: Wer ist wer?
  Die Kinder bringen eigene Babyfotos mit, die auf Tonpapier geklebt werden. Unter jedes Foto wird eine andere Nummer geschrieben und das Poster aufgehängt. Die Kinder schreiben die Nummern untereinander auf ein Blatt und daneben den Namen des vermuteten Kindes. Durch Vergleichen ihrer Listen und Nachfragen berichtigen sie ihre Liste.
- Baby-Ausstellung: Was ein Baby alles braucht
  Die Kinder bringen Babysachen mit und stellen sie aus.
- Die Kinder lesen in Aufklärungsbüchern nach, was ein Baby alles braucht (z. B. G. Fagerström, S. 42–47).
- Leporello
  Kopiervorlage 72, S. 191: Die Kinder fertigen ein Leporello zur Entwicklung eines Kindes im ersten Lebensjahr an, entweder mit eigenen Fotos oder Zeichnungen.
- Eifersucht auf ein neues Geschwisterchen
- Text von Gina Ruck-Pauquet, S. 192 f.
- Lesen von Aufklärungsbüchern (z. B. G. Fagerström, a.a.O. S. 42–47)

Mein Babybuch

Wenn du mit einer Stecknadel ein Loch in das Blatt stichst, siehst du, wie klein du als Eizelle einmal angefangen hast.

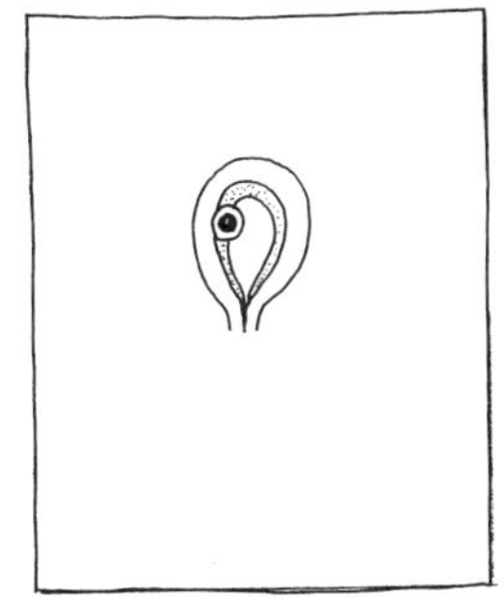

1. Monat
Größe etwa 1 mm

1. Monat

Die befruchtete Eizelle beginnt, sich zu teilen. Um den „Embryo“ bildet sich die Fruchtblase mit dem Fruchtwasser. Die Nabelschnur entsteht.

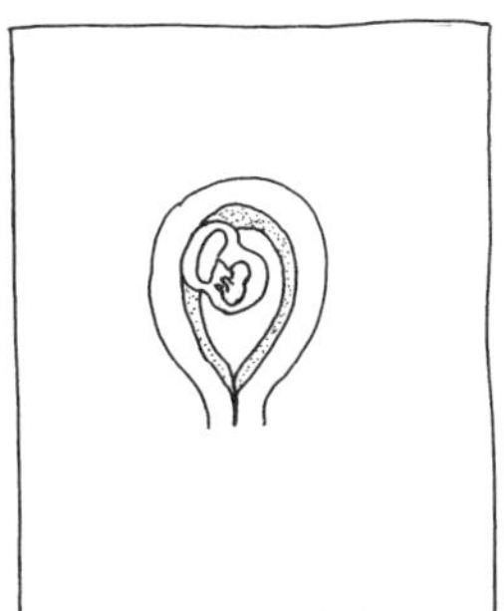

2. Monat
Größe etwa 4 cm

2. Monat

Arme, Beine, Hände, Füße und Kopf formen sich. Das Herz schlägt.

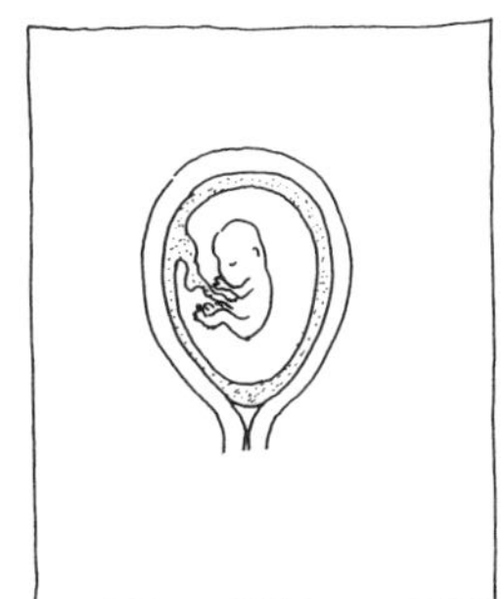

3. Monat
Größe etwa 9 cm

3. Monat

Das Kind beginnt, sich zu bewegen. Die Mutter merkt von den Bewegungen noch nichts. Am Ende des dritten Monats sind alle Körperteile ausgebildet.

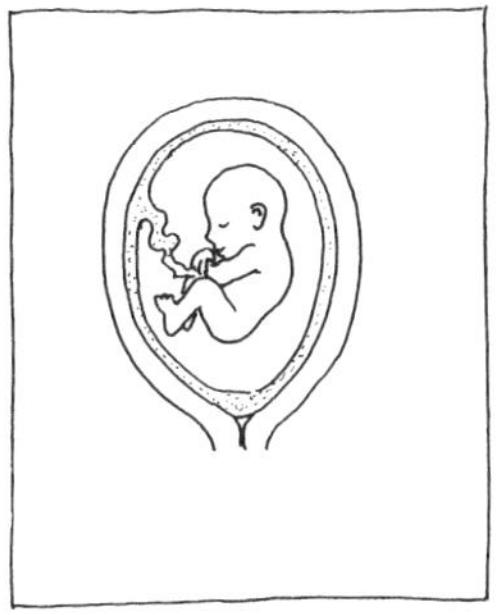

4. Monat
Größe etwa 16 cm

4. Monat

Der Bauch der Mutter wird dicker.
Die Nase und die Ohren des Kindes formen sich.

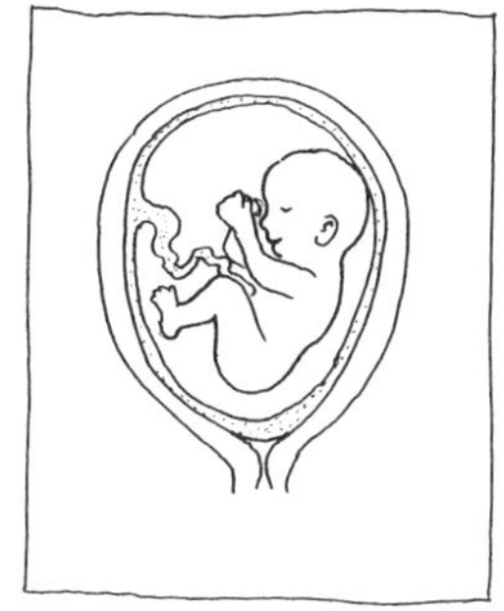

5. Monat
Größe etwa 25 cm

5. Monat

Die Mutter spürt die Bewegungen des Kindes im Bauch.
Auch der Vater kann, wenn er die Hand auf den Bauch der Mutter legt, die Bewegungen spüren.
Das Kind hört mit: das Herzklopfen der Mutter, die Stimme des Vaters.
Nägel, Haare und Wimpern des Kindes wachsen.

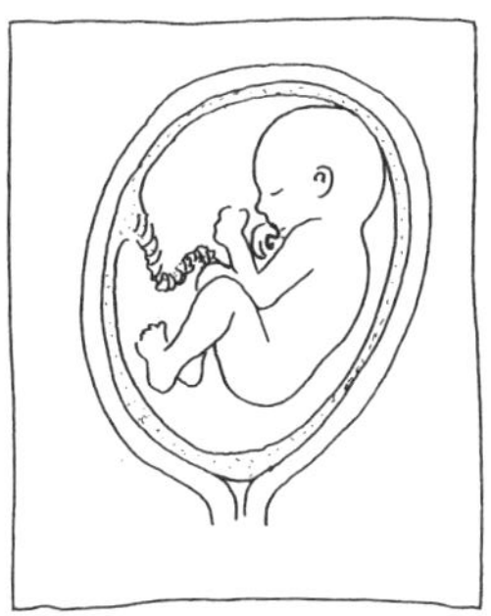

6. Monat
Größe etwa 30 cm

6. Monat

Der Bauch der Mutter wölbt sich vor.
Die Mutter und der Vater reden mit dem Kind und überlegen sich einen Namen.

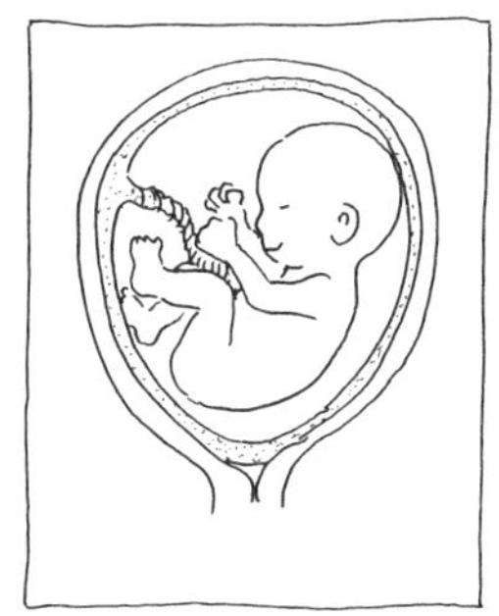

7. Monat
Größe etwa 40 cm

7. Monat

Die Eltern besuchen einen Geburtsvorbereitungskurs.
Der Vater bekommt Tipps, wie er bei der Geburt helfen kann.

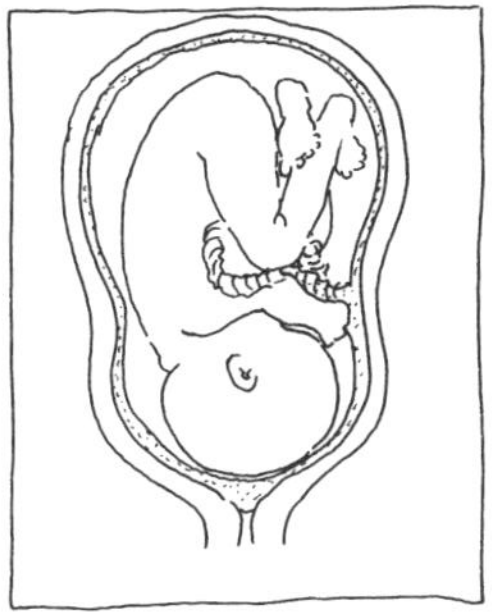

8. Monat
Größe etwa 45 cm

8. Monat

Die Mutter und der Vater lernen in einem Kurs die Pflege eines Babys.
Das Strampeln des Kindes kann man sehen und auch mit der Hand spüren.

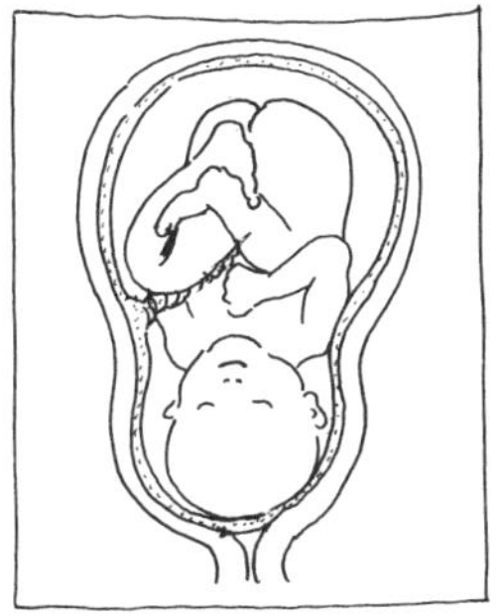

9. Monat
Größe etwa 50 cm

9. Monat

Mit dem Kopf nach unten wartet das Kind auf seine Geburt.
Hattest du schon Haare bei deiner Geburt?

Hier kannst du ein Babyfoto von dir einkleben.

Wie schwer warst du bei deiner Geburt?

____

Wie groß warst du, als du geboren wurdest?

____

Name: ______________________ Datum: ____________

Mein 1. Lebensjahr

① Partnergespräch: Zeigt euch gegenseitig eure Babyfotos und erzählt etwas dazu.

② Schneide das Leporello aus und falte es an den gestrichelten Linien. Schneide auch die Bilder aus und klebe sie richtig auf.

bei der Geburt

mit 3 Monaten

mit 8 Monaten

mit 10 Monaten

1 Jahr alt

✂ ——— falten - - -

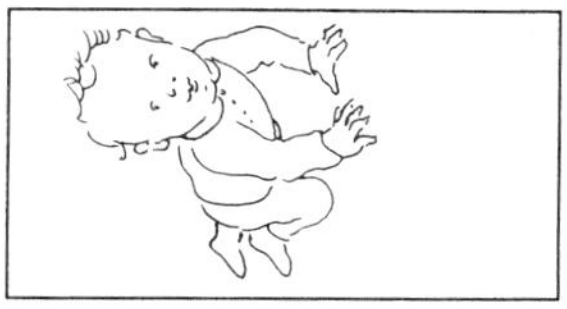

Die kleine Schwester (Lesetext)

Bert hatte sich auf das Baby gefreut. „Wann kommt es endlich?", hatte er immer wieder gefragt. Und die Mutter hatte gelächelt: „Bald."

Dann war es so weit. Es war ein Mädchen. Der Vater hatte es Bert gesagt. Aber noch einmal musste Bert endlose Tage warten, bis die Mutter aus dem Krankenhaus entlassen wurde. Heute sollten sie nach Hause kommen, die Mutter und Berts kleine Schwester Angela.

„Den Namen habe ich ausgesucht", dachte Bert stolz, während er sich die Fingernägel bürstete, „der gefällt ihr bestimmt."

Im Wohnzimmer rückte er die Blumenvase in die Mitte des Tisches und sah sich um. Alles war hübsch und ordentlich. Bevor der Vater losfuhr, hatten sie zusammen saubergemacht.

„Gibt es Mädchen, die auf Bäume klettern?", hatte Bert gefragt. „Warum nicht?", hatte der Vater gemeint. Jetzt ging Bert ins Schlafzimmer. Er zog den Anzug mit den langen Hosen an, dann putzte er sich mit einem Zipfel der Bettdecke schnell noch die Schuhe. Es war natürlich trotzdem schade, dass es ein Mädchen war. Wahrscheinlich würde sie nicht mit ihm Fußball spielen. Bert schaute zum Fenster hinaus. Eigentlich sollten sie schon da sein. Morgen würde er in der Schule von seiner kleinen Schwester erzählen.

Plötzlich kam ihm der Gedanke, dass es nett wäre, die Mutter mit Musik zu empfangen. Er stellte das Radio an. Dann fiel ihm ein, dass seine schmutzigen Schuhe noch in der Diele lagen. In diesem Augenblick klingelte es. Sie waren da!

Die Mutter sah fröhlich aus. Sie legte den Arm um Berts Schulter und küsste ihn. Der Vater brachte seine Schwester. Sie war viel kleiner als Bert gedacht hatte. „Na?", lächelte die Mutter, während sie Angela aus der Decke wickelte. Bert wusste nicht, was er sagen sollte. Er starrte das winzige Geschöpf an und seine Enttäuschung wuchs mit jeder Sekunde.

Seine Schwester Angela war hässlich. Bert schämte sich, dass er das dachte. „Glaubst du, dass sie wächst?", fragte er. Er konnte sich das jedenfalls nicht vorstellen. Die Eltern lachten. Sie saßen auf dem Sofa und sein Vater hielt die Hand der Mutter. Angela lag zwischen ihnen. „Vater, Mutter und Kind", dachte Bert. Und er hatte plötzlich das Gefühl, dass er nicht dazugehörte.

In der folgenden Zeit kam dieses Gefühl immer öfter. Alles wurde anders durch Angela.

Das fing schon morgens an. Früher hatte Mutter mit ihm gefrühstückt, bevor er zur Schule ging. Sie hatte ihm sogar die Brote geschmiert. Jetzt saß er allein am Tisch und sie versorgte das neue Kind. Und wenn er heimkam und seine Schultasche ein bisschen laut in die Ecke stellte, hieß es gleich: „Psst! Nimm doch Rücksicht! Angela schläft."

Beim Essen wurde darüber gesprochen, wie viel seine Schwester zugenommen hatte, im Bad musste Bert sich zwischen nassen Windeln hindurchkämpfen und mit der Indianertrommel durfte er auch nicht mehr spielen.

Das Schlimmste aber war, dass man ihn manchmal überhaupt nicht zu bemerken schien. Kürzlich hatte er es fertiggebracht, nicht einen einzigen Löffel Spinat zu essen und es war nicht aufgefallen. Das war, als Angela Schnupfen hatte. Er hatte auch Schnupfen, doch als er nieste, sagte seine Mutter bloß: „Halt die Hand vor den Mund!“ Und dann passierte die Sache mit dem Goldhamster. Bert brachte ihn in einem kleinen Karton mit nach Hause. Seine Mutter badete eben Angela. „Peter hat mir einen Goldhamster geschenkt!“, rief Bert. „Sieh mal!“ „Wir können jetzt keinen Goldhamster brauchen“, sagte Mutter. „Du musst vernünftig sein. Ich habe genug Arbeit.“ „Aber ein Goldhamster macht doch keine Arbeit!“ „Jedes Tier macht Arbeit“, behauptete seine Mutter. „Willst du ihn dir nicht wenigstens ansehen?“, fragte er. „Doch“, versprach sie, „später. Warte ein bisschen!“

Er hatte mit dem kleinen Karton im Kinderzimmer gesessen, bis ihm klar wurde, dass seine Mutter ihn vergessen hatte. Dann war er leise hinausgegangen und hatte Peter den Goldhamster zurückgebracht. Als er durch den dämmerigen Park heimging, hatte er sich vorgestellt, wie es wäre, von zu Hause fortzulaufen. Sie würden ihn natürlich suchen. Aber sie würden ihn nicht finden. Er wäre längst im Hafen in einem der großen Schiffe verschwunden. Als blinder Passagier.

An diesem Abend setzte sich seine Mutter zu ihm ans Bett. „Du bist mein großer Junge“, sagte sie. „Später kannst du dann auch einen Goldhamster haben. Wenn Angela etwas älter ist. Du stehst schon fest in der Welt. Aber Angela braucht mich noch sehr. Alles, was du kannst, muss sie ja erst lernen.“

Bert wollte in diesem Augenblick kein großer Junge sein. Und wie fest er in der Welt stand, würden sie ja sehen, wenn ihm erst einmal etwas zustieß. Wenn das Schiff unterging und er auf eine einsame Insel verschlagen wurde oder so. Sein Entschluss stand fest. Er würde gehen. Er zog sich die Decke über den Kopf. Er weinte nämlich sonst nie.

Am anderen Abend wollten die Eltern ins Kino. „Wirst du auf Angela aufpassen?“ Bert versprach es.

Aber die Gelegenheit war günstig. Als die Tür ins Schloss gefallen war, begann er, seine Sachen in die Plastiktasche zu packen: den Rollkragenpullover, das Sparschwein, sein Taschenmesser und die Turnschuhe. Er zögerte einen Augenblick, dann stopfte er den kleinen Teddybären noch mit hinein.

„So“, sagte Bert. Er blickte zum Kinderbett hinüber. Er hatte versprochen, auf sie aufzupassen. Bert packte die Buntstifte noch ein, ein paar Socken und den Ball mit dem Loch.

Da begann Angela zu weinen. Er trat zu ihr hin und schaute sie aufmerksam an. Sie war groß geworden und hässlich war sie schon lange nicht mehr. Bert war nie zuvor mit ihr allein gewesen. Dass sie nun weinte, ging ihn an. Die Mutter hatte Angela gewickelt und gefüttert, bevor sie ging. Aber sie weinte. Sie weinte nicht besonders laut, aber es schien Bert, als habe er nie etwas Kläglicheres gehört.

„Warum weinst du?“, fragte er. Natürlich konnte sie nicht antworten. Bert dachte nach. Dann spürte er, dass er die Hände zu Fäusten geballt hatte. Er wollte nicht, dass seine kleine Schwester weinen musste. Er würde herauskriegen, was los war.

Plötzlich fielen ihm seine eigenen Tränen in der Nacht ein. Er hätte nicht genau sagen können, warum er geweint hatte. Aber er erinnerte sich deutlich, wie ihm zumute gewesen war.

Vorsichtig nahm er Angela aus ihrem Bettchen und hielt sie in den Armen. „Sei still“, sagte er, während er mit ihr im Zimmer auf und ab ging. „Sei still. Wird ja alles gut.“

Sie schluckte noch ein paar Mal, dann wurde sie ruhig. „Du bist noch ziemlich klein“, sagte Bert zu ihr. „Aber ich bin dein Bruder und ich passe auf dich auf. Immer, hörst du?“

Und im Vorübergehen beförderte er die Plastiktasche mit einem Fußtritt tief unters Sofa.

Gina Ruck-Pauquèt

Zusammenleben in der Gemeinde

Vorbemerkungen

Am Beispiel der politischen Gegebenheiten des Schulorts (Institutionen, Kräfteverhältnisse, Personen, Partizipationsmöglichkeiten, Strukturen...) lernen die Kinder Möglichkeiten der Mitwirkung in einer demokratischen Gesellschaft kennen. Dabei sammeln und verarbeiten sie kritisch Informationen. Dadurch werden sie zu eigenständigem solidarischen Handeln geführt.

Fächerübergreifende Ansätze

Deutsch

- Interviews durchführen
- Briefe schreiben
- Zeitungslektüre

Werken

- Bau eines Modells (z. B. Spielplatz)

Kunst

- Anfertigen von Plakaten oder Transparenten

1. Ein lokales Problem – unser Problem

Material

Verschiedene Lokalzeitungen, Kassettenrekorder für Interviews

Vorschläge für den Unterricht

- Die Kinder informieren sich durch Zeitungslektüre oder Befragung über ein aktuelles lokales Problem aus ihrem Erfahrungsbereich (z. B. Schließung des Schwimmbades, Spielplatzbau und -gestaltung, Bauvorhaben, Schulangelegenheiten, Umweltprobleme, Freizeitangebote, Bau einer Umgehungsstraße usw.)
- Die Kinder finden heraus, welche Gruppen und Personen an dem Problem beteiligt sind (z. B. Bürgerinitiativen, politische Parteien und Fraktionen, Einzelpersonen, Rat und Verwaltung)
- Sie informieren sich in Gruppenarbeit über die Bedürfnisse der an dem Konflikt beteiligten Personen (z. B. durch Interviews)
- Im Rollenspiel (vgl. S. 27, Spielen) werden die verschiedenen Positionen und Argumente der beteiligten Interessengruppen durchgespielt.

- Sie erarbeiten eine eigene Stellungnahme, die sie in geeigneter Form veröffentlichen (Zeitungsbericht, Briefe an politische Institutionen und von dem Konflikt Betroffenen, Leserbrief in einer lokalen Tageszeitung, Internetseite, Ausstellen von Modellen und Plakaten z. B. in einer Bank oder im Rathausfoyer,...). Evtl. beteiligen sie sich an einer Demonstration oder führen eine Unterschriftensammlung durch.

2. Rat und Verwaltung arbeiten zusammen

Material
Kopiervorlage 73 und 74 (siehe S. 196 f.)

Vorschläge für den Unterricht

- Die Kinder verfolgen, inwieweit sie durch ihre Initiative Einfluss nehmen konnten und wie das Vorhaben weiter umgesetzt wird, z. B.: Der Ortsrat diskutiert über den Bau eines Spielplatzes. Das Bauamt lässt einen Plan zum Bau eines Spielplatzes anfertigen, ein Kostenplan wird erstellt. Der Ortsrat fasst mit seiner Mehrheit den Beschluss zum Bau eines Spielplatzes. Der Bau des Spielplatzes wird ausgeschrieben. Die preisgünstigste Firma wird ausgewählt und erhält den Bauauftrag. Die Baufirmen werden mit dem Geld bezahlt, das die Bürger als Steuern an die Stadt bezahlt haben.
- Die Kinder besuchen eine Ratssitzung, bei der das Thema auf der Tagesordnung steht.
- Sie führen gezielte Erkundigungen bei politischen Institutionen durch (Verwaltung, Ortsrat, Bürgermeister, Fraktionen), um deren Aufgaben und Zustandekommen zu ermitteln.
- Arbeitsblätter Kopiervorlage 73 und 74, S. 196 f.
- Die Ergebnisse werden in einer Ausstellung, einer Wandzeitung, einem Kinderwegweiser, einem Kinderstadtplan (Spielplätze, Freizeiteinrichtungen, Beratungsstellen, Jugendclubs, Sportmöglichkeiten für Kinder) oder einem kleinen „Handbuch der Kommunalpolitik für Kinder“ dokumentiert.

Name: ______________________	Datum: __________

So wird unsere Gemeinde/unsere Stadt regiert

① Die Parteien unserer Gemeinde:

stärkste Partei
zweitstärkste Partei
drittstärkste Partei
viertstärkste Partei

Das Wappen von

____

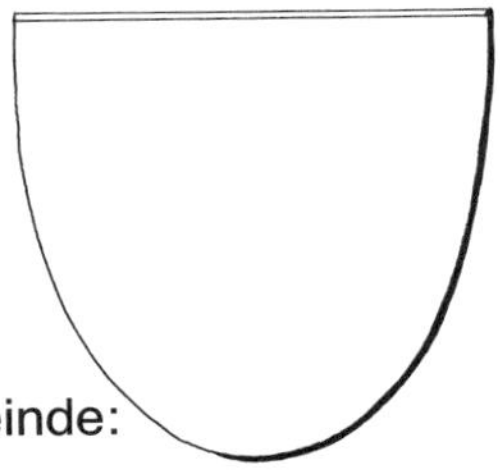

② Sie stehen an der Spitze unserer Gemeinde:

	Name	Partei
Oberbürgermeisterin		
Oberbürgermeister		
Bürgermeisterin		
Bürgermeister		

③ Unser Gemeinderat/Unser Stadtrat hat ☐ Abgeordnete.

Name der Partei				
Anzahl der Ratsmitglieder				

Name der Partei				
Anzahl der Ratsmitglieder				

④ Die nächste Gemeinderatswahl / Stadtratswahl findet im Jahr ☐ statt.

⑤ In ☐ Jahren, also im Jahr ☐ darf auch ich zum ersten Mal wählen.

Wenn ich jetzt schon wählen dürfte, würde ich die Partei ______ wählen.

Warum? ______________________

____

Name: ______________________ Datum: ____________

So wird unsere Gemeinde/unsere Stadt verwaltet

Der **Gemeinderat oder Stadtrat** berät über Probleme und entscheidet über wichtige Fragen.

Die **Verwaltung** führt die Entscheidungen des Gemeinderats oder Stadtrats durch.

Die **Bürgerinnen und Bürger** erleben die Folgen der Politik. Sie sind mit der Politik zufrieden oder unzufrieden. Bei der nächsten Wahl entscheiden sie, ob die Politik fortgesetzt werden soll oder nicht.

Die **Bürgerinnen und Bürger** wählen die Mitglieder des Rats.

Wasserversorgung und Abwasseraufbereitung als Aufgaben der Gemeinde

Je nachdem welcher außerschulische Lernort – Wasserwerk oder Kläranlage – für die Kinder ergiebiger ist, wird nur eine Anlage erkundet. Wegen der notwendigen Anschaulichkeit eignen sich nur Wasserwerke mit offenen Filteranlagen. In den Klärwerken sind die einzelnen Reinigungsschritte zugänglicher. Der üble Geruch ist zwar beeindruckend, kann aber auch leicht Übelkeit auslösen.
Voraussetzung für die Unterrichtseinheit sind Kenntnisse über den natürlichen Wasserkreislauf.

Fächerübergreifende Ansätze

Deutsch
- Teile einer Wasserabrechnung lesen

Mathematik
- Berechnen der täglichen Kosten für Trink- und Abwasser

Material zur Unterrichtsvorbereitung
Siehe S. 46 ff.: Der natürliche Kreislauf des Wassers

1. Woher kommt unser Trinkwasser?

1.1 Trinkwassergewinnung

Vorüberlegungen
Das Rohwasser, das zur Gewinnung benötigt wird, kann Grundwasser sein oder auch eine Mischung aus Grundwasser und „uferfiltriertem" Wasser. Das Oberflächenwasser eines Flusses versickert und fließt sehr langsam vom Ufer landeinwärts durch 10 bis 30 Meter dicke Kies- und Sandschichten. Hier wird das Wasser gefiltert, das heißt gesäubert. Man nennt es deshalb „uferfiltriert". Von der Landseite fließt Grundwasser in Richtung Fluss. Es vermischt sich mit dem versickerten Flusswasser. Dieses Mischgrundwasser wird mit Pumpen nach oben gefördert und in das Wasserwerk geleitet.
Das Rohwasser kann aber auch aus dem Oberflächenwasser von Talsperren stammen. Für eine Talsperre wird ein Fluss in der Regel am Oberlauf gestaut, meist in einer besonders geschützten Gegend, z. B. umgeben von dichtem Wald. Zum Schutz des Wassers ist in einer Talsperre kein Wassersport erlaubt. Das Rohwasser einer Talsperre wird im Wasserwerk aufbereitet und wird

durch lange Rohre mehrere hundert Kilometer weit bis zu den Großstädten transportiert. (aus Schlag nach 3/4 Niedersachsen S. 130, 131)
Kleinere Siedlungen, z. B. im Gebirge, verfügen noch über eine Quellwasserversorgung. Im Allgemeinen braucht die Quelle nur vor Verunreinigungen geschützt zu werden.

Material
Kopiervorlage 75 (siehe S. 200), aktuelle Zeitungen

Vorschäge für den Unterricht

- Aus einem Text (siehe Vorüberlegungen) Informationen entnehmen und Möglichkeiten der Trinkwassergewinnung heraussuchen
- Arbeitsblatt 75: Der Weg des Rohwassers
- Zeitungsartikel zum Thema „Trinkwassergewinnung" sammeln

1.2 Erkunden des örtlichen Wasserwerks

Vorüberlegungen

Im Wasserwerk wird das Rohwasser zu Trinkwasser aufbereitet. Die dabei ablaufenden chemisch-technischen Prozesse sind auf Grund ihrer Komplexität für Kinder im Grundschulalter in der Regel noch nicht nachvollziehbar. Beim Erkunden eines Wasserwerks steht deshalb nicht die Wissensvermittlung im Vordergrund. Vielmehr sollen die Kinder einen Eindruck davon erhalten, welche ungeheuren Anstrengungen nötig sind, damit die Menschen mit Trinkwasser versorgt werden.

Material
Telefonbuch, Foto- oder Videokamera, Kassettenrekorder mit Mikrofon

Vorschläge für den Unterricht

- Aus dem Telefonbuch (Internet) die Telefonnummer des örtlichen Wasserwerks heraussuchen
- Besichtigungstermin vereinbaren
- Fragen an den Experten sammeln
- Interview eines Experten:
  Das Interview mit einem Kassettenrekorder oder einer Videokamera aufzeichnen, die Antworten aufschreiben und das Interview auswerten
- Vergleich: Abbildung eines Wasserwerks – tatsächliches Wasserwerk, Gemeinsamkeiten und Unterschiede feststellen
- Im Wasserwerk fotografieren
- Teile des Wasserwerks zeichnen, z. B. die Filteranlagen
- Ausstellen der Arbeitsergebnisse
- Bericht für die Zeitung oder für die Schulhomepage

Name: ______________________ Datum: __________

Woher kommt das Trinkwasser?

① Trage ein: Fluss, Kies- und Sandschicht, Brunnen, Wasserwerk

② Zeichne den Weg des Wassers blau ein.

1.3 Wie kommt das Trinkwasser in unser Haus?

Vorüberlegungen

Vom Wasserwerk aus geht das Trinkwasser in das Leitungsnetz. Nachts, wenn wenig Wasser gebraucht wird, wird das Trinkwasser in Hochbehälter gepumpt. Der hier angesammelte Wasservorrat wird abgegeben, wenn der Wasserbedarf besonders hoch ist (vgl. Schlag nach, a.a.O. S. 131). Hochbehälter, Leitungsrohre und Wasserentnahmestelle (z. B. der Wasserhahn in der Wohnung) bilden zusammen ein System kommunizierender Röhren. Wenn die Entnahmestelle tiefer liegt als der Wasserspiegel im Hochbehälter, strömt das Wasser bei geöffnetem Hahn aus. Das Prinzip kommunizierender Röhren beruht darauf, dass der Wasserspiegel bei nicht bewegtem Wasser immer waagerecht ist und somit in verbundenen Gefäßen das Wasser immer gleich hoch steht. Höher gelegene Wasserentnahmestellen werden durch zusätzliche Pumpen versorgt.

Material

Arbeitsblatt Kopiervorlage 76, Inhalt der Experimentierkiste für jeweils zwei Kinder: große Schüssel, ein ca. 50 cm langer, transparenter Kunststoffschlauch, Kanne und dicke Stopfnadel

Vorschläge für den Unterricht

- Arbeitsblatt Kopiervorlage 76 (siehe S. 203)
- Experiment (vgl. dazu S. 16)

Frage: Wie verteilt sich das Wasser im Schlauch?

Material: transparenter Kunststoffschlauch, Trichter, eine Kanne gefüllt mit Wasser, Waschbecken oder große Schüssel
Durchführung: Den Trichter auf ein Schlauchende setzen und das Wasser mit Hilfe des Trichters in den Schlauch füllen.

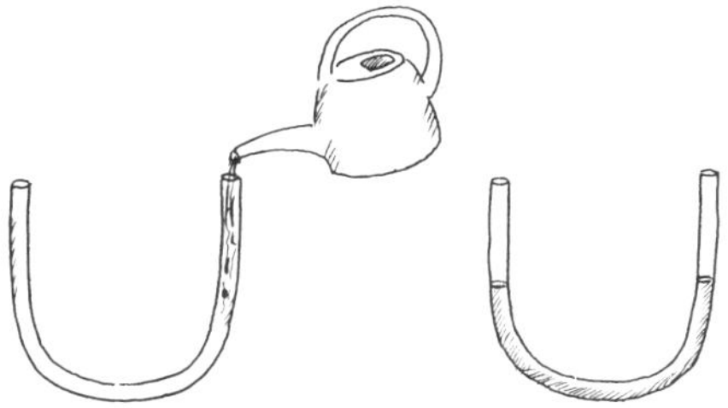

Beobachtung: Wenn das Wasser auf der einen Schlauchseite steigt, steigt es auch auf der anderen Schlauchseite.
Antwort: Das Wasser steht in beiden Enden des Schlauches immer gleich hoch.

• *Experiment*

Frage: Wie hoch muss der Hochbehälter sein, damit auch in einer Wohnung im ersten Stockwerk Wasser aus dem Wasserhahn kommt?

Material: transparenter Kunststoffschlauch, Trichter, eine Kanne gefüllt mit Wasser, Waschbecken oder große Schüssel, dicke Stopfnadel

Durchführung: Den Trichter auf ein Schlauchende setzen, mit einer Nadel zwei Löcher im Abstand von ca. 5 cm in das andere Schlauchende stechen und das Wasser mit dem Trichter in den Schlauch füllen.

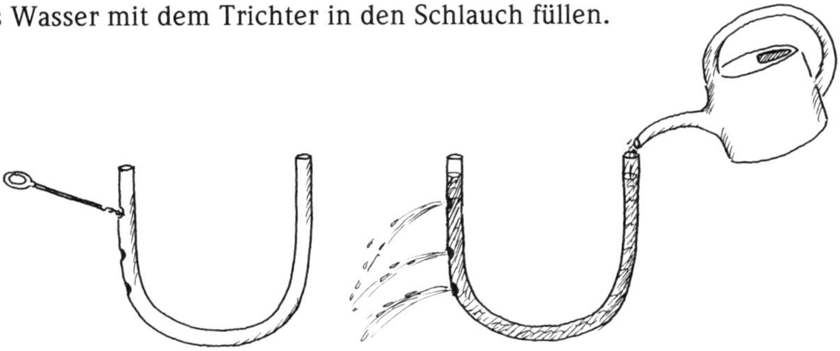

Beobachtung: Wenn das Wasser aus dem oberen Loch spritzt, dann muss das Wasser auf der anderen Seite des Schlauches genauso hoch stehen.

Antwort: Der Hochbehälter muss mindestens so hoch wie der Wasserhahn im ersten Stock sein. Wenn der Wasserhahn höher liegt als der Hochbehälter, muss das Wasser nach oben gepumpt werden.

Wie kommt das Trinkwasser in unser Haus?

① Trage ein:

Wasserwerk, Steigleitung, Hochbehälter, Fallleitung, Leitungsnetz, Wasserhahn

② Zeichne den Weg des Wassers vom Wasserwerk zum Wasserhahn.

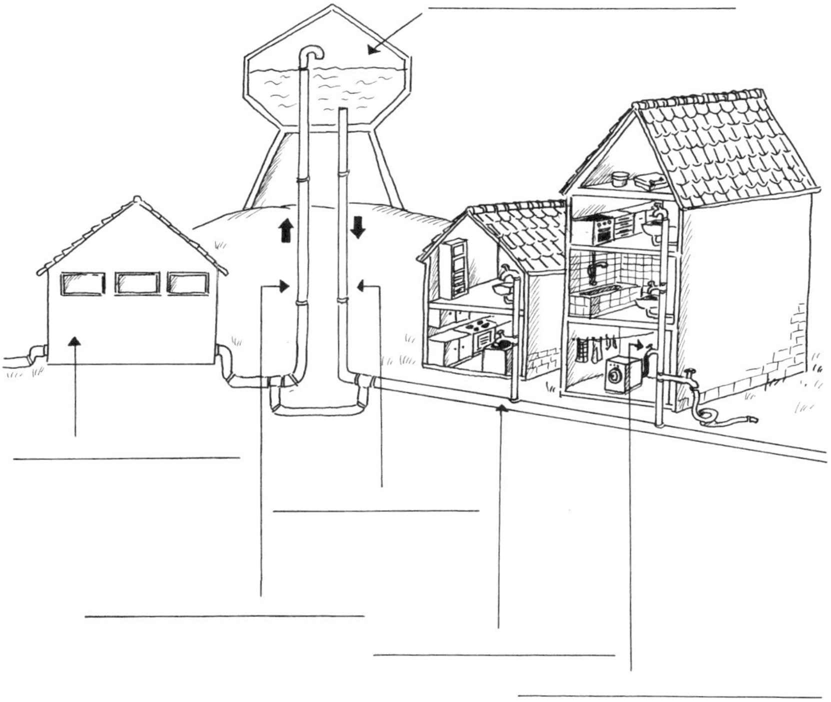

2. Wasser ist kostbar

2.1 Wir verbrauchen täglich Trinkwasser

Vorüberlegungen

Der Mensch nutzt Wasser in Trinkwasserqualität nicht nur als Lebensmittel. Im Haushalt wird Trinkwasser auch für folgende Zwecke genutzt: Zur Körperpflege (z. B. beim Hände waschen ca. 5 l, beim Duschen ca. 40 l, beim Baden ca. 200 l), bei der Toilettenspülung (eine Spülung ca. 6 l), zur Reinigung des Haushalts (ein Eimer Wasser ca. 10 l, ein Waschgang mit dem Geschirrspüler ca. 20 l), zum Waschen der Wäsche (ein Waschgang mit der Waschmaschine ca. 50 l), zum Bewässern von Pflanzen, zur Versorgung von Tieren etc.

Material

Kleines Planschbecken

Vorschläge für den Unterricht

- Die Wassermenge, die im Laufe eines Schultages benötigt wird, z. B. in einem Planschbecken auffangen und abmessen
- Den Wasserverbrauch z. B. beim Händewaschen, beim Zähneputzen, beim Trinken zuerst schätzen, dann messen

Name: ____________________ Datum: __________

So viel Wasser!

	Ich schätze	Ich habe gemessen
Hände waschen		
Zähne putzen		
Geschirr spülen		
Tee kochen		

- Die Wasseruhr in der Schule erkunden, abzeichnen und ablesen, am Ende des Schultages (der Schulwoche) wieder abzeichnen und ablesen, die verbrauchte Wassermenge errechnen
- Erkunden der Wasseruhr zu Hause
- Wasserprotokoll der Familie von einem Tag: Uhrzeit, Tätigkeit und die dabei benötigte Wassermenge aufschreiben

Name: ______________________ Datum: __________

Wasserprotokoll

Uhrzeit	Person	Tätigkeit	Wassermenge
7.00 Uhr	Papa	WC	6 l
7.10 Uhr	Jenny	WC	6 l

2.2 Trinkwasserverbrauch im historischen Vergleich

Vorüberlegungen

Jeder Einzelne von uns verbraucht Trinkwasser. In Deutschland wurde durchschnittlich von jeder Person folgende Menge an Trinkwasser pro Tag verbraucht:

1850: 20 Liter, 1950: 85 Liter, 1960: 99 Liter, 1970: 124 Liter, 1980: 145 Liter, 1990: 150 Liter, 2000: 130 Liter

Der zunehmende Bedarf an Trinkwasser hatte folgende Gründe. Im vorindustriellen Zeitalter musste das Trinkwasser mühselig aus einem Brunnen geholt werden. Inzwischen ist Trinkwasser jedem einfacher zugänglich. Zudem erleichtern Maschinen wie Geschirrspüler und Waschmaschine Arbeiten im Haushalt, bei denen Wasser benötigt wird. Mit dieser Entwicklung stieg rasant der Anspruch an Hygiene. Im Zuge der Verteuerung von Trink- und Abwasser, aber auch bedingt durch das geschärfte ökologische Bewusstsein ist der Bedarf an Trinkwasser leicht zurückgegangen. Maschinen, die weniger Wasser brauchen, Einrichtungen, wie die Spartaste an der Toilettenspülung, ermöglichen einen sparsameren Umgang mit Trinkwasser.

Material

Kopiervorlage 77 (siehe S. 207), Fotos von Brunnen früher, Planschbecken

Vorschläge für den Unterricht

- Kopiervorlage 77: Die Lehrerin erzählt die Geschichte (Wasser im Haushalt 1850) oder die Kinder lesen den Text.
- Vergleichen von Abbildungen: Menschen früher am Brunnen – Menschen heute am Wasserhahn

- Gestalten eines Plakats: Trinkwasser früher und heute
- Säulendiagramm auf kariertem DIN-A4-Blatt: Der jährliche Wasserverbrauch im Wandel der Zeiten

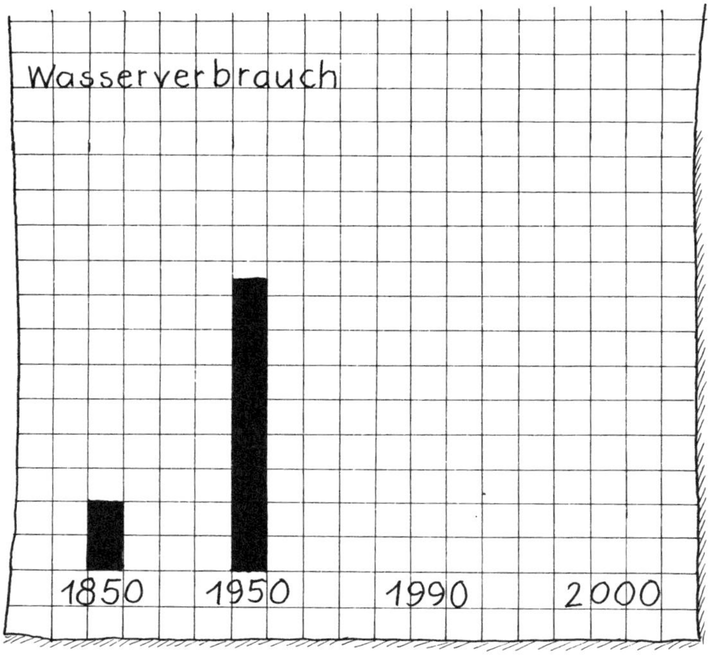

- Schaubild: Der jährliche Wasserverbrauch von 1850 bis heute veranschaulicht durch Wassereimer (ein Wassereimer steht für 10 l Wasser)

- 130 Liter (die aktuelle Menge des täglichen Trinkwasserbedarfs) in ein Planschbecken abfüllen und den sinnvollen Gebrauch dieses Wassers planen

Name: ______________________ Datum: __________

Wasser ist kostbar

Emma wachte auf. Der Hahn hatte gekräht. Es wurde gerade ein wenig hell. Emma war noch müde. Aber sie musste aufstehen. Gleich würden auch der Vater und die großen Geschwister aufstehen. Emma musste das Wasser holen. Das war ihre Aufgabe, obwohl sie erst zehn Jahre alt war. Sie beeilte sich. Mutter konnte sehr böse werden, wenn das Wasser nicht da war und die Familie nichts zu trinken hatte. Emma nahm den schweren Eimer und ging nach draußen. Sie fror und es war kalt. Jetzt ging sie den weiten Weg bis zum Brunnen wieder zurück. Der Rückweg war noch anstrengender. 10 Liter Wasser waren sehr schwer. Emma keuchte, als sie endlich zu Hause war. Gott sei Dank würde das Wasser den ganzen Tag für die Familie zum Trinken und Kochen reichen.

Jetzt hatte Emma endlich Zeit, um zur Toilette zu gehen. Das Klo war auf der anderen Seite des Hofes. Puh, hier stank es. Emma schob den Holzdeckel beiseite und setzte sich auf die Öffnung. Holzdeckel wieder darauf, fertig!

Die Mutter rief schon. Schnell wischte Emma sich die Hände am Kittel ab. Zum Frühstück gab es ein wenig Brot, Käse und Wasser. Den Teller wischte Emma mit dem Brot ganz sauber und stellte ihn zurück in den Schrank.

„Heute ist Waschtag“, sagte die Mutter. Sie hatte die Wäsche schon zusammengesucht. Emma sollte ihr helfen, die Wäsche zum Bach zu tragen. Dort standen schon die anderen Frauen vom Dorf. Einmal im Monat trafen sie sich zum Waschen. Sie halfen sich bei der schweren Arbeit. Mutter hatte ein ganz rotes Gesicht. Auch ihre Hände waren rot und rissig. Aber die Frauen lachten und freuten sich auf das Wochenende.

Morgen am Samstag würden sie sich alle auf den heiligen Sonntag vorbereiten und sich schön machen. Dann würden sie heißes Wasser in die große Holzwanne gießen und baden. Zuerst der Vater, anschließend die Mutter, danach die großen Kinder und zum Schluss die kleinen. Alle würden sie das kostbare Wasser genießen.

2.3 So kann ich Wasser sparen

Vorüberlegungen

Kinder können ihren eigenen Beitrag zum sparsamen Umgang mit Trinkwasser leisten:

- Den Wasserhahn stets sorgfältig zudrehen
- Beim Händewaschen den Wasserhahn zwischendurch zudrehen
- Duschen statt baden
- Beim Einseifen unter der Dusche den Wasserhahn zudrehen
- Zum Zähneputzen einen Zahnputzbecher benutzen anstatt das Wasser laufen zu lassen
- Bei der Toilettenspülung die Spartaste benutzen
- Blumen mit Regenwasser gießen

Material

Zahnputzbecher, Kopiervorlage 78 (siehe S. 209)

Vorschläge für den Unterricht

- Ideen zum sparsamen Umgang mit Trinkwasser sammeln
- Vergleichende Versuche durchführen und überprüfen, ob Wasser gespart wird, z. B.: Den Wasserverbrauch beim Zähneputzen mit Zahnputzbecher messen, danach beim Putzen unter laufendem Wasserstrahl
- Arbeitsblatt Kopiervorlage 78
- Gestalten eines Plakates: So ist es falsch – So ist es richtig

- Ausstellung in der Schule

Name: ______________________ Datum: ____________

So kann ich Wasser sparen

1. Hier wird viel Wasser verschwendet. Zeichne, wie die Personen Wasser sparen können.

2.4 Ist verschmutztes Wasser schädlich?

Vorüberlegungen

Die ökologischen Folgen von großen Mengen verschmutzten Wassers erfährt man aus den Medien, z. B. bei Tankerunglücken. Diese Umweltkatastrophen können auch persönliche Konsequenzen für die Kinder mit sich bringen z. B. Badeverbot, kein Fischfang, Gestank o. Ä. Aber auch im Haushalt wird das Trinkwasser verschmutzt. Das häusliche Abwasser ist ein Gemisch aus verschiedenen Stoffen. Es kann neben Fäkalien und Papierresten auch Salze, Seife, Öl etc. enthalten.

Die Schädlichkeit von verschmutztem Wasser für Lebewesen lässt sich am besten in Versuchen mit Pflanzen demonstrieren. Um nicht bereits lebende Pflanzen bewusst zu zerstören, sind Pflanzensamen besser geeignet. Kressesamen keimt sehr schnell. Der Versuch kann in wenigen Tagen abgeschlossen werden.

Material

Fotos, aktuelle Zeitungsberichte

Inhalt der Experimentierkiste für jeweils zwei Kinder: vier Glasschalen, Kanne, Klebeetiketten, Watte, Kressesamen, Salz, flüssige Seife oder Waschpulver, Öl

Vorschläge für den Unterricht

- Betrachten von Fotos, auf denen verschmutztes Wasser mit zerstörter Natur abgebildet ist
- Aufschreiben und malen, welche Konsequenzen sich für die Menschen aus verschmutztem Wasser ergeben
- Zeitungsartikel sammeln und ausstellen, in denen über ökologische Folgen von verschmutztem Wasser berichtet wird

- *Experiment*

Frage: Ist Salz-, Seifen-, Öl- und Leitungswasser schädlich für Pflanzen?

Material: Kressesamen, vier Glasschalen, Watte

Durchführung: Salz und Wasser, Seife und Wasser, Öl und Wasser mischen, die Watte in die vier Glasschalen legen, jeweils mit einem Wassergemisch gut durchtränken, einen Wattebausch nur mit Leitungswasser durchtränken, jede Glasschale mit der jeweiligen Wassersorte beschriften, in jede Glasschale Kressesamen streuen und die Glasschalen auf das Fensterbrett stellen.

Kresse gegossen mit	1. Tag	2. Tag	3. Tag
Salzwasser			
Seifenwasser			
Ölwasser			
Leitungswasser			

Beobachtung: Nur die Kresse, die mit Leitungswasser begossen wurde, wächst.
Antwort: Salz-, Seifen- und Ölwasser können tödlich für Pflanzen und auch für andere Lebewesen sein.

2.5 So kann ich Wasser schützen

Vorüberlegungen
Auch Kinder können aktiv einen Beitrag dazu leisten, dass unser Wasser weniger belastet ist:

- Weniger Seife, Waschmittel und Reinigungsmittel benutzen.
- Die Abfälle nicht in die Natur werfen.
- Keine Abfallstoffe (das gilt auch für Essensreste) über die Toilette entsorgen.
- Beim Schnee schippen helfen, damit kein Salz benutzt werden muss.
- Sondermüll und gifthaltige Abfälle wie Farbreste, alte Medikamente etc. an speziellen Sammelstellen abgeben.
- Mit den Eltern über geeignete Maßnahmen sprechen, z. B. mechanische Abflussreiniger kaufen.

Vorschläge für den Unterricht
- Ideen zum Schutz von Wasser sammeln
- Gestalten eines Plakats: „So ist es falsch – So ist es richtig“ (vgl. S. 208)
- Ausstellung in der Schule

3. Was geschieht mit unserem Abwasser?

3.1 Wohin mit dem Abwasser

Die Entsorgung von Abwasser erfolgt in manchen Gemeinden über getrennte Verfahren. Das Schmutzwasser wird in speziellen Leitungsnetzen zur Kläranlage geführt. Das Regenwasser dagegen gelangt direkt in Flüsse oder nahe gelegene Gewässer. Beim Mischverfahren werden Schmutz- und Regenwasser zusammen in einem Leitungsnetz zur Kläranlage geführt.

Material
Kopiervorlage 79 (siehe S. 213)

Vorschläge für den Unterricht
- In der Schule und zu Hause die Abwasserleitungen erkunden
- Arbeitsblatt Kopiervorlage 79 (siehe S. 213)
- Begründen des getrennten Entsorgungsverfahrens

3.2 Abwasserreinigung

Vorüberlegungen
Um die Natur vor schädlichen Folgen zu schützen, müssen Abwässer gereinigt werden, bevor sie in den natürlichen Wasserkreislauf zurückgeleitet werden. Bei der mechanischen Reinigungsstufe in der Kläranlage werden Verunreinigungen, die nicht im Wasser gelöst sind (z. B. Holzstücke, Papierreste, Humus, Sand, Steine) abgetrennt. Das Abwasser fließt zunächst durch einen groben, dann durch einen feinen Rechen. Diese Rechen halten, wie ein Kamm, die Verunreinigungen zurück. Im Sandfang lagern sich kleinere Bestandteile, die schwerer sind als Wasser, aber von den Rechen nicht zurückgehalten werden, am Boden ab (sedimentieren).
Durch die mechanische Reinigung wird etwa ein Drittel der im Abwasser enthaltenen Verschmutzungen entfernt. Die im Abwasser gelösten Salze, aber auch Seifen und Fette lassen sich durch dieses Reinigungsverfahren nicht entfernen.
Das mechanische Reinigungsverfahren kann im Gegensatz zur biologischen sowie chemischen Reinigungsstufe in der Schule nachgestellt werden.

Name: ______________________________ Datum: ______________

Wohin mit dem Abwasser?

1. Male die Regenwasserleitungen blau, die Abwasserleitungen braun an.
2. Erkläre, warum Regenwasser nicht zusammen mit dem Abwasser geleitet wird.

____

____

____

____

____

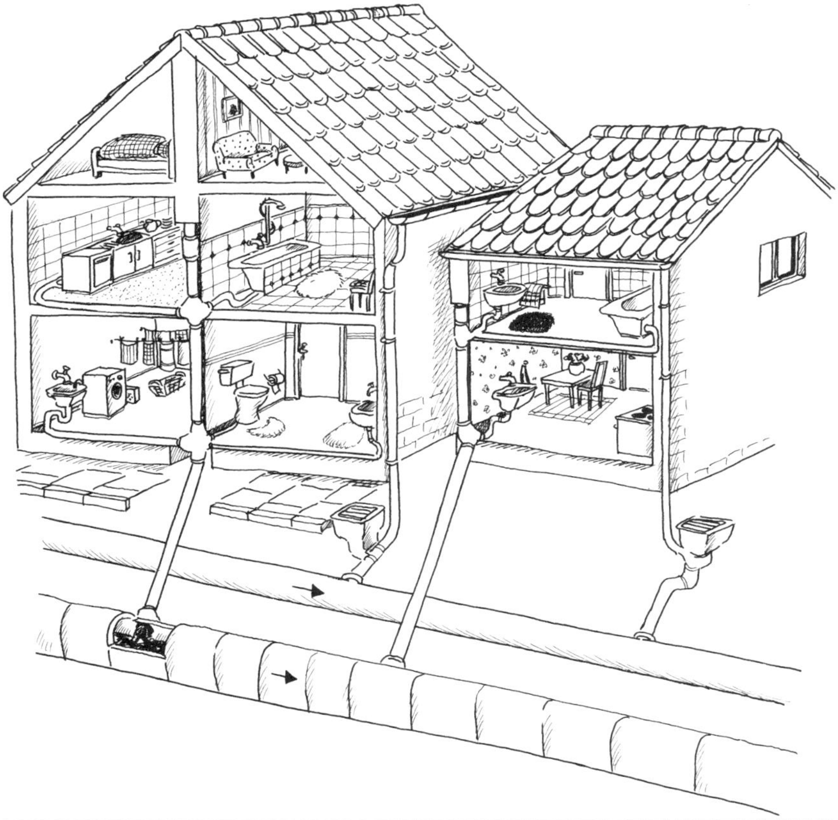

Vorschläge für den Unterricht

• *Experiment*

Frage: Wie können wir verschmutztes Wasser reinigen?

Material: Löffel, ein halb voll mit Wasser gefülltes durchsichtiges Glas, Sand, Steine, Humus, Holzstücke, Papierreste, Salz, Seife, Öl, ein Kamm
Durchführung: O. g. Materialien in das Wasser geben und umrühren, einen Kamm durch das Wasser ziehen und das Wasser einen Tag stehen lassen.
Die Kinder können das Experiment auch vorwiegend selbst planen. Durch Ausprobieren und mitgebrachte Materialien (Hausaufgabe) finden sie selbstständig Lösungen, um das Wasser zu reinigen.
Beobachtung: Wenn man einen Kamm durch das Wasser zieht, kann man Holzstücke, Papierreste, große Steine oder Humusbrocken aus dem Wasser entfernen.
Beobachtung: Wenn man das verschmutzte Wasser ruhig stehen lässt, setzen sich kleine feste Stoffe wie Humus, Papier, Holz, Sand am Boden ab.
Antwort: Durch Sieben und Absetzen kann man das Wasser von festen Stoffen reinigen. Gelöste Stoffe wie Salz, aber auch Seife und Öl kann man nicht aus dem Wasser entfernen. Dazu sind weitere Reinigungsschritte nötig.

3.3 Erkunden der örtlichen Kläranlage

Vorüberlegungen

Die Reinigung von Abwasser erfolgt in Deutschland zu 90% (alte Bundesländer) in der Kläranlage. Die meisten Kläranlagen haben eine mechanische und eine biologische Reinigungsstufe. Weniger als 10% besitzen zusätzlich eine chemische Reinigungsstufe. Die biologischen und chemischen Prozesse sind auf Grund ihrer Komplexität für Kinder im Grundschulalter in der Regel noch nicht nachvollziehbar. Beim Erkunden der Kläranlage steht wie beim Erkunden des Wasserwerks deshalb nicht die Wissensvermittlung im Vordergrund. Auch hier sollen die Kinder in erster Linie einen Eindruck davon erhalten, welche ungeheuren Anstrengungen nötig sind, damit das von Menschen verschmutzte Wasser wieder gereinigt wird.

Vorschläge für den Unterricht

Siehe S. 199: Erkunden des Wasserwerks

Wasser als Lebensraum für Tiere und Pflanzen

Es empfiehlt sich, die Unterrichtseinheit während einer Schönwetterperiode im Frühling durchzuführen, wenn die jungen Wasservögel bereits geschlüpft sind und das Nest verlassen haben. Im Sommer ist die Vegetation schon so dicht, dass die Ufer häufig nicht mehr zugänglich sind.
Zum Erkunden eines Gewässers ist mindestens ein Unterrichtsvormittag einzuplanen. Die Steckbriefe lassen sich auch im Klassenzimmer erstellen. Ist die Anfahrt kosten- und zeitaufwändig, lässt sich ein Gewässer auch an einem Wandertag oder auf einer mehrtägigen Klassenfahrt erkunden.
Wenn ein Gewässer von der Schule aus schnell zu erreichen ist und so langfristige Beobachtungen leicht durchzuführen sind, erspart dies das Einrichten eines Aquariums im Klassenzimmer.
Auch Museen, Umweltzentren, Freiluftschulen etc. haben Angebote zu diesem Thema für Schulklassen.

Fächerübergreifende Ansätze

Deutsch
- Informationen aus Sachtexten entnehmen
- Erzählen und Schreiben von Fantasiegeschichten mit Tieren (oder Pflanzen) am Wasser, z. B. „Das Ungeheuer vom Mühlenteich“
- Erstellen appellativer Plakate zum Gewässerschutz

Mathematik
- Berechnen der Kosten für die Einrichtung eines Aquariums

Musik
- „Der Frosch zog Hemd und Hose an“ von Frederick Vahle
- „Jetzt fahr`n wir über`n See“ mündlich überliefert (z. B. in: Kolibri. Das Musikbuch 3/4, Metzler-Verlag)

Kunst
- Fische im Wasser (Schuppen in Drucktechnik)
- Spiegelbilder im Wasser
- „Der Seerosenteich“ frei nach Monet

Textiles Gestalten und Werken
- Fische im Wasser (Schuppen aus Stoffresten oder Stickarbeit)
- Stichsägearbeit Fisch
- Ein Aquarium im Schuhkarton

1. Erkundung eines Gewässers

1.1 Vorbereitung der Erkundung

Vorüberlegungen

Entscheidende Kriterien für die Auswahl des Gewässers sind die Lage in möglichst unmittelbarer Nähe der Schule sowie der gefahrlose Zugang. Größere Flüsse, wasserreiche, schnell fließende Bäche, Plätze in der Nähe von Stauwehren sowie tiefe Gewässer mit schnell abfallendem Ufer scheiden wegen der damit verbundenen Gefahren aus. In Schutzgebieten sind besondere Regeln einzuhalten. Mögliche Eigentümer sollten von dem Erkundungsgang informiert werden.
Ideale Voraussetzungen bieten Kleingewässer wie Wiesengräben, Tümpel (sind im Sommer evtl. ausgetrocknet), künstlich geschaffene, auch ablassbare Weiher oder Teiche. Brücken und Stege bieten gute Zugänge zum Gewässer ebenso wie flache Ufer.
Benötigte Ausrüstungsgegenstände (s. Kopiervorlage 80, S. 218):
Materialien wie Becherlupen und Binokular sind von der Schule zur Verfügung zu stellen.
Zum eigenen Schutz, zum Schutz der Natur und zum Beobachten der Natur ist folgendes einzuhalten:

Verhaltensregeln

1. Wir bleiben in Sichtkontakt zu einer Aufsichtsperson und sammeln uns auf das verabredete Zeichen (z.B. Pfeife, Triangel).
2. Wir gehen und handeln sorgsam, vorsichtig und mit Bedacht: Keine Pflanzen umknicken, sinnlos abreißen oder zertreten. Ebenso keine Tiere und ihre Zufluchtstätten wie Steine, Äste, Blätter oder Nester zerstören.
3. Wir werfen unseren Müll in entsprechende Behälter.
4. Wir schleichen uns an und sitzen still am Ufer, wenn wir Tiere beobachten wollen.
5. Mit dem Käscher durchkämmen wir das Wasser gegen die Strömung.
6. Mit dem Sieb nehmen wir vorsichtig Bodenmaterial auf und waschen es aus.
7. Ein gefangenes Tier setzen wir in ein Glas oder eine Becherlupe mit etwas Wasser. Nach dem Betrachten setzen wir es an den gleichen Ort zurück.

Material
Kopiervorlagen 80 – 82 (siehe S. 218 f.)

Vorschläge für den Unterricht

- Checkliste für notwendige Vorbereitungen lesen
- Die An- und Abfahrt planen, Fahrpläne lesen, evtl. im Internet recherchieren
- Liste mit Ausrüstungsgegenständen (Kopiervorlage 80, S. 218)
- Eine Unterwasserlupe bauen (Kopiervorlage 81, S. 218)
- Einen Käscher bauen (Kopiervorlage 82, S. 219)
- Bestimmungsbücher aus der Bücherei ausleihen
- Verhaltensregeln aufstellen, auf einem Plakat oder Arbeitsblatt notieren und zeichnen
- Informationsbrief an die Eltern schreiben

1.2 Spiele am Wasser zum Einüben von Verhaltensweisen

Material
Plastiktüte, Gummihandschuhe, für jeweils zwei Kinder ein Tuch zum Verbinden der Augen, Käscher, Haushaltsieb, Murmeln, Papier und Etui

Zum genauen Beobachten

- Zublinzeln: Eine ungerade Zahl von Mitspielern ist nötig. Die „Gefangenen“ sitzen auf der Wiese im Kreis. Die „Wächter“ hocken dahinter mit den Händen auf dem Rücken. Ein Wächter hat einen leeren Platz vor sich. Er blinzelt einem sitzenden Kind zu. Dieses wechselt schnell seinen Platz, bevor es von seinem Wächter festgehalten wird.

Zum Reagieren auf Anweisungen und Sammeln

- Erstarren: Die Kinder bewegen sich frei im Gelände. Auf ein optisches Zeichen (z. B. erhobene Hand) des Spielleiters „erstarren“ alle in ihrer Bewegung. Wer sich noch bewegt, gibt ein Pfand ab.
- Hüpfen wie ein Frosch: Alle Kinder stehen in einer Reihe. Der Spielleiter steht etwa 50 m entfernt davon. Die Kinder rufen: „Wie sollen wir kommen?“ Der Spielführer antwortet z. B.: „Wie ein Frosch (ein Storch...).“ Die Kinder hüpfen nun wie ein Frosch auf den Spielleiter zu. Wer zuerst ankommt, ist neuer Spielleiter.

Zum Umgang mit Müll

- Jedes Kind erhält eine Mülltüte und Gummihandschuhe und sammelt um das Gewässer herum Müll ein. Das Kind, das den meisten Müll gesammelt hat, wird „Müllkönig/in“.

Ausrüstung für Wasserforscher

- Gummistiefel
- Haushaltshandschuhe
- Marmeladenglas mit Deckel
- viele kleine Behälter (Filmdosen, Flaschen, Schachteln)
- Lupe (Becherlupe)
- Käscher
- Haushaltsiebe in verschiedenen Größen
- Pinzette
- Klemmbrett
- Heft
- Etui mit Bleistift, Buntstiften, Lineal, Radiergummi und Anspitzer
- Zollstock oder Maßband

Name: ______________________	Datum: __________

Bauplan für eine Unterwasserlupe

Das brauchst du:

- Ein Plastikrohr oder eine Dose ohne Deckel und Boden (Achtung! Scharfe Kanten entfernen.)
- Gummibänder oder Weckringe
- Frischhaltefolie

So geht's:

Spanne über eine Öffnung der Röhre die Frischhaltefolie und befestige sie mit den Gummibändern.

Halte die andere Öffnung der Röhre vor die Augen und tauche die Folie ins Wasser.

Jetzt kannst du den Boden des Teiches wie durch eine Lupe beobachten.

Name: ______________________ | Datum: ____________

Bauplan für einen Käscher

Das brauchst du:

- einen Ast
- einen langen dünnen Draht
- Nadel, Bindfaden, Schere
- alten Gardinenstoff

So geht's:

① Suche dir einen etwa 1 m langen Ast.
② Entferne kleine Zweige und Blätter.
③ Biege aus Draht folgende Form mit 15 – 20 cm Durchmesser. Forme je nach Drahtstärke zwei bis drei Runden.

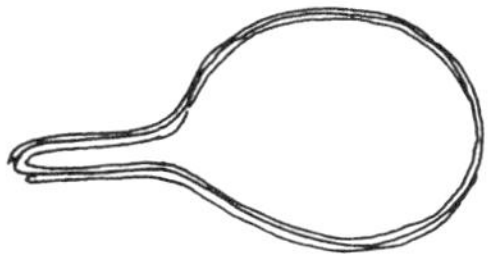

④ Befestige diese Form mit Bindfaden an dem Ast.

⑤ Schneide aus Gardinenstoff ein Rechteck zu, dessen lange Seite um die Drahtform reicht.

⑥ Nähe und binde den Stoff so zusammen.

a)

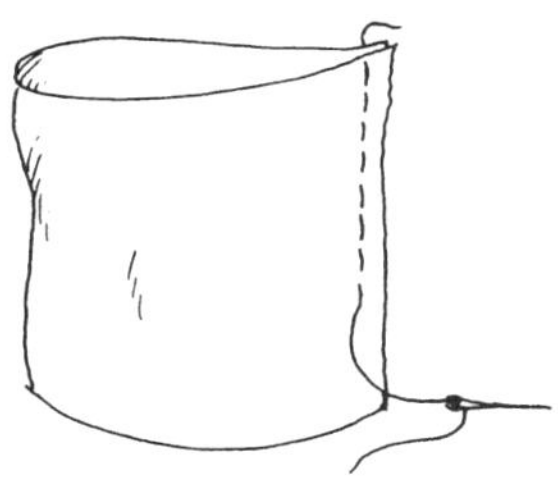

b)

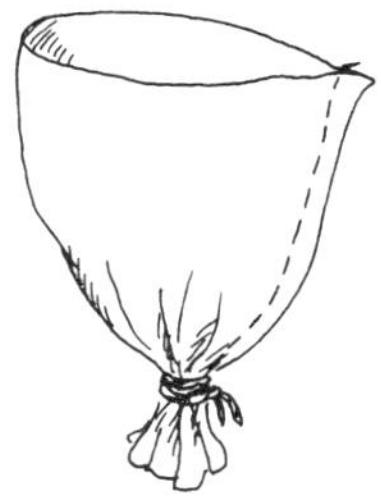

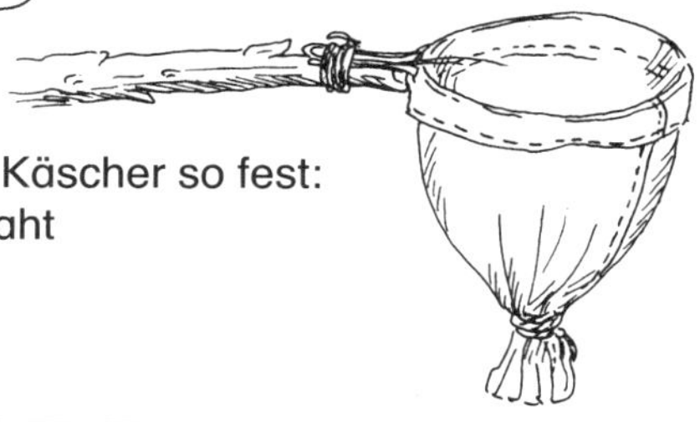

⑦ Nähe den Gardinenbeutel am Käscher so fest: Klappe den Rand über den Draht nach außen und nähe ihn mit dem Beutel zusammen.

Zum Anschleichen

- Frösche fangen: Die Kinder stehen im großen Kreis. Einem Kind in der Mitte werden die Augen verbunden. Es übernimmt die Rolle eines Wassertieres (Frosch, Ente...). Ein vom Spielleiter bestimmtes Kind schleicht sich in die Mitte, um „den Frosch" zu fangen. Wenn „der Frosch" den Anschleicher hört und in seine Richtung zeigt, ist der Anschleicher entdeckt und wird der nächste Frosch.

Zum Umgang mit Käscher und Sieb

- Dreiarm: Die Kinder stellen sich paarweise auf. Jedem Paar werden die beiden inneren Arme zusammengebunden. Gemeinsam halten sie einen Käscher. Der Spielleiter wirft Blätter (Gräser, kleine Zweige etc.) ins Wasser. Die Paare versuchen so viele Dinge wie möglich mit dem Käscher einzusammeln.
- Goldsuche: Der Spielleiter versteckt kleine Murmeln (Glassteine o.Ä.) im Boden am Ufer. Jedes Kind soll mit seinem Sieb eine Murmel aufnehmen und sauber waschen.

Zur Naturwahrnehmung

- Suchaufträge: Die Kinder suchen etwas Schönes, etwas Hässliches, etwas Weiches, etwas Glänzendes, etwas, das nicht in das Wasser gehört, etwas, das ihrer Haarfarbe gleicht.
- Kim-Spiel: Etwa zehn Sammelobjekte werden in einer Kiste oder auf einem Tuch ausgebreitet. Die Kinder haben drei Sekunden Zeit zum Betrachten. Anschließend werden die Gegenstände verdeckt. Wie viele Dinge befinden sich in der Kiste? Wer kann alle nennen?
- Tastspiel: Naturmaterialien werden mit einem Tuch oder in einer Fühlkiste verdeckt. Die Kinder ertasten und benennen sie.
- Die Lehrerin zeigt ein Foto oder eine Zeichnung von einer Wasserpflanze oder auch nur einen Ausschnitt davon. Die Kinder suchen die Pflanze in der Natur und zeigen darauf.
- Ich sehe was, was du nicht siehst: Der Spielleiter beschreibt eine typische Wasserpflanze oder ein Wassertier, zuerst allgemein, dann immer spezieller. Die anderen versuchen das Lebewesen herauszufinden und zu benennen. Wem es gelingt, ist neuer Spielleiter.
- Fotografieren: Jedes Kind sucht sich ein schönes Motiv und „fotografiert" es mit seinen Augen. Anschließend „entwickelt" es das Foto und zeichnet das Motiv auf. Die anderen suchen das Motiv in der Natur.
- Was stimmt hier nicht? Die Kinder sitzen mit verbundenen Augen am Gewässer und lauschen. Welche Geräusche gehören zum Gewässer? Welche nicht?

- Geräusche raten: Die Kinder sitzen mit verbundenen Augen am Gewässer. Ein Kind macht mit Naturmaterialien ein Geräusch und wirft z. B. einen Stein ins Wasser oder tupft mit einem Grashalm auf das Wasser. Die anderen Kinder sollen herausfinden, wie das Geräusch erzeugt wurde.
- Wo war ich? Die Kinder stellen sich paarweise auf. Einem Kind werden die Augen verbunden. Das Kind mit den verbundenen Augen wird von seinem Partner an der Hand gefasst, besser noch an den Schultern umfasst, und auf verschlungenem Weg an eine Uferpartie geführt. Es soll die Uferpartie mit den Füßen genau ertasten. Dabei darf der Partner Tipps geben. Wenn beide wieder zum Ausgangspunkt zurückgekehrt sind, nimmt das Kind seine Augenbinde ab und versucht zu erraten, zu welcher Uferpartie es geführt wurde.

1.3 Freies Entdecken

In freien Phasen haben die Kinder Zeit für eigene Entdeckungen und nutzen dabei die mitgebrachten Materialien und Bestimmungsbücher. Die Lehrerin sollte die Kinder durchaus nicht als wandelndes Lexikon belehren, sondern – im Gegenteil – ihnen vormachen, wie man sich Informationen beschaffen kann.

1.4 Pflanzen und Tiere betrachten, beobachten und bestimmen

Vorüberlegungen

Die Pflanzen- und Tierwelt ist je nach dem Gewässer unterschiedlich. Die angeführte Literatur bietet Lehrerin und Kindern gute Hilfen zum Bestimmen der einzelnen Arten.

Material

Kopiervorlage 83, Fotoapparat, Bestimmungsbücher, Heft und Etui, Marmeladengläser

Vorschläge für den Unterricht

- Ein Tier und eine Pflanze nach freier Wahl mit Hilfsmitteln betrachten und mit Hilfe von genauen Betrachtungsfragen zeichnen (Kopiervorlage 83)
- Ein Tier und eine Pflanze nach freier Wahl fotografieren
- Nach Schwarzweißzeichnungen von Tieren und Pflanzen (Lebewesen müssen sicher vorhanden sein) diese in der Natur suchen und die Zeichnungen farbig anmalen
- Unvollständige Zeichnungen nach genauer Betrachtung ergänzen (z. B. fehlende Beine)

Name: ______________________________	Datum: ____________

Tiere betrachten, beobachten und bestimmen

Wie lang ist das Tier? (die Länge mit einem Lineal grob bestimmen)	
Welche Farben hat es?	
Wie ist der Körper des Tieres bedeckt? (Schale, Panzer, Federn, Gehäuse …)	
Ist sein Körper unterteilt?	
Was hat das Tier am Kopf?	
Wie viele Beine hat es?	
Sind alle Beine gleich?	
Wie bewegt sich das Tier?	
Wie weit kommt es mit einer Bewegung?	
Wie viele Gelenke haben die Beine?	
Hat das Tier „Füße“? Wie sehen sie aus?	
Hat es einen Schwanz? Wie sieht er aus?	
Hat es Flügel oder Flossen? Wie sehen sie aus?	
Wie putzen sich die Tiere?	
Was frisst das Tier?	
Besonderheiten	

Pflanzen betrachten und bestimmen

Wie groß ist die Pflanze?	
Hat sie eine Blüte? Welche Farbe hat diese?	
Wie viele Blütenblätter gibt es? Wie sind sie geformt?	
Wie groß sind die Blätter?	
Welche Form haben die Blätter? Wie sieht der Rand aus?	
Wie sitzen die Blätter am Stängel?	
Besonderheiten	

- Gezeichnete bzw. fotografierte Lebewesen im Bestimmungsbuch suchen und Abbildungen mit Namen beschriften
- Wasserproben in Marmeladengläsern sammeln
- Spiel zum Einprägen der Namen: Die Kinder sitzen im Kreis und geben sich den Namen eines Tieres oder einer Pflanze aus dem Teich. Ein Kind in der Mitte ruft zwei Namen auf. Während diese Kinder den Platz tauschen, versucht das Kind aus der Mitte einen Platz einzunehmen.

1.5 Steckbriefe erstellen

Vorüberlegungen

Angaben für einen Pflanzensteckbrief: Art, Familie, Standort, Blütezeit, Größe, besondere Merkmale.

Angaben für einen Tiersteckbrief: Art, Familie, Lebensraum, Größe, Nahrung, besondere Merkmale.

Zeichnungen vom gesamten Lebewesen sowie Teilzeichnungen z.B. von Blüte, Blattform und Blattrand oder von Beinen, Augen etc. können den Steckbrief ergänzen.

Material

Kopiervorlagen 84 – 86 (siehe S. 223 ff.)

Vorschläge für den Unterricht

- Steckbrief von einem Tier und einer Pflanze nach Wahl (siehe S. 224 f.)
- Steckbriefe entsprechend der Nahrungskette ordnen
- Kartei mit Quizfragen erstellen z. B.: Welches Tier schwimmt auf dem Rücken?
- Tier- und Pflanzensteckbriefe nach Familien ordnen, Quartettspiele erstellen
- Memory- und Dominospiele erstellen, bei denen die Abbildung von einem Lebewesen dem entsprechenden Namen zuzuordnen ist (siehe S. 226)

2. Unser Klassenaquarium

Vorüberlegungen

Wenn das Aufsuchen eines Gewässers zu zeitaufwändig ist und sich nicht regelmäßig wiederholen lässt, empfiehlt es sich ein Klassenaquarium einzurichten – sofern der Platz im Klassenzimmer ausreicht. Vorher ist u. a. zu klären, wer die Kosten und die Pflege während der Ferien übernimmt.

Das Aquarium braucht einen hellen Standort, aber nicht im direkten Sonnenlicht.

Name: ______________________ Datum: __________

Pflanzen-Steckbrief

Klebe hier das Bild oder Foto ein.

Name: ______________________

Familie: ______________________

Art: ______________________

Aussehen: ______________________

____

____

Größe: ______________________

Besonderheiten: ______________________

____

____

Standort: ______________________

____

Blütezeit: ______________________

Name: ______________________ Datum: ____________

Tier-Steckbrief

Klebe hier das Bild oder Foto ein.

Name: ______________________

Familie: ______________________

Größe: ______________________

Aussehen: ______________________

____

____

Lebensraum: ______________________

____

Nahrung: ______________________

____

Besonderheiten: ______________________

____

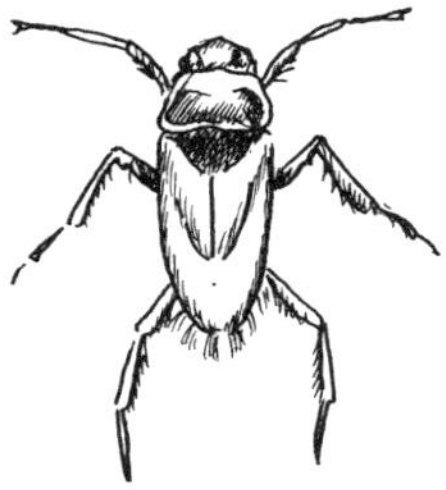	Rückenschwimmer	
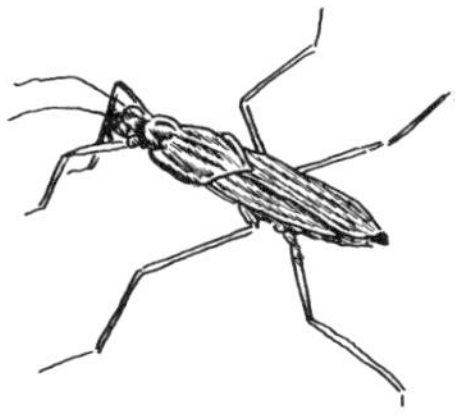	Wasserläufer	Schilf
	Posthornschnecke	
	Spitzschlamm-schnecke	Rohrkolben

Mit einem Aquarium lässt sich den Kindern gut ein verantwortungsbewusster Umgang mit Lebewesen vermitteln. Es gibt keine Probleme mit möglichen Allergien (evtl. Fischfutter), auch keine Schmutz- und Lärmbelästigung durch die Tiere. Ein Wochenende überstehen die Fische ohne Futter. Für die Ferienzeiten gibt es im Handel spezielles Futter.
Ein Kaltwasseraquarium ist besonders unproblematisch in der Pflege und günstig in der Anschaffung. Dagegen bietet das Warmwasseraquarium auf Grund der Artenvielfalt mehr Aspekte für den Unterricht.
Der Fachhandel berät beim Anschaffen eines Aquariums.

Grundausstattung:
- Pumpe mit Filter zur Reinigung des Wassers
- Kies zum Abdecken des Bodens als Schmutzfilter
- Steine oder kleine Tonblumentöpfe als Verstecke für die Fische
- Wasserpflanzen als Nahrung, Schmuck und zur Sicherung der Wasserqualität

Schritte beim Einrichten des Aquariums:
- Den Grund ca. 3 cm hoch mit Aquarienkies bedecken
- Das Leitungswasser vorsichtig einfüllen, damit der Kies nicht zu sehr aufgewirbelt wird
- Die Wurzeln der Pflanzen beschweren, damit sie anwachsen
- Etwa eine Woche warten, danach die Fische einsetzen
- Die Fische im Plastikbeutel transportieren
- Den Plastikbeutel im Aquarium unter Wasser öffnen, sodass die Fische langsam hinausschwimmen können

Grundpflegearbeiten:
- Tägliches Füttern der Fische
- Wöchentlicher Wechsel von ca. 25% des Wassers
- Bei Bedarf: Abgestorbene Pflanzenteile sowie Algen und Mulm entfernen, den Filter reinigen

Aquariumsregeln:
- Vor dem Aquarium verhalten wir uns ruhig. Die Fische nicht durch Krach und Klopfen erschrecken.
- Wir legen oder werfen nichts in das Aquarium. Die Fische können erkranken oder sterben.
- Vor den Pflegearbeiten ziehen wir den Stecker der Elektrogeräte aus der Steckdose.

Material
Aquarium, Pumpe, Kies, Steine, Wasserpflanzen, Fische, Fischfutter, Bücher und Informationstexte über Aquarien

Vorschläge für den Unterricht
- Ein Zoogeschäft aufsuchen
- Eingerichtete Aquarien betrachten und zeichnen
- Informationstexte zum Einrichten eines Aquariums lesen
- Experten zum Einrichten eines Aquariums befragen
- Ein Wunschaquarium zeichnen oder in einem Schuhkarton basteln
- Tipps zum Einrichten aufschreiben
- Das Aquarium einrichten
- Regeln zur Pflege und zum Umgang mit den Fischen aufstellen
- Namen für die Fische aussuchen

2.1 Fische im Aquarium

Vorüberlegungen
Der Körperbau der Fische ist u.a. abhängig vom Lebensraum und der Nahrung. Man unterscheidet folgende Formen:
Pfeilform: Der Fisch ist lang gestreckt, stromlinienförmig. Schwanz-, Rücken- und Afterflosse liegen dicht beieinander am Körperende. Die drei großen Flossen am Körperende ermöglichen eine pfeilschnelle Beschleunigung aus dem Stand, sodass der Fisch aus seinem Versteck heraus schnell seine Beute packen kann.
Oberflächenform: Der Rücken ist flach, die Bauchseite gewölbt. Das Maul ist oberständig, es zeigt nach oben. Der Fisch lebt dicht unter der Wasseroberfläche, ohne dass seine Rückenflossen aus dem Wasser ragen. So kann er sich unbemerkt Kleintieren nähern, die sich auf dem Wasser aufhalten.
Spindelform: Der Fisch ist schlank und stromlinienförmig. Er ist ein schneller und ausdauernder Schwimmer im freien Wasser und in starken Strömungen.
Tellerform: Der Fisch ist oben und unten stark abgeplattet. Die Körperränder sind der Flossensaum. Die Augen liegen auf der Oberseite. Der Rücken ist tarnfarben. Sein Lebensraum ist am Grund. Hier schmiegt er sich zur Tarnung flach an. Er bewegt sich durch Wellenbewegungen der Flossensäume fort.
Bodenform: Die Bauchseite ist flach, der Rücken gewölbt. Das Maul zeigt nach unten (unterständig). Er lebt am Gewässergrund.
Aalform: Der Fisch ist dünn und sehr langgestreckt. Er hat lange Flossensäume am Bauch und Rücken. Er schlängelt sich zwischen Hindernissen hindurch und bewegt sich durch Schlängeln der Flossensäume fort.

Scheibenform: Der Fisch ist seitlich abgeplattet. Rücken- und Bauchseite sind gewölbt. Er lebt in ruhigen Gewässern mit stark zergliedertem Lebensraum. Zur Nahrungssuche und auf der Flucht schwimmt er zwischen Felsen und Pflanzen hindurch. Er ist ein langsamer, aber wendiger Schwimmer.

Material
Knetgummi, Ton oder Pappe, Lineal

Vorschläge für den Unterricht
- Den Lieblingsfisch betrachten und mit Hilfe von genauen Betrachtungsfragen zeichnen
- Ein Modell von einem Fisch aus Knetgummi, Ton, Pappe anfertigen, dabei gezielt bestimmte Körperteile hervorheben z. B. die Kiemenöffnung
- Einen Körperumriss farbig anmalen
- Unvollständige Zeichnungen nach genauer Betrachtung ergänzen (z. B. fehlende Flossen)
- Die Bewegung der Flossen nachahmen
- Das Größenwachstum messen und im Langzeitprotokoll festhalten
- Aquariumtagebuch

2.2 Schnecken im Miniaquarium beobachten

Vorüberlegungen
Wer kein Aquarium im Klassenzimmer aufstellen kann, sollte ein Miniaquarium einrichten, in dem die Kinder die Entwicklung eines Schneckenlaichs beobachten können. Dazu wird ein großes Glas mit etwas Kies und einigen Pflanzen vom Entnahmeort der Schnecken oder deren Laich bestückt. Geeignet sind Schlammschneckenarten (Spitzschlammschnecke, Ohrförmige Schlammschnecke, Posthornschnecke) aus Kleingewässern. Den Laich findet man in der Nähe oder direkt an Wasserpflanzen. Er ist je nach Art bis zu 4 cm lang, durchsichtig und gallertartig. Bei den Schlammschnecken ist seine Form länglich, bei der Posthornschnecke dagegen rund.
Bei Schnecken ist die Entwicklung des Laiches besonders interessant.
Nach der Langzeitbeobachtung wird der Inhalt des Miniaquariums zum Entnahmeort zurückgebracht.
Auch Rückenschwimmer und Ruderwanzen lassen sich vorübergehend in einem Aquarium beobachten. Sie brauchen als Futter Wasserflöhe. Nicht geeignet sind dagegen Wasserwanzen, die zu Kannibalismus neigen.

Material
Schneckenlaich, Lupe, Lineal, Kopiervorlage 87 (siehe S. 231)

Vorschläge für den Unterricht

- Schneckenlaichballen an der Aquarienscheibe mit Klebeetikett kennzeichnen, mit Datum versehen
- Mit einer Lupe Eier im Laichballen zählen
- Länge und Breite des Laichballens messen
- Einen Laichballen zeichnen, in einen vorgegebenen Umriss einzeichnen
- Folgende Beobachtungen in einem Lanzeitprotokoll festhalten: Farbe des Laichballens, Entwicklung einzelner Eier, Wachsen des Schneckenhauses, Aussehen und Bewegungen des Keimlings, Zählen des Herzschlags, Anzahl geschlüpfter Jungschnecken
- Den Platz im Aquarium markieren, an dem sich die Schnecken hauptsächlich aufhalten

3. Gefährdung der Tiere und Pflanzen am Wasser

Vorüberlegungen

Die Gefährdung von Wassertieren durch menschliches Eingreifen lässt sich auch im Klassenzimmer experimentell zeigen. Einige Tiere wie z. B. der Wasserläufer bewegen sich auf der Wasseroberfläche, andere wie z. B. die Spitzschlammschnecke halten sich an der Unterseite fest. Dies ist auf Grund der Oberflächenspannung des Wasser möglich. Die polaren Wassermoleküle ziehen sich gegenseitig an, wodurch sich die Wasseroberfläche wie eine „Haut" verhält. Wird die Oberfläche leicht belastet, dellt sie ein, wird aber nicht durchbrochen. Tenside z.B. in Spülmitteln setzen die Oberflächenspannung herab, indem sie sich zwischen die Wassermoleküle setzen und die Ausbildung der Wasserstoffbrücken verhindern. Ist Wasser durch Tenside verschmutzt, können sich die Tiere nicht mehr an der Oberfläche halten.

Material

Experimentierkiste für jeweils zwei Kinder mit: Marmeladenglas, Büroklammer, Reißnagel, Blatt Papier, Taschenlampe, Steine, Blätter, Erde, Spülmittel

Vorschläge für den Unterricht

- *Experiment*

Frage: Warum kann der Wasserläufer auf dem Wasser laufen?

Material: Transparentes Gefäß mit Wasser, eine Büroklammer, Reißnägel o. Ä., ein Blatt Papier, eine Lampe

Durchführung: Das Wassergefäß auf ein Blatt Papier stellen, vorsichtig einen Reißnagel mit dem Kopf nach unten auf das Wasser legen, mit einer Lampe von oben auf den Reißnagel leuchten.

Name: ______________________ | Datum: ____________

Ich beobachte eine Posthornschnecke

① Klebe ein Etikett auf den Schneckenlaichballen am Aquarium und schreibe das Datum dazu.

② Miss die Länge und Breite des Laichballens. Zähle die Eier und zeichne sie ein.

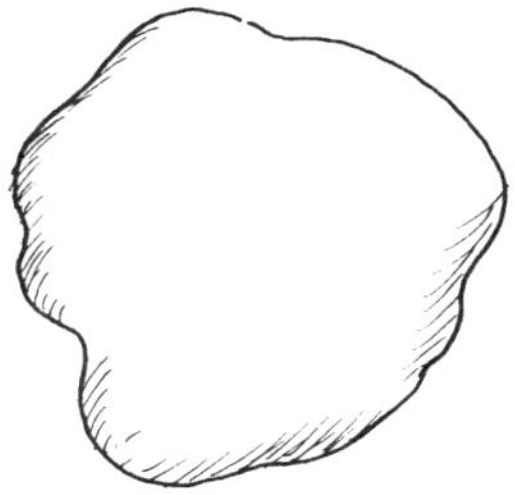

③ Zeichne und schreibe jeden Tag deine Beobachtungen auf.

Datum	Beobachtungen

Beobachtung: Wenn man den Reißnagel vorsichtig auf die Wasseroberfläche legt, schwimmt er. Leuchtet man von oben mit einer Lampe, erscheint auf dem Papier ein heller Ring um den Schatten des Reißnagels.
Antwort: Unter der Last des Reißnagels ist die Wasseroberfläche eingedellt. Die Wasseroberfläche ist wie eine gespannte Haut, sodass der Reißnagel schwimmen kann. So wie der Reißnagel kann sich auch der Wasserläufer auf dem Wasser bewegen.

- *Experiment*

Frage: Kann die gespannte Haut der Wasseroberfläche gestört werden?

Material: Mehrere transparente Gefäße mit Wasser, Reißnägel (Büroklammern o. Ä.), Steine, Blätter, Erde, Spülmittel
Durchführung: In jedem Gefäß das Wasser durch Zugabe eines Materials verschmutzen und vorsichtig Reißnägel auf die Wasseroberflächen legen
Beobachtung: Ist das Wasser durch Steine, Blätter oder Erde verschmutzt, schwimmt der Reißnagel. Bei Verschmutzung durch Spülmittel sinkt er.
Antwort: Wenn man Spülmittel in das Wasser gibt, wird die gespannte Haut der Wasseroberfläche zerstört. Wasserläufer können nicht mehr an einem durch Spülmittel verschmutztem Gewässer leben.

4. Wir schützen unser Gewässer

Vorüberlegungen

Öl, verschmutztes Abwasser (z. B. durch Spülmittel) oder gar giftiges Abwasser (z. B. durch Spritz-oder Düngemittel) gefährden die Gewässer. Selbst wenn dieses Wasser in der Kläranlage gereinigt wird, lässt sich keine Trinkwasserqualität erreichen. Auch zubetonierte und begradigte Ufer, Badende, Wassersportler und unachtsame Spaziergänger stören und zerstören den Lebensraum im Wasser und am Ufer. Gut gemeinte Taten wie das Füttern von Enten bewirken das Gegenteil. Das nicht gefressene Futter verfault, fördert das Algenwachstum und lässt das Gewässer wegen Sauerstoffmangels „umkippen“. Auch Kinder können aktiv den Lebensraum Gewässer schützen, z. B.:

- Nur an zugelassenen Badestellen baden
- Keinen Abfall in das Wasser werfen
- Keine Enten und Schwäne füttern
- Sparsam Spül- und Waschmittel benutzen

Vorschläge für den Unterricht

S. S. 208, 211

Vorbereitung auf die Radfahrprüfung

1. Schwerpunkte der Verkehrserziehung und fächerübergreifende Ansätze

Eine adäquate Vorbereitung von Kindern auf die selbstständige Verkehrsteilnahme umfasst:

- Sicherheitserziehung: Regelwissen- und Anwendung, funktionierendes Gefahrenbewusstsein
- Bewegungs- und Gesundheitserziehung: Übungen mit Rollbrettern und Kinderrollern, vielfältigen Geräten auf verschiedenen Untergründen und in unterschiedlichen Situationen
- Sozialerziehung: Förderung sozialer Fähigkeiten z.B. sich in andere Verkehrsteilnehmer hineinversetzen, unabhängig vom eigenen Vorteil sozialverträglich handeln, Rücksicht nehmen, das eigene Risiko einschätzen können
- Umwelterziehung: Die Verkehrsbedingungen der eigenen Wohn- und Schulumgebung erkunden und geeignete Maßnahmen zur Verbesserung thematisieren.

Im 4. Schuljahr steht die Vorbereitung auf die Radfahrprüfung und auf die selbstständige Teilnahme mit dem Fahrrad am Straßenverkehr im Mittelpunkt des Unterrichts. Die dazu benötigten Fähigkeiten erwerben die Kinder im handelnden Umgang möglichst in der Verkehrswirklichkeit.
Aus zeitlichen Gründen wird es nicht möglich sein, alle Aspekte der Vorbereitung in den Sachunterricht zu integrieren. Deshalb sollten die Vorschläge für den Unterricht auch im Sport- und Deutschunterricht berücksichtigt werden. Zur Schulung von Seh-, Hör- und Tastsinn lassen sich Spiele wie Tast- und Hörmemorys, Kaleidoskope und Bilder mit optischen Täuschungen als Freiarbeitsmaterial im Klassenraum einsetzen.

Fächerübergreifende Ansätze

Deutsch
- Texte schreiben: Protokolle anfertigen, gefährliche Situationen beschreiben, informative Texte verfassen, Vorgänge und Abläufe beschreiben
- Zeitungsartikel lesen und ihnen Informationen entnehmen, sie als Wandzeitung gestalten und weiterentwickeln
- Rechtschreibung: Wortfeld „fahren“

Mathematik
- Geometrische Figuren zur Formenwahrnehmung
- Spiegelachsen in Verkehrsschildern
- Übungen zur Raum-Lage-Beziehung
- Anhalteweg aus Reaktions- und Bremsweg berechnen

Kunst
- Verkehrssituationen bildlich darstellen
- Kreuzungsbereiche aus der Vogelperspektive zeichnen
- Verkehrsschilder erfinden und gestalten

Musik
- Lieder zur Verkehrserziehung von Rolf Zukowski
- Verkehrsgeräuschegeschichte mit Instrumenten verklanglichen
- Carola Campe: „Der Fahrrad – Rap" aus „Frag doch mal Tim Timmermann", Neue Lieder für den Sachunterricht, Oldenbourg Schulbuchverlag, München 1998

Sport
- Übungen zur Schulung des Gleichgewichtssinns, des Sehsinns, des Hörsinns

2. Motorisches Radfahrtraining

Vorüberlegungen

Zur Durchführung können die Kinder ihre eigenen Fahrräder in die Schule mitbringen oder schuleigene Übungsfahrräder verwenden. Die Lehrerin plant mit den Kindern zusammen verschiedene Übungsparcours auf dem Schulhof, markiert sie mit Kreide und baut zusammen mit den Kindern Hindernisse und Fahrbahnbegrenzungen mit unterschiedlichen Alltagsmaterialien auf.
Das motorische Training lässt sich auch im Sportunterricht durchführen. Damit erlangt das Fahrrad neben seiner Funktion als Verkehrsmittel zugleich die Bedeutung eines Spiel- und Sportgerätes. Die Übungen könnten die Kinder dazu anregen, auch außerhalb der Schule auf geeigneten Plätzen zu üben. Auf einem Elternabend wird der Videofilm „Fahrradfahren schööön" des GUV gezeigt, damit die Eltern in der Freizeit ihre Kinder unterstützen können.

2.1 Spurhalten

Material

Fahrräder, Leisten (ca. 2,50 m), mehrere flache Bretter (ca. 1,50 m), farbige Wäscheleinen, Turnbänke, Bälle, Blechdosen, Joghurtbecher, Kegel, Holzbalken (ca. 1 m) zum Bauen der Brettwippe, Pappschilder mit Zahlen, Buchstaben, kurzen Wörtern oder den Namen der Kinder

Vorschläge für den Unterricht

- Die Lehrerin legt eine Spur von 50 cm Breite mit farbigen Wäscheleinen oder Leisten, die die Kinder mit unterschiedlichen Geschwindigkeiten durchfahren.
- Sie durchfahren eine Spur, die zum Ende hin immer schmaler wird.
- Sie üben das Aufsteigen und Anfahren: auf die Pedalstellung achten, von rechts aufsteigen, mit beiden Händen den Lenker festhalten.
- Sie fahren auf einem flachen Brett.
- Sie überfahren mehrere flache Bretter, die richtungsversetzt ausgelegt wurden.
- Es wird eine Turnbank aufgestellt und mit verschiedenen Gegenständen belegt (Bälle, Dosen, Joghurtbecher, Kegel u.Ä.). Im Vorbeifahren stoßen die Kinder die Gegenstände mit dem Fuß von der Bank.
- Die Kinder überfahren eine Brettwippe.
- Es wird eine schmale Spur markiert. Rechts und links neben der Spur stellen sich Kinder auf, die auf Schildern Informationen (Zahlen, Buchstaben, Kindernamen, Wörter) hochhalten. Die vorbeifahrenden Kinder geben die Informationen durch lautes Rufen wieder.
- Alle Übungen werden auch einhändig durchgeführt.
- Auf ein Zeichen hin fahren die Kinder im Wechsel schnell an und steigen wieder ab.

2.2 Zielfahren

Material

Bierdeckel, Pappscheiben, flache Holzbrettchen, Kreide, Gymnastikreifen, Medizinbälle, Wassereimer

Vorschläge für den Unterricht

- Die Kinder legen kleine, flache Gegenstände (z.B. Bierdeckel, Pappscheiben, Holztäfelchen) unregelmäßig aus und überfahren sie nur mit dem Vorderrad, nur mit dem Hinterrad oder mit beiden Rädern. Die Gegenstände sollen so beschaffen sein, dass die Kinder sie beim Überfahren sehen, spüren und hören.

- Die Kinder bremsen das Fahrrad aus einer mittleren Geschwindigkeit so ab, dass es entweder mit dem Vorderrad oder dem Hinterrad auf einer kleinen Zielfläche z.B. in einem Gymnastikreifen zum Stehen kommt.
- Ein Medizinball wird auf einen Wassereimer gelegt. Die Kinder fahren vorsichtig heran und stoßen den Ball mit dem Vorderrad herunter.
- Die Kinder lassen nach einigen kräftigen Pedalstößen das Fahrrad ausrollen und kommen in einer markierten Zielfläche (Kreidekreis oder Gymnastikreifen) zum Stehen ohne zu bremsen. Die Füße werden erst im Ziel aufgesetzt.

2.3 Langsam fahren

Material
Kreide, Bälle

Vorüberlegungen
- Die Kinder sollen eine Fahrspur von 10 bis 20 Metern möglichst langsam zurücklegen. Wer zuletzt ankommt, gewinnt. Wer den Fahrstreifen verlässt oder den Fuß aufsetzt, scheidet aus oder übt noch einmal auf einem Nebenfeld.
- Sternfahrt: Wer ist als letzter wieder im Kreis?

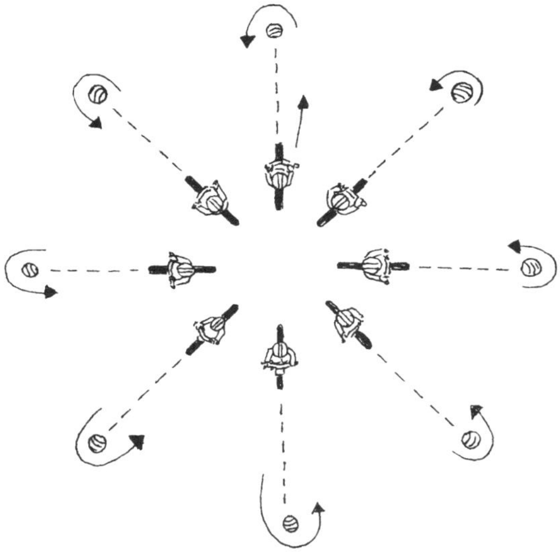

- Die Kinder prellen beim Fahren einen Ball.

2.4 Schattenfahren

Material: Fahrräder

Vorüberlegungen

- Zwei Radfahrer fahren mit festgelegtem Sicherheitsabstand hintereinander her und halten das Tempo und die Fahrspur des Vordermannes möglichst genau ein. Kann der Vordermann seinen Verfolger abschütteln?
- Der Vordermann macht verschiedene Bewegungen vor, die sein Verfolger nachmachen soll, z.B. die Beine grätschen, im Wechsel mit der rechten und der linken Hand lenken, vom Sattel aufstehen, ab- und wieder aufsteigen, auf den Gepäckträger setzen, klingeln.

2.5 Rechts vor links

Material: Kreide

Vorüberlegungen

- Die Lehrerin zeichnet eine große Acht auf den Schulhof. Mehrere Kinder umfahren die Acht und lassen die jeweils von rechts kommenden Radfahrer vorbei.
- Je zwei Kinder kreuzen ihre Fahrspur, wobei immer dasselbe Kind von rechts kommt.
- Es wird eine Kreuzung aufgebaut, an der vier Radfahrer aus allen vier Richtungen aufeinander treffen. Hier müssen sich die Kinder miteinander verständigen, wer zuerst fährt. Die Zeichnung zeigt, dass diese Kreuzung ohne Unterbrechung befahren werden kann.

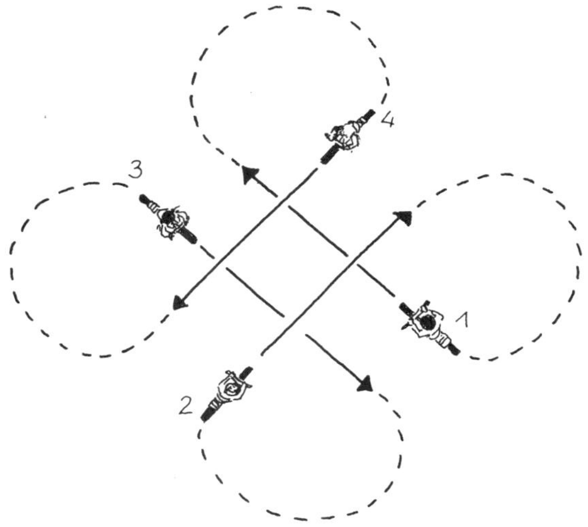

2.6 *Bewusstes Sehen*

Material
Wortkarten, Pappschilder mit Zahlen, Schaumstoffwürfel, kurze Wörter, Turnringe, Tücher, Dosen

Vorschläge für den Unterricht

- An einer markierten Fahrstrecke werden Wortkarten ausgelegt, die beim Fahren nacheinander zu lesen sind und einen Satz ergeben. (z.B. Geh auf sicher, trage einen Helm!)
- Die Kinder fahren eine Strecke, blicken auf Zuruf über die rechte Schulter kurz zurück und sollen eine gezeigte Zahl, eine Würfelzahl (Schaumstoffwürfel) oder ein Wort nennen.
- Die Kinder werfen beim Fahren Tennisbälle in einen bereit gehaltenen Eimer.
- Die Kinder hängen Ringe, Tücher oder andere leichte Gegenstände an Ästen, Pfählen oder Hecken auf und sammeln sie danach im Vorbeifahren ein.
- Die Kinder nehmen während der Fahrt Dosen auf und bauen sie im Ziel auf einem Tisch zu einem Turm auf.

2.7 *Bremsübungen*

Material
Kreide, Gymnastikreifen, Schaumstoffwürfel, leichte Pappkartons

Vorschläge für den Unterricht

- Auf einer markierten Fahrstrecke werden in unterschiedlichen Abständen Reifen ausgelegt. Die Kinder sollen in den Reifen zielgenau einmal nach rechts und einmal nach links absteigen.
- An der Fahrstrecke entlang stellen sich Kinder auf und werfen dem passierenden Radfahrer leichte Hindernisse vor das Fahrrad (Schaumstoffwürfel, Pappkarton).
- Die Kinder sollen auf ein Zeichen hin bremsen und absteigen, im Wechsel von links und rechts wieder aufsteigen und weiterfahren.

2.8 Spur wechseln

Material
Kegel, Dosen, Joghurtbecher, weiß-rote Markierungshüte

Vorschläge für den Unterricht

- Die Kinder fahren eine markierte Slalomstrecke ab.
- Sie befahren die Slalomstrecke einhändig und zeigen dabei die Richtung an.
- Sie fahren eine markierte Acht ab, auch mit Handzeichen.
- Die Kinder bilden mit ihren Rädern selbst eine Slalomstrecke, durch die die anderen hindurchfahren.

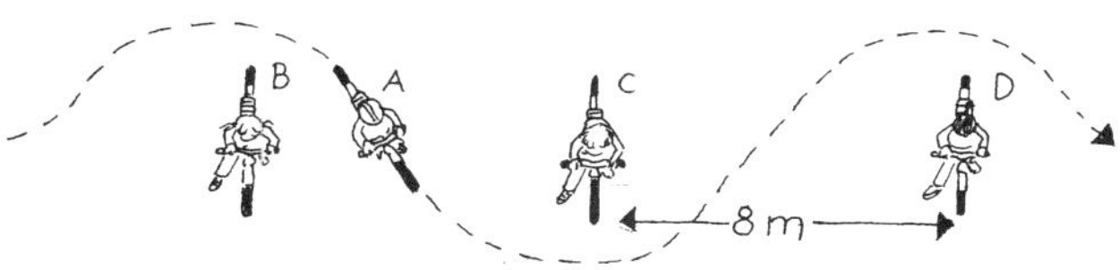

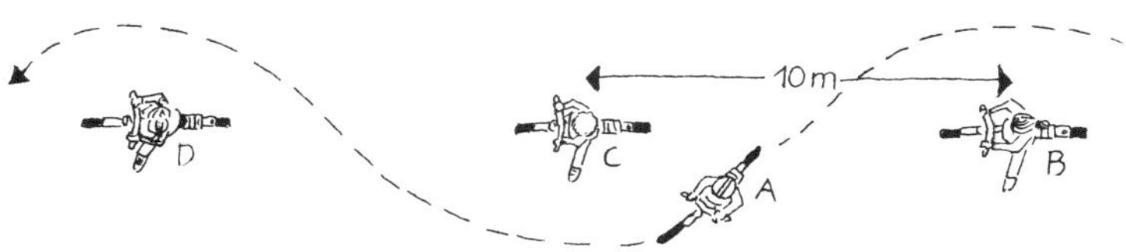

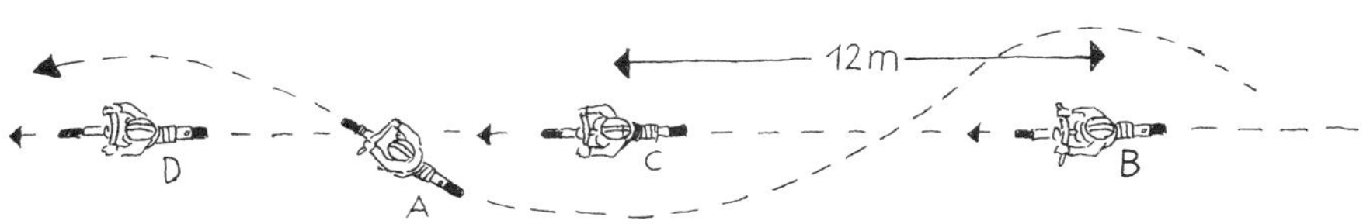

3. Erkunden der Verkehrswirklichkeit

Die Kinder erkunden ihre Wohn- und Schulumgebung und nehmen bauliche Mängel und schwierige Verkehrssituationen unter die Lupe. Sie bewerten ihren eigenen Schulweg nach Schwierigkeiten, beobachten andere Verkehrsteilnehmer und entwickeln Verbesserungsvorschläge.

Material
Kopiervorlage 88 (siehe S. 241), Schulwegplan, farbiges Plakatpapier, Pappe

Vorschläge für den Unterricht

- Der eigene Schulweg wird bewusst abgefahren und beurteilt.
- In Gruppen- oder Partnerarbeit werden die schwierigen Stellen auf einem vergrößerten Ortsplanausschnitt mit Zahlen und einem roten Dreieck markiert. In einer Legende beschreiben die Kinder die gefährliche Situation und ergänzen ggf. den Text mit Zeichnungen oder Fotos. Dabei arbeiten Kinder mit demselben Schulweg zusammen. Sie stellen die bearbeiteten Pläne den anderen Kindern vor und stellen sie anschließend im Klassenraum oder im Schulgebäude aus.
- Die Kinder beobachten Radfahrer vor der Schule/im Schulbezirk, schreiben falsches und richtiges Verhalten auf, werten die Ergebnisse statistisch aus, halten sie in einer Wandzeitung fest, die sie in der Schule aushängen.

Beobachtungsaufgaben:

Raddetektiv Beobachte die Radfahrer 20 Minuten lang und notiere, wie viele Radfahrer	
Strichliste	Summe
älter als 10 Jahre sind und auf dem Gehweg fahren	
auf dem Radweg in falscher Richtung fahren	
den Radweg richtig benutzen	
zwischen Rad-, Gehweg und Fahrbahn hin und her wechseln	
mit Handzeichen abbiegen	
beim Abbiegen kein Handzeichen geben	
einen Helm tragen	
keinen Helm tragen	

- Ebenso halten sie auch das Verhalten von Autofahrern vor der Schule fest und werten ihre Beobachtungen aus, z. B.:

Autodetektiv vor der Schule Schreibe auf, wie viele Autofahrer	
Strichliste	Summe
auf dem Gehweg parken	
am Fahrbahnrand parken	
im Halteverbot parken	
mitten auf der Fahrbahn halten	
dort halten, wo es erlaubt ist	
ihre Kinder zur Gehwegseite aussteigen lassen	
zur Fahrbahnmitte aussteigen lassen	

Name: ______________________ Datum: __________

Mein Schulweg als Radfahrer

Fahre die Strecke von deiner Wohnung zur Schule mit dem Fahrrad ab und kreuze deine Beobachtungen an.

Meine Radfahrstrecke von der Schule zur

____

(Straße und Hausnummer deiner Wohnung)

	ja	nein	☺	☹
Auf der Strecke ist viel motorisierter Verkehr.				
Die Radwege sind häufig zugeparkt.				
Die gesamte Strecke hat Radwege.				
Die Radwege sind in gutem Zustand, also eben und nicht verschmutzt.				
Auf den Radwegen befinden sich Hindernisse wie Mülltonnen, Hydranten u. Ä.				
Es gibt Kreuzungen, deren Verkehrsregelung ich nicht verstehe.				
Ich kann schwierige Stellen umfahren.				
Die Bordsteine sind an wichtigen Stellen abgesenkt.				

Kreuze dein Gesamturteil an:

Die Strecke von meiner Wohnung zur Schule ist für mich

☐ leicht zu fahren

☐ nur am ________________ geeignet (Tageszeit eintragen)

☐ zu gefährlich

☐ Ich darf mit dem Fahrrad in die Schule fahren.

☐ Ich darf nicht mit dem Fahrrad in die Schule fahren.

Häufig werden dabei Eltern als Verkehrssünder entlarvt. Gemeinsam wird überlegt, wie man Abhilfe schaffen kann. Eine Möglichkeit ist das Einrichten einer „Elternhaltestelle“ evtl. mit dem Logo der Schule. Gegen Falschparker vor der Schule hilft auch das Aufstellen von Blumenkübeln, für die einzelne Kinder oder Klassen die Patenschaft übernehmen.

> **Achtung Eltern**
> **! STOPP !**
> **Wir brauchen Weitsicht.**

4. Kognitives Training

Die folgenden Themen bereiten die Kinder auf die theoretische und praktische Radfahrprüfung vor, vermitteln notwendiges Regelwissen und schulen die Antizipationsfähigkeit.

4.1 Verlassen eines Grundstücks

Vorüberlegungen

Straßenverkehrsordnung § 10: „Wer aus einem Grundstück, aus einem Fußgängerbereich, aus einem verkehrsberuhigten Bereich auf die Straße ... auf die Fahrbahn einfahren oder vom Fahrbahnrand anfahren will, hat sich dabei so zu verhalten, dass eine Gefährdung anderer Verkehrsteilnehmer ausgeschlossen ist ...“

Beim Einfahren auf eine Straße können Hecken, Mauern und auch parkende Fahrzeuge die Sicht behindern. Deshalb ist in einer solchen Situation besonders der Hör- und Sehsinn der Kinder gefordert. Beim Anfahren ist es wichtig die Spur auf der rechten Seite zu halten. Dazu ist die Schulung des Gleichgewichtsinns notwendig.

Um Unfälle zu vermeiden, ist das sichere Einfahren sowohl nach rechts als auch nach links in mehreren Schritten zu üben:

1. Schieben bis zum Fahrbahnrand
2. Umschauen nach links beim Rechtsanfahren, Umschauen nach links, rechts, links beim Linksanfahren

3. Beim Rechtsanfahren das Fahrrad an den Fahrbahnrand stellen, beim Linksanfahren das Fahrrad über die Straße schieben und dann an den Fahrbahnrand stellen
4. Umschauen über die linke Schulter
5. Handzeichen geben
6. Mit beiden Händen am Lenker anfahren und rechts die Spur halten

Material
Videokamera, Fotoapparat, Kreide, Kopiervorlage 89 (siehe S. 244)

Vorschläge für den Unterricht

- Die Klasse macht einen Erkundungsgang im Schulwegbereich, beobachtet an einer geeigneten Stelle - möglichst an der Wohnung eines Kindes - mögliche Gefahren beim Verlassen eines Grundstücks und beim Anfahren und benennt sie.
- Vor der Schule führt die Lehrerin mit der Klasse einen Sichtwinkeltest durch. Dabei macht sie mit einer Videokamera oder einem Fotoapparat in Höhe eines Einkaufswagens Aufnahmen und zeigt damit, wie sich die Situation aus der Sicht kleinerer Kinder darstellt. Anschließend wird eine Sichtlinie festgelegt, von der aus man die Straße gut einsehen kann.
- Die Kinder beobachten Mitschüler beim Verlassen des Schulgrundstücks, protokollieren fehlerhaftes Verhalten (vgl. Vorüberlegungen) und werten es ohne Namensnennung auf Plakaten aus. Die Plakate werden evtl. mit Fotos versehen und im Schulgebäude ausgestellt.
- Arbeitsblatt Kopiervorlage 89
- Motorisches Radfahrtraining: Spur halten, einhändig fahren, bewusstes Umsehen, Spurwechsel

4.2 Vorbeifahren an Hindernissen

Vorüberlegungen
Mögliche Hindernisse im Straßenverkehr können Baustellen, am Straßenrand parkende Fahrzeuge, abgestellte Container oder Straßenschäden sein. Gefahren ergeben sich besonders aus der Sichtbehinderung. Das Vorbeifahren an solchen Hindernissen erfordert von den Kindern zum einen die Kenntnis der Gefahrenzeichen, Gebotzeichen und der die Vorfahrt regelnden Verkehrsschilder (Achtung, Gegenverkehr hat Vorfahrt und Vorfahrt vor dem Gegenverkehr).

Name: ______________________________ Datum: ____________

Verlassen eines Grundstücks

Du willst ein Grundstück verlassen. Was musst du der Reihe nach tun? Schreibe zu jedem Satz die passende Zahl.

◯ ◯ schieben bis zum Fahrbahnrand

◯ umschauen nach links

◯ umschauen nach links, rechts, links

◯ das Fahrrad an den Fahrbahnrand stellen

◯ das Fahrrad über die Straße schieben und danach an den Fahrbahnrand stellen

◯ ◯ umschauen über die linke Schulter

◯ ◯ Handzeichen geben

◯ ◯ mit beiden Händen am Lenker anfahren und die Spur halten

 Gefahrenstelle	 Baustelle	 Links vorbei
 Gegenverkehr	 Vorrang vor dem Gegenverkehr	 Dem Gegenverkehr Vorrang gewähren!

Zum anderen müssen die Kinder bereits schon 20 Meter vor dem Hindernis einen Handlungsablauf einleiten und einhalten. Dieser Ablauf besteht aus bis zu sechs Einzelhandlungen:

1. nach links umsehen
2. Handzeichen links geben
3. zum Sichtpunkt hinordnen
4. ggf. den Gegenverkehr abwarten
5. mit Sicherheitsabstand am Hindernis vorbeifahren
6. Handzeichen rechts geben und wieder einordnen

Material

Kopiervorlage 90 (siehe S. 246) sowie Vergrößerungen der unteren Bilder, rot-weiße Markierungshüte, Trassierband, Satzkarten mit Einzelhandlungen (siehe Vorüberlegungen)

Vorschläge für den Unterricht

- Die Klasse sucht eine geeignete Situation in der Verkehrswirklichkeit aus und erarbeitet Schwierigkeiten und Gefahren im Gespräch.
- Die o.a. Einzelhandlungen werden im Unterrichtsgespräch zusammengestellt und auf dem Arbeitsblatt Kopiervorlage 90 gesichert.
- Auf dem Schulhof oder in der Turnhalle wird ein Parcours mit einem Hindernis aufgebaut. Die Kinder ordnen die sechs Einzelhandlungen auf Satzkarten oder Bildkarten den entsprechenden Stellen des Parcours zu, legen

Name: ______________________ Datum: ____________

Vorbeifahren an Hindernissen

Du willst mit deinem Fahrrad an einer Baustelle vorbeifahren.
Was musst du als Radfahrer genau tun?

1. Schneide die Bilder mit dem Radfahrer aus und klebe sie in der richtigen Reihenfolge auf das Straßenbild.
2. Schreibe zu jedem Bild, was der Radfahrer beachten muss.

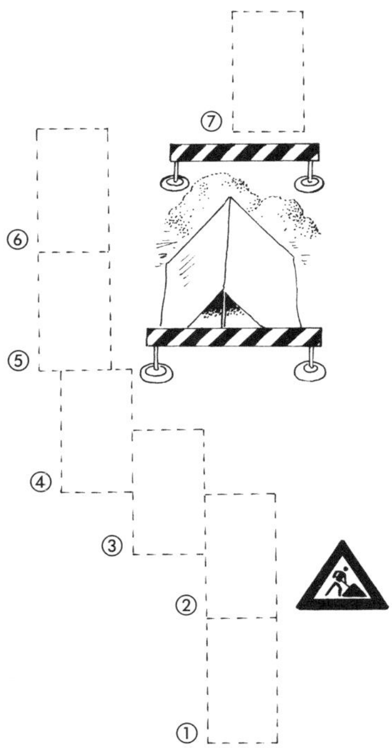

① ______________________________

② ______________________________

③ ______________________________

④ ______________________________

⑤ ______________________________

⑥ ______________________________

⑦ ______________________________

Beim Überholen langsamerer Verkehrsteilnehmer (Traktor, andere Radfahrer) musst du die gleichen Dinge beachten, wie beim Vorbeifahren an Hindernissen. Zusätzlich ist es wichtig, die Geschwindigkeit des zu Überholenden zu berechnen. Dein Weg auf der Gegenfahrbahn verlängert sich dadurch. Achte auf genügend Sicherheitsabstand.

den Punkt fest, an dem der Vorgang einzuleiten ist und trainieren die einzelnen Schritte des Handlungsablaufes auf dem Fahrrad.
- Motorisches Radfahrtraining: Anfahren, Spurhalten, einhändig fahren, bewusstes Umsehen, Spurwechsel

4.3 Rechts fahren

Vorüberlegungen

Die Straßenverkehrsordnung schreibt vor, dass Kinder ab dem 11. Lebensjahr mit ihrem Fahrrad die Straße benutzen müssen, wenn kein Radweg vorhanden ist. Bis zur Vollendung des achten Lebensjahres müssen sie den Gehweg benutzen, bis zur Vollendung des zehnten Lebensjahres dürfen Kinder den Gehweg benutzen, aber auch wahlweise den Radweg, wenn vorhanden. Hier ist das oberste Gebot, rechts zu fahren und die Spur zu halten. In diese Situation geraten Radfahrer auch unvorbereitet, wenn z.B. der Radweg plötzlich endet und die Fahrt auf der Straße fortzusetzen ist. Auch auf Radwegen ist möglichst rechts zu fahren, insbesondere wenn der Radweg für beide Fahrtrichtungen frei gegeben ist. Zudem ist immer der rechte Radweg zu benutzen. Radfahrer dürfen linke Radwege nur benutzen, wenn diese für die Gegenrichtung freigegeben sind.

Material

Beobachtungsbogen, Kopiervorlage 91 (siehe S. 248)

Vorschläge für den Unterricht

- Beobachten der Verkehrswirklichkeit und Anfertigen eines Protokolls

Beobachte 20 Minuten lang einen stark befahrenen Radweg oder Radfahrer auf der Straße.Wie viele Radfahrer	
Strichliste	Summe
über 10 Jahre benutzen den Gehweg	
fahren richtig auf dem Radweg	
fahren auf dem Radweg in der falschen Richtung	
fahren nicht am rechten Rand auf dem Radweg	
fahren nicht am rechten Straßenrand	

- Im Unterrichtsgespräch werden Gefahren erörtert. Es wird aufgezeigt, dass das Gebot des Rechtsfahrens der eigenen Sicherheit und der der anderen Verkehrsteilnehmer dient.
- Arbeitsblatt Kopiervorlage 91
- Motorisches Radfahrtraining: Übungen zum Spurhalten, bewusstem Sehen

Name: ______________________ Datum: ____________

Oberstes Gebot im Straßenverkehr: Rechts fahren

Hakan, Benny und Anne wollen mit dem Fahrrad in die Schule fahren.
Welchen Fahrweg müssen sie wählen?
Zeichne den richtigen Weg grün ein und schreibe unter jede Zeichnung, warum du diesen Weg gewählt hast.

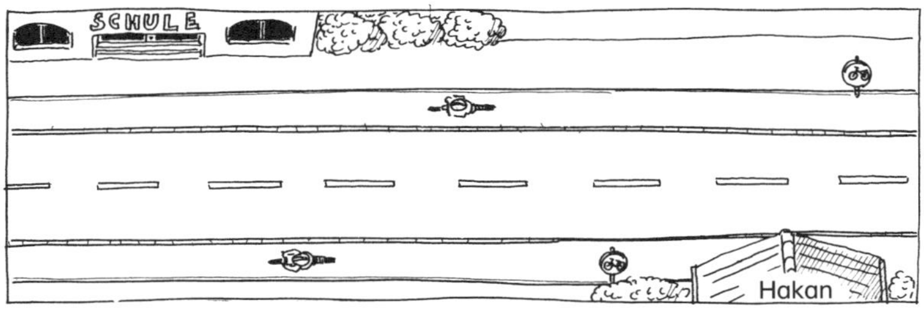

____

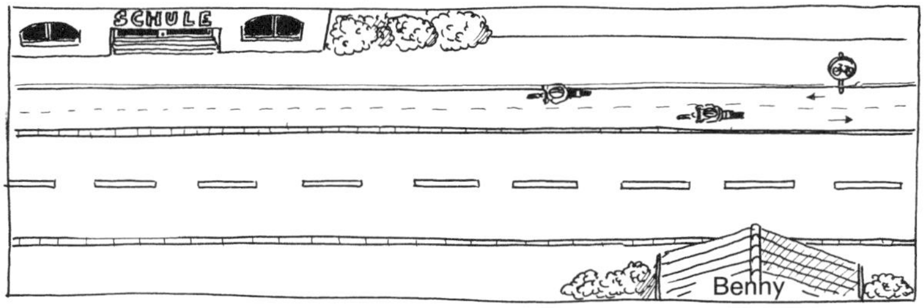

____

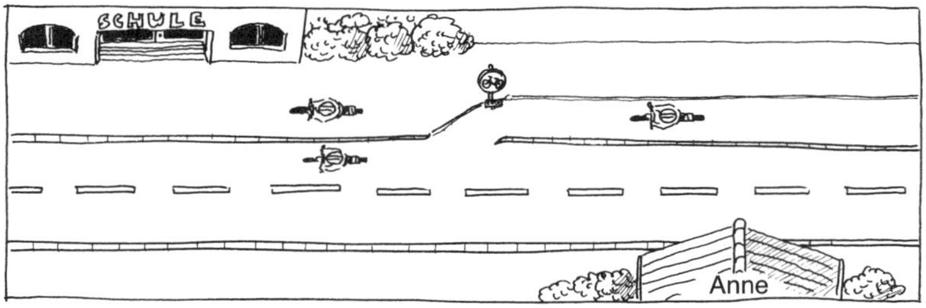

____

4.4 Abstand halten

Vorüberlegungen

§ 4 StVO: „Der Abstand von einem Vorausfahrenden muss in der Regel so groß sein, dass auch dann hinter ihm gehalten werden kann, wenn plötzlich gebremst wird. Der Vorausfahrende darf nicht ohne zwingenden Grund stark bremsen." Für den Radfahrer ist ein Sicherheitsabstand von drei Radlängen vorgeschrieben. Diese Regelung gilt immer, wenn Fahrzeuge vorausfahren, also auch für vorausfahrende Autos, die nicht schneller fahren können. Die Einhaltung des Sicherheitsabstandes ermöglicht in Gefahrensituationen rechtzeitiges Abbremsen und Anhalten unter Berücksichtigung des Reaktions- und Bremsweges.

Material

Klebeband, Bandmaß, Trillerpfeife, Kreide, Schnur

Vorschläge für den Unterricht

- Gemeinsam Beobachtungsaufgaben formulieren und einen stark befahrenen Radweg beobachten.
- Gespräch über die Notwendigkeit des Abstandhaltens (mindestens drei Radlängen).
- Reaktionsweg und Bremsweg auf dem Schulhof messen: Auf dem Schulhof werden drei 20 m lange Fahrbahnen markiert. Auf einer Bahn wird Wasser aufgebracht, auf einer Bahn Sand, die dritte bleibt im Normalzustand. Das letzte Drittel jeder Bahn wird mit einem Klebeband markiert. Die Kinder fahren jede Bahn ab und beginnen am Klebeband zu bremsen. Der Anhalteweg wird mit einem Bandmaß abgemessen. Die Kinder erfahren, dass die Länge des Bremsweges auch von der Beschaffenheit der Fahrbahn abhängt. Entfernt man das Klebeband und lässt die Kinder auf ein akustisches Signal hin bremsen, lässt sich erkennen, dass der Anhalteweg (Reaktionszeit + Bremsweg) länger ist als in den vorigen Übungen.
- Die Kinder schätzen auf dem Schulhof die Länge der Strecke von drei Radlängen und markieren sie mit Kreide. Anschließend messen sie mit einem Fahrrad nach, schneiden ein Band oder eine Schnur mit dieser Länge zu und tragen diese Länge an verschiedenen Stellen in der Verkehrswirklichkeit ab.

  Im Unterrichtsgespräch werden mögliche Gefahren beschrieben, wenn der nötige Sicherheitsabstand nicht eingehalten wird.
- Motorisches Radfahrtraining: Schattenfahren, Langsam fahren

4.5 Verhalten an Fußgängerüberwegen

Vorüberlegungen

Laut § 26 der StVO ist Fußgängern und Rollstuhlfahrern an Fußgängerüberwegen das Überqueren der Fahrbahn zu ermöglichen. Alle Fahrzeuge dürfen nur mit mäßiger Geschwindigkeit an den Überweg heranfahren und müssen notfalls anhalten. Führt die Markierung über den Radweg, so gilt diese Vorschrift entsprechend. Auf Fußgängerüberwegen darf nicht angehalten werden. Für Radfahrer im Kindesalter stellt sich das Problem zu erkennen, wann ein Fußgänger die Überwege benutzen will. Zum anderen neigen Heranwachsende aus Spieltrieb dazu, sich durch die überquerenden Fußgänger gekonnt durchzuschlängeln. Beim Aufstellen neben anderen Verkehrsteilnehmern entsteht eine räumliche Enge, die das Anfahren und gleichzeitige Spurhalten erschwert. Das Aufstellen vor den anderen Fahrzeugen bedeutet eine Gefährdung, da es schwer ist beim Anfahren die Spur zu halten. Das Aufstellen hinter den anderen Fahrzeugen bedeutet das Einatmen von Abgasen. Zu empfehlen ist, sich neben den anderen Fahrzeugen aufzustellen. Ein Fußgängerüberweg ist gekennzeichnet durch den quer über die Fahrbahn verlaufenden „Zebrastreifen" und das entsprechende Hinweisschild.

Material

Kopiervorlage 92 (siehe S. 251)

Vorschläge für den Unterricht

- Die Klasse sucht einen Fußgängerüberweg im Schulbezirk auf und beobachtet das Verhalten der anderen Verkehrsteilnehmer.
- Im Gespräch wird die Notwendigkeit von Fußgängerüberwegen begründet. Die Merkmale eines Fußgängerüberweges werden genannt und beschrieben (Zebrastreifen, Hinweisschild).
- Im Rollenspiel wird das Überqueren eingeübt, bei dem sich Fußgänger und Radfahrer miteinander verständigen, zunächst noch verbal, dann durch Zeichen und Gesten und schließlich ohne gegenseitige Kontaktaufnahme.
- Am Fußgängerüberweg bestimmen die Kinder, wann die Geschwindigkeit zurückzunehmen und wo die ungefährlichste Stelle zum Anhalten ist.
- Arbeitsblatt Kopiervorlage 92
- Motorisches Radfahrtraining: Bremsübungen, Zielfahren, Anfahren auf schmaler Spur

Name: ______________________ Datum: __________

Verhalten am Zebrastreifen

① Du bist der Radfahrer und kommst zu dieser Fahrbahnmarkierung. Was ist zu tun? Kreuze an.

- ☐ Ich beherrsche mein Fahrrad gut, deshalb fahre ich zwischen den Fußgängern hindurch.
- ☐ Nur Autofahrer müssen am Zebrastreifen stehen bleiben, ich fahre weiter.
- ☐ Ich halte an und warte, bis alle Fußgänger die Straße überquert haben.
- ☐ Ich überhole die vor dem Zebrastreifen wartenden Autos.
- ☐ Ich fahre langsam und vorsichtig an den Zebrastreifen heran, weil ich jederzeit mit Fußgängern rechnen muss.
- ☐ Wenn ein Fußgänger auf dem Gehweg vor dem Zebrastreifen steht, verständige ich mich mit ihm, um herauszufinden, ob er die Straße überqueren will.

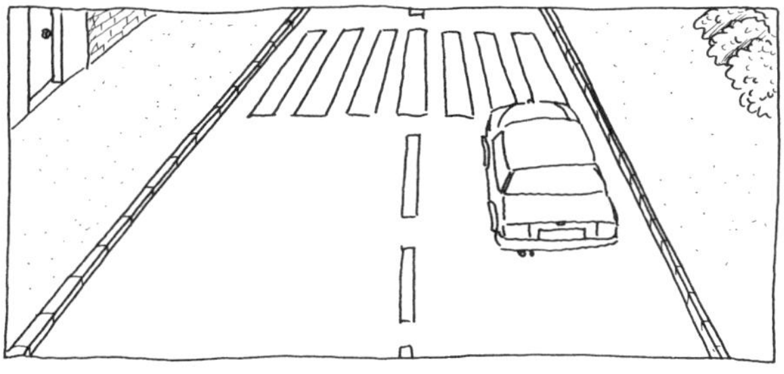

② Du bist der Radfahrer und näherst dich dem Zebrastreifen. Überlege, wo du am besten stehen bleibst. Kreuze diese Stelle an.

4.6 Vorfahrtregel „rechts vor links“

Vorüberlegungen

Laut § 8 StVO gilt an allen Kreuzungen und Einmündungen, an denen keine vorfahrtsregelnden Verkehrszeichen vorhanden sind, die Vorfahrtsregelung „rechts vor links“. Diese Regelung bedeutet für alle Verkehrsteilnehmer erhöhte Vorsicht. Blickkontakt zu den anderen Verkehrsteilnehmern ist hier besonders wichtig. Kinder im Grundschulalter haben noch Schwierigkeiten rechts und links zu unterscheiden.

Folgende Verhaltensregeln sind sinnvoll:

- Sich dem Gefahrenbereich langsam nähern und dabei besonders nach rechts orientieren
- Immer bremsbereit sein, denn Autofahrer übersehen leicht die Vorfahrt der Radfahrer
- Blickkontakt zu den anderen Verkehrsteilnehmern aufnehmen, auch nach links; niemals die Vorfahrt erzwingen
- Die von rechts kommenden Fahrzeuge zuerst fahren lassen
- Selbst erst bei klarer Vorfahrtslage fahren

Material

Schulwegeplan, Kreide, Kopiervorlage 93 (siehe S. 253)

Vorschläge für den Unterricht

- Die Klasse sucht eine Kreuzung mit der Vorfahrtsregel rechts vor links auf und beobachtet die Verkehrsteilnehmer.
- Alle Kreuzungs- und Einmündungsbereiche auf dem Schulweg der Kinder werden auf einem Schulbezirksplan gekennzeichnet.
- Auf dem Schulhof wird ein Kreuzungsbereich mit Kreide aufgezeichnet. Die Kinder üben als Verkehrsteilnehmer den Verkehrsablauf ein, berücksichtigen dabei die Regel „rechts vor links“, nehmen Blickkontakt auf und setzen geeignete Gesten der Verständigung ein.
- Übungen zur Rechts-Links-Unterscheidung
- Arbeitsblatt Kopiervorlage 93
- Motorisches Fahrtraining: Zielfahren, langsam fahren, Rechts vor Links-Übungen

Name: ______________________ Datum: ____________

Wer hat die Vorfahrt?

Wer darf zuerst fahren?
Schreibe in die Kreise Zahlen in der richtigen Reihenfolge.

4.7 Vorfahrtregelung durch Verkehrszeichen, Lichtzeichenanlage und Verkehrspolizei

Vorüberlegungen

Vorfahrtregelnde Verkehrszeichen sind: Vorfahrt gewähren; Halt! Vorfahrt gewähren; Vorfahrtstraße; Ende der Vorfahrtstraße; Vorfahrt an der nächsten Kreuzung oder Einmündung; Kreuzung oder Einmündung mit Vorfahrt von rechts; Abknickende Vorfahrtstraße!

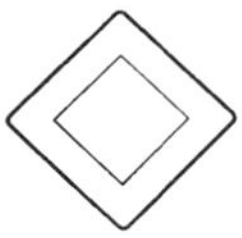 Vorfahrtstraße	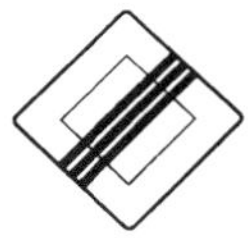 Ende der Vorfahrtstraße	 Halt! Vorfahrt gewähren!	 Vorfahrt gewähren!	 Vorfahrt

Auch wenn vorfahrtregelnde Zeichen die Vorfahrt gewähren, ist Vorsicht geboten, denn als Radfahrer wird man leicht von wartepflichtigen Verkehrsteilnehmern übersehen.
Die Anzeige der Lichtzeichenanlagen gelten laut StVO vor allen Vorfahrtsregeln, vorfahrtregelnden Zeichen und Fahrbahnmarkierungen. Für Radfahrer gelten die Lichtzeichen, die den gesamten Verkehr regeln, wenn sie auf der Fahrbahn fahren. Auf Radwegen gelten Radfahrampeln, sind keine vorhanden und der Radweg liegt neben einem Fußweg, gilt die Fußgängerampel. Ist die Lichtzeichenanlage abgeschaltet, so treten die anderen Vorfahrtregelungen in Kraft.
Die Zeichen eines Polizeibeamten gehen allen Verkehrszeichen und Lichtzeichen vor.

Material

Kopiervorlagen 94 und 95 (siehe S. 255 f.), Verkehrszeichenspiele, Schulwegeplan, Kreide, Ampelmodelle, Rollbretter

Vorschläge für den Unterricht

- Arbeitsblatt Kopiervorlage 94

Name: ______________________ Datum: ____________

Verkehrszeichen regeln die Vorfahrt

① Benenne die Zeichen und male sie richtig aus.

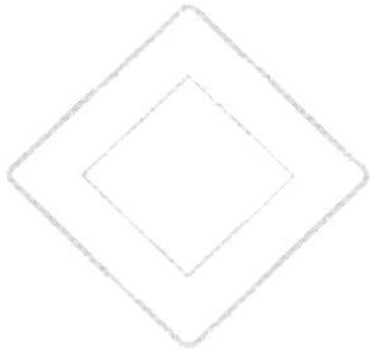

______________________ ______________________

______________________ ______________________

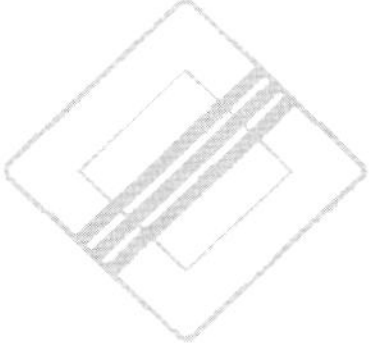

______________________ ______________________ ______________________

______________________ ______________________ ______________________

② Wer darf nacheinander fahren?
Nummeriere die Verkehrsteilnehmer auf jedem Bild in der richtigen Reihenfolge.

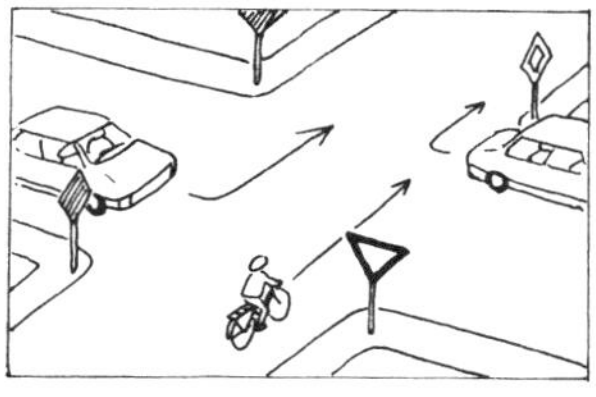

Name: ______________________	Datum: ____________

Vorfahrtregelung durch Verkehrspolizisten und Ampeln

① Was bedeuten die Zeichen des Verkehrspolizisten? Schreibe zu den Verkehrspolizisten und male die Ampeln entsprechend aus.

② Überlege, wer von den Verkehrsteilnehmern fahren darf. Male Pfeile.

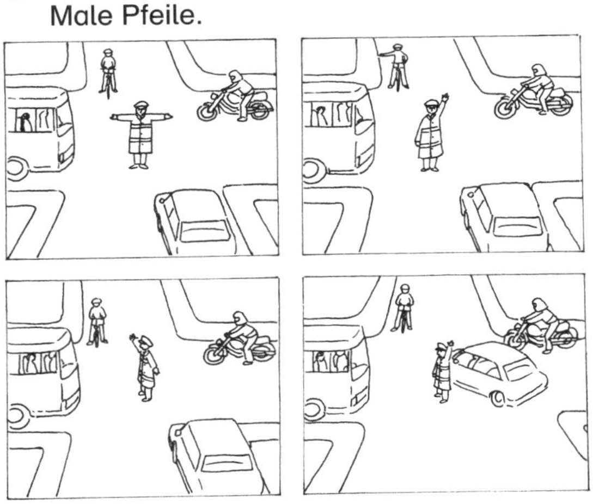

Entscheidend ist die Körpergrundstellung des Polizisten, nicht seine Armhaltung.

Verkehrspolizisten sind auf jeden Fall zu beachten, da sie Ampelzeichen, Verkehrszeichen und andere Regeln zur Vorfahrt aufheben.

- Vertiefung: Memory oder Domino, z.B. Verkehrszeichen-Domino aus: Karin Auner/Gabriela Löffelmeier, Verkehrserziehung im 3./4. Schuljahr, Oldenbourg Schulbuchverlag, München 2001
- Die Kinder suchen Vorfahrt regelnde Zeichen im Schulbezirk und zeichnen sie auf dem Schulwegeplan ein.
- Wiederholen der unterschiedlichen Lichtzeichen
- Auf dem Schulhof wird ein Kreuzungsbereich markiert und mit Ampelmodellen versehen. Einige Kinder stellen an den Ampeln wechselnde Signale ein, die anderen üben als Verkehrsteilnehmer das richtige Verhalten ein.
- Die Kinder lernen die Gesten eines den Verkehr regelnden Polizeibeamten kennen und prägen sich diese ein. (KV 95)
- Auf dem Schulhof oder in der Turnhalle wird ein Kreuzungsbereich markiert. Ein Kind übernimmt die Rolle eines Verkehrspolizisten, die anderen Kinder beachten seine Zeichen beim Laufen oder Rollen.
- Zusammenstellen von Verhaltensregeln zum Gewähren der Vorfahrt:

  1. Langsam an den Kreuzungsbereich heranfahren
  2. Anhalten am Stopp-Schild
  3. Anhalten am Vorfahrt-gewähren-Schild, wenn die Sicht behindert wird
  4. Nach links, rechts, links blicken
  5. Zügig im kleinen Gang anfahren
  6. Straße überqueren, dabei rechts fahren

- Motorisches Training: Zielfahren, langsam fahren, Bremsübungen, Übungen zum bewussten Sehen

4.8 Linksabbiegen

Vorbemerkungen

Das Linksabbiegen ist die schwierigste und gefährlichste Anforderung an die Rad fahrenden Kinder. Um die Gefahr möglichst gering zu halten, sind folgende Regeln und Punkte zu beachten:

1. Umsehen
2. Handzeichen geben
3. Einordnen
4. Vorfahrtregelung beachten
5. Gegenverkehr Vorrang gewähren (vorbeilassen)
6. Nochmals umsehen
7. Im großen Bogen abbiegen
8. Fußgänger beachten

(siehe auch Darstellung in KV 96, S. 260)

Für Fahranfänger und unsichere Radfahrer ist das alternative Linksabbiegen eine sichere Variante. Dabei fährt der Radfahrer auf der Fahrbahn rechts auf die gegenüberliegende Ecke der Kreuzung zu, hält ggf. an oder begibt sich, wenn vorhanden, auf den Radweg.

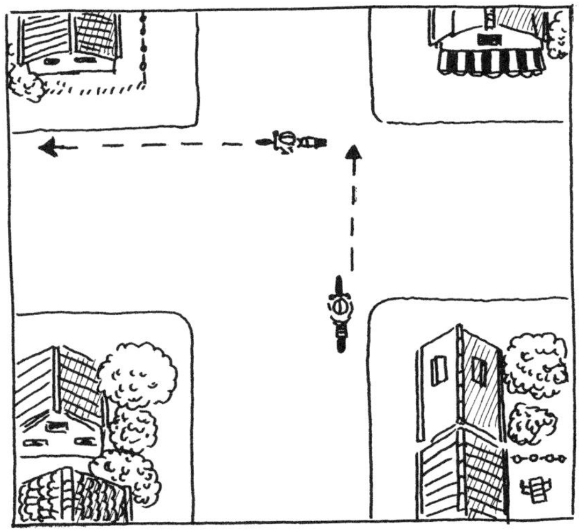

Ist ein Fußgängerüberweg vorhanden, so kann dieser zum Überqueren der Straße genutzt werden, um zur Einmündung auf der linken Seite zu gelangen.

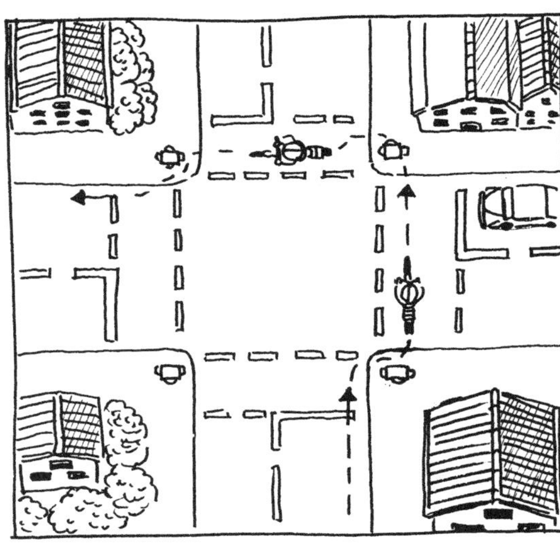

Material
Satzstreifen mit den Einzelhandlungen zum Linksabbiegen, Kopiervorlagen 96 (siehe S. 260)

Vorschläge für den Unterricht
- Klasse sucht Kreuzungen und Einmündungen auf und beobachtet den Realverkehr beim Linksabbiegen.
- Auf dem Schulhof werden Kreuzungen und Einmündungen markiert und große Satzstreifen mit den einzelnen Schritten des Linksabbiegens auf die Fahrstrecke gelegt. Einige Kinder fahren den Parcours unter Einhaltung der Regeln ab, während andere Kinder als Gegenverkehr und Fußgänger agieren.
- Arbeitsblatt Kopiervorlage 96
- Die Kinder lernen die einzelnen Schritte des Linksabbiegens auswendig und wenden sie beim motorischen Radfahrtraining in Partnerarbeit an. Dazu wird ein Kreuzungsbereich auf dem Schulhof markiert, auf dem das Linksabbiegen in den einzelnen Schritten geübt wird. Ein Kind fährt das Rad, der Partner läuft nebenher und nennt die einzelnen Schritte.
- Motorisches Training: Übungen zum Spurwechsel (Slalomfahren), bewusstes Sehen, einhändig fahren

Name: ______________________ Datum: __________

Linksabbiegen mit Verstand

① Betrachte die Zeichnung genau und erkläre jeden einzelnen Schritt beim Linksabbiegen.

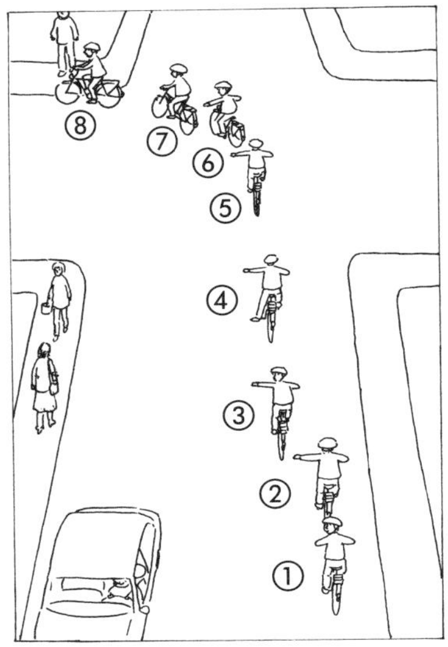

② Schreibe zu jedem Schritt auf, was du beim Linksabbiegen beachten musst. Benutze diese Wörter:

Fußgänger beachten, Handzeichen geben, Vorfahrtregel beachten, im großen Bogen abbiegen, umsehen, nochmals umsehen, Gegenverkehr vorbeilassen, einordnen

① ______________________

② ______________________

③ ______________________

④ ______________________

⑤ ______________________

⑥ ______________________

⑦ ______________________

⑧ ______________________

Vom Korn zum Brot

Fächerübergreifende Ansätze

Deutsch
- Schreiben von Texten: Herstellen eines Frischkornbreis (Vorgangsbeschreibung), Verfassen einer Backanleitung, Aufschreiben von Rezepten
- Rechtschreibung: Texte zur Getreideernte
- Spielregeln für ein Wissensspiel

Kunst
- Gestalten von Collagen aus Getreidekörnern
- Feldlandschaft (Malen mit Deckfarben)
- Gestalten mit Gelbtönen
- Kunstbetrachtung, z.B. Vincent van Gogh: Der Sämann

Mathematik
- Sachaufgaben zum Thema Getreidesaat und –ertrag
- Sachrechnen mit Gewichten und Mengen

Religion
- Erntedank
- Hunger auf der Erde

Musik
- Lied: Im Märzen der Bauer die Rösslein anspannt
- Lied: Es klappert die Mühle am rauschenden Bach
- Lied: „Getreide – Quiz“ aus: Carola Gampe, Frag doch mal Tim Timmermann, Oldenbourg Schulbuchverlag, München 1998

1. Unser Getreide

Im Sommer lassen sich erntereife Getreidefelder erkunden und Erntevorgänge beobachten. Im Schulgarten kann der Keimvorgang bereits im Frühjahr beobachtet werden.

1.1 Woher kommt unser Brot?

Vorüberlegungen

Brot ist ein wichtiges Grundnahrungsmittel mit dem Hauptbestandteil Mehl. Mehl wird aus Getreide hergestellt, das in landwirtschaftlichen Betrieben produziert wird. Getreide zählt zur Familie der Gräser, wächst auf Feldern und gehört zu den ersten Pflanzen, die von Menschen gezüchtet und genutzt wurden. Die wichtigsten Getreidearten zur Herstellung von Brot sind Weizen und Roggen. Diese Getreidearten werden meist als Wintergetreide angebaut und im Herbst gesät. Als junge Pflänzchen überdauern sie den Winter, um im Frühjahr zügig weiterzuwachsen. Nur durch den Anbau von Wintergetreide werden so hohe Erträge ermöglicht, die beim Weizen z.T. bei über 90dt/ha liegen. Andere wichtige Getreidesorten sind Hafer, Gerste und Mais, im sogenannten Öko-Anbau auch Dinkel (vgl.: IMA: Vom Bauernhof zum Supermarkt, Begleitheft für Lehrerinnen und Lehrer der Primarstufe).

Material

Getreidepflanzen: Weizen, Roggen, Gerste, Hafer, farbige Tonpapierbögen, Kopiervorlage 97 (siehe S. 263), Lebensmittelverpackungen

Vorschläge für den Unterricht

- Lerngang zu verschiedenen Getreidefeldern
- Vorwissen der Kinder sammeln und auf farbige Tonpapierbögen schreiben, im Klassenraum aushängen
- Ausstellung im Klassenraum: Ähren der vier Hauptgetreidearten
- Die Kinder sammeln Informationen über die Hauptgetreidearten aus Sachbüchern und verfassen dazu Sachtexte.
- Benennen weiterer Getreidearten
- Getreidedetektiv: Die Kinder suchen aus der Zutatenliste von Lebensmittelverpackungen die verwendeten Getreidearten heraus und lernen so Produkte aus den verschiedenen Getreidearten kennen.
- Arbeitsblatt Kopiervorlage 97

1.2 Das Getreidekorn

Vorüberlegungen

Ein Querschnitt durch das Getreidekorn zeigt den Aufbau. Es besteht aus der äußeren Schale (Frucht- und Samenschale), dem Mehlkörper und dem Keimling im Inneren. Unterhalb der Schale enthält der Mehlkörper viel Eiweiß (Kleber), weiter innen nur Stärkekörner. In Wasser gequollene Getreidekörner lassen sich aufschneiden und unter einer Lupe betrachtet wird der Aufbau eines Getreidekorns deutlich.

Name: ______________________ Datum: ____________

Überall Getreide

Sieh dir die Zutatenliste auf den Verpackungen an. Wo findest du Getreide? Schreibe auf.

Weizen

Roggen

Hafer

Gerste

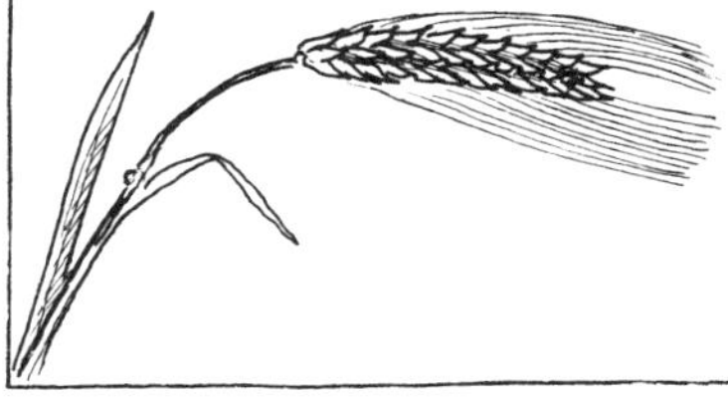

Querschnitt durch ein Getreidekorn

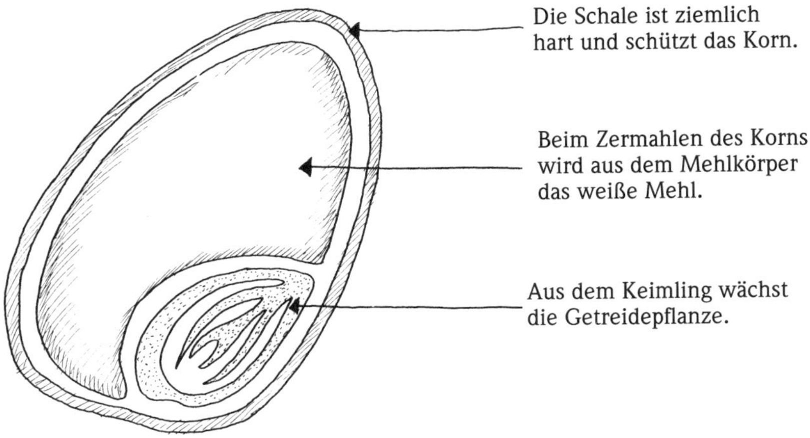

Material
Weizen-, Roggen-, Gerste- und Haferkörner, Lupen

Vorschläge für den Unterricht
- Verschiedene Getreidekörner unter der Lupe betrachten und vergleichen
- Weizenkörner einige Tage in Wasser einweichen, mit trockenen Körnern vergleichen
- Ein gequollenes Korn aufschneiden, unter der Lupe betrachten und zeichnen
- Beschriften der fertigen Zeichnung: Schale, Mehlkörper, Keimling

1.3 Die Arbeit des Bauern (Getreideanbau, das Getreidejahr)

Vorüberlegungen
Vor der Getreidesaat muss der Bauer den Boden vorbereiten: Mit dem Pflug wird er im Herbst aufgelockert, im Frühjahr wird er mit der Egge gekrümelt und mit der Walze geglättet und verfestigt. Mit der Drillmaschine wird das Saatgut in die Erde gebracht. Wintergetreide wird bereits im Herbst eingesät und keimt schon vor Beginn des Winters. Das Wachstum der kleinen Pflanzen ruht über den Winter und setzt sich im Frühjahr mit Macht fort. Jetzt wird durch Düngen das Wachstum begünstigt.

Material
Fotoapparat, Fotos von Getreidepflanzen in verschiedenen Wachstumsstadien, Blumenkästen, Blumenerde, Getreidekörner, Getreidemühle, Müslizutaten, Kopiervorlage 98 (siehe S. 266)

Vorschläge für den Unterricht
- Besuch eines Bauernhofes, Erkunden der landwirtschaftlichen Maschinen
- Fotografieren der Maschinen und Aushängen der Fotos im Klassenraum
- Texte zu den Fotos verfassen
- Fotos, die die Entwicklung der Getreidepflanzen übers Jahr zeigen, in die richtige Reihenfolge bringen
- Den Kreislauf in einer Zeichnung darstellen
- Keimversuche in Blumentöpfen durchführen und die Beobachtungen protokollieren, z. B.:

Datum	So sieht die Pflanze aus	Zeichnung
	Das erste Pflänzchen ist sichtbar.	

- Getreidekörner über einige Tage quellen lassen, die Keimlinge essen und ihren Geschmack vergleichen
- Frischkornmüsli aus Keimlingen zubereiten und gemeinsam frühstücken
  Rezept: Getreidekörner mit einer Getreidemühle grob schroten und über Nacht in Wasser einweichen, Milch, Nüsse und Obst dazugeben
- Arbeitsblatt Kopiervorlage 98

1.4 Bau der Getreidepflanze, Getreidearten

Vorüberlegungen
Die westeuropäischen Hauptgetreidearten sind Weizen, Roggen, Hafer, Gerste und Mais. Ihre Aufbauteile zeigen die Verwandtschaft mit den Gräsern (Ausnahme: Mais):
- Wurzel
- Halm mit Knoten
- Blätter
- Ähre bzw. Rispe mit Spelzen, Körnern und Grannen

Weizen, Roggen und Gerste unterscheiden sich durch ihre Höhe, die Anordnung der Körner in den Ähren, die Beschaffenheit der Körner und die Länge der Grannen. Das auffälligste Merkmal sind die Grannen.
Die Körner sind in den Spelzen eingelagert und unterscheiden sich in Farbe, Geschmack, Form und Härtegrad.

Name: ______________________________ Datum: ____________

So entwickelt sich eine Getreidepflanze

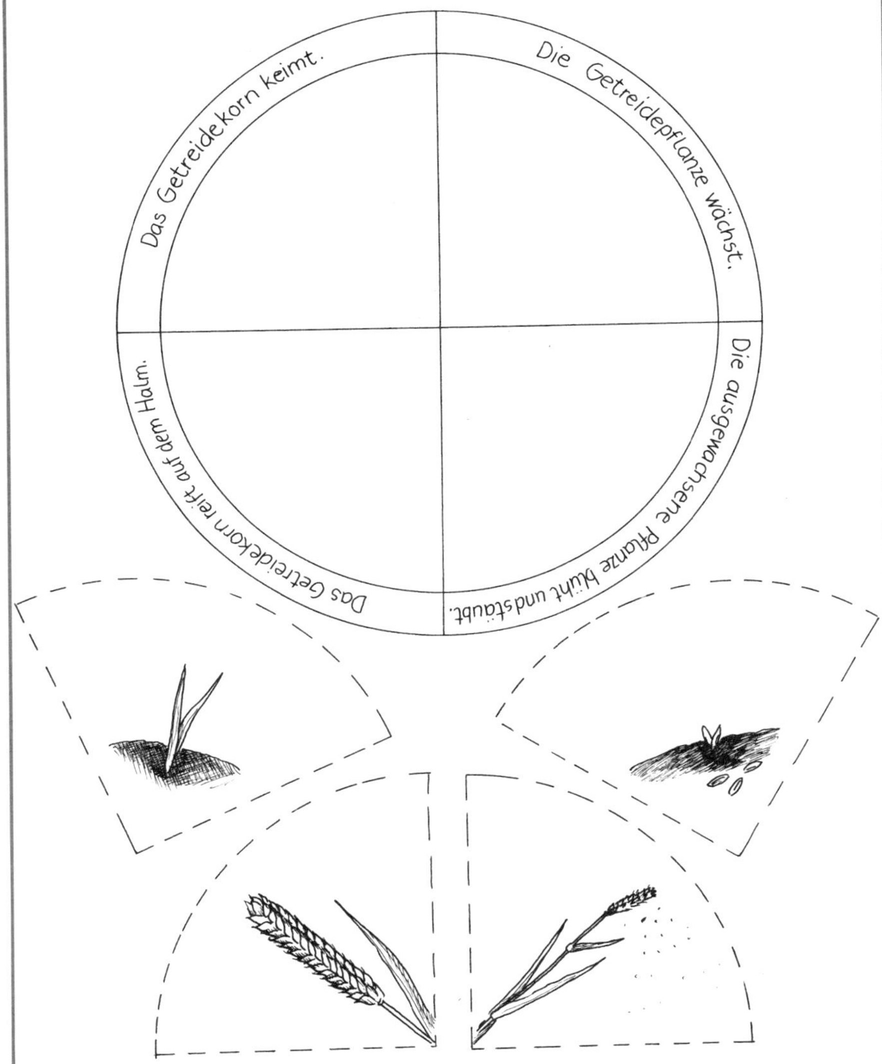

Setze das Bild zusammen.

	Höhe	Ähre	Körner
Weizen	bis 1,60 m	dick keine oder sehr kurze Grannen, 0 bis 1 cm sechszeilige Anordnung der Körner	nackt rötlich-gelb dick
Roggen	bis 2 m	schlank lange Grannen, ca. 6 cm vierzeilige Anordnung der Körner	nackt grünlich länglich
Gerste	bis 1,50 m	schlank sehr lange Grannen, ca. 14 cm sechszeilige Anordnung der Körner	mit Spelzen bräunlich-gelb dick
Hafer	bis 1,60 m	Rispe kurze Grannen, 0 bis 0,5 cm Körner hängen an verzweigten, feinen Strängen	mit Spelzen bräunlich-gelb länglich

Das Unterscheiden der Getreidearten ist nicht ganz einfach, denn abhängig von den Züchtungen gibt es auch Weizen mit langen Grannen und Gerste ohne Grannen. Gerste kann auch zwei- oder vierzeilig sein.

Material
Vollständige Getreidepflanzen, Zollstöcke, Lineale, Ähren der Getreidearten, Fühlkisten oder Tücher zum Verbinden der Augen, Kopiervorlagen 99 – 102 (siehe S. 268 ff.), Lupen, Körner der Getreidearten

Vorschläge für den Unterricht

Lernen an Stationen (vgl. S. 28)

- Höhe der Getreidepflanzen messen und vergleichen (Kopiervorlage 102)
- Länge der Ähren und Grannen messen und vergleichen (Kopiervorlage 102)
- Ähren und Rispe mit verbundenen Augen ertasten und bestimmen
- Der Zeichnung die Pflanzenteile zuordnen (Kopiervorlage 100)
- Zeichnung und Beschreibung zuordnen (Kopiervorlage 99)
- Körner aus den Ähren, bzw. der Rispe herauslösen, unter der Lupe betrachten und den Abbildungen der Getreidearten zuordnen (Kopiervorlage 101)
- Körner beschreiben (Kopiervorlage 102)
- Körner in den Ähren zählen (Kopiervorlage 102)
- Körner zerbeißen: Unterschiede in Geschmack und Härtegrad bestimmen (Kopiervorlage 102)
- Getreideähren und Rispe zeichnen
- Bilder der verschiedenen Getreidesorten auf Karten kleben, andere Karten mit Produkten aus diesen Getreidearten bekleben und die Karten einander zuordnen

Name: ______________________ Datum: ____________

Wir unterscheiden Weizen, Roggen, Gerste, Hafer

Hier sind die vier Getreidearten abgebildet.
Schau dir die Zeichnungen genau an und präge sie dir ein.

Lies die Beschreibungen der Getreidearten. Schneide die Texte aus und klebe sie zum passenden Bild.

Der Roggen hat eine lange,schlanke Ähre mit mittellangen Grannen. Er wird bis zu 2 m groß. Seine Körner sind in vier Reihen angeordnet.	Der Weizen hat dicke Ähren mit sehr kurzen Grannen. Er wird bis zu 1,60 m groß. Seine Körner sind in sechs Reihen angeordnet.
Der Hafer hat eine Rispe und ganz kurze Grannen. Er wird bis zu 1,60 m groß. Seine Körner hängen an dünnen verzweigten Strängen.	Die Gerste hat eine kurze schlanke Ähre mit ganz langen Grannen. Sie wird bis zu 1,50 m groß. Ihre Körner sind meist in vier Reihen angeordnet.

Name: ______________________ Datum: ____________

Teile der Getreidepflanzen

Eine Getreidepflanze hat folgende Teile:
Wurzel, Halm, Blatt, Korn, Ähre oder Rispe, Spelze, Granne, Knoten
Schreibe die Begriffe neben die Abbildungen.

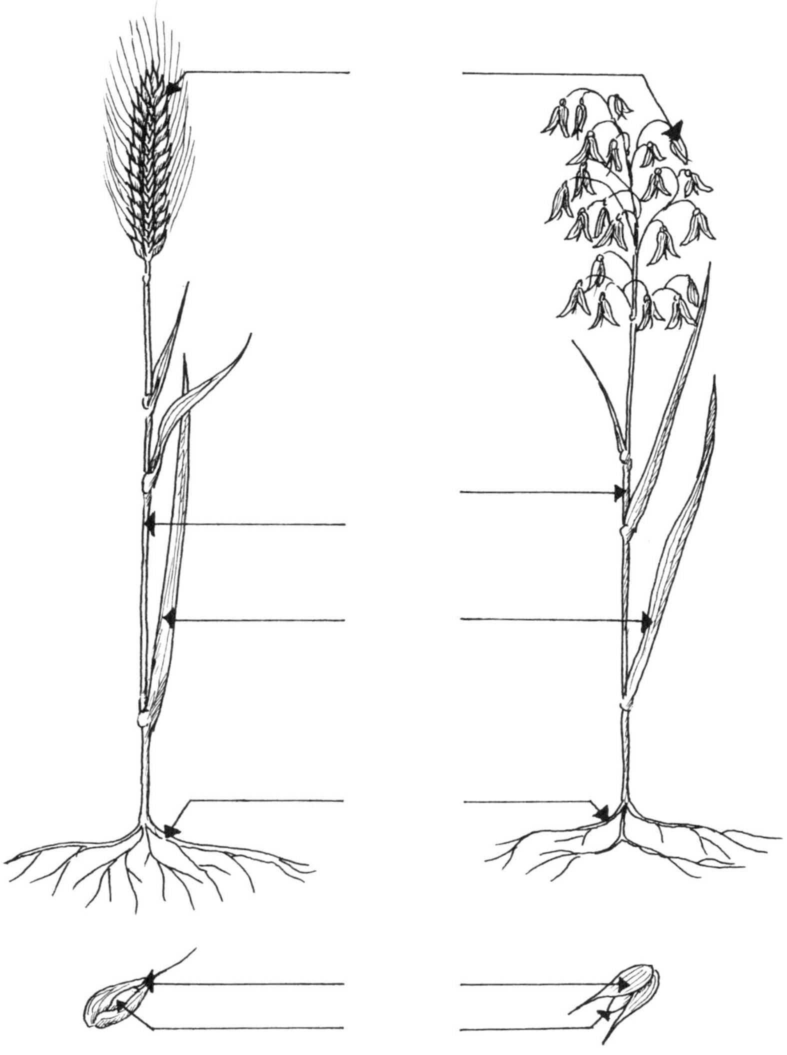

Name: ______________________ Datum: ____________

Die Getreidearten und ihre Körner

Löse aus jeder Ähre einige Körner heraus und klebe sie mit Klebestreifen in den Kreis. Schreibe dazu, wie das Getreide heißt.

Das ist ____________________
und das sind die Körner:

Das ist ____________________
und das sind die Körner:

Das ist ____________________
und das sind die Körner:

Das ist ____________________
und das sind die Körner:

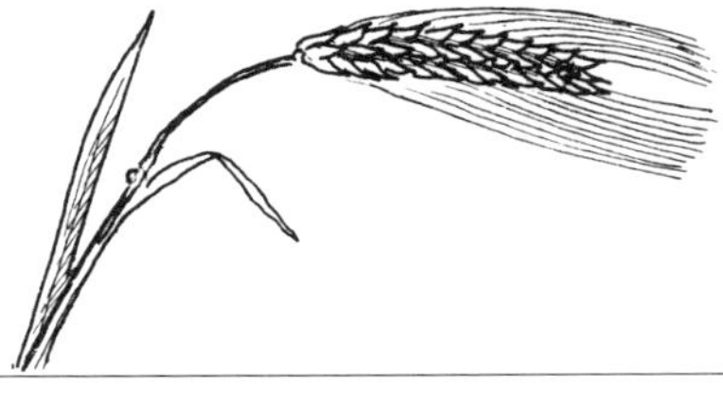

Name: ______________________ Datum: ____________

Wir untersuchen die Körner von Weizen, Roggen, Gerste und Hafer

① Miss die Höhe der Getreidepflanze.

Weizen	Roggen	Gerste	Hafer
cm			

② Miss die Länge der Ähren und der Rispe ohne Grannen.

Weizen	Roggen	Gerste	Hafer
cm			

③ Miss die Länge der Grannen.

Weizen	Roggen	Gerste	Hafer
cm			

④ Zähle die Körner in den Ähren.

Weizen	Roggen	Gerste	Hafer

⑤ Betrachte die Körner mit der Lupe und beschreibe sie.

Weizen	Roggen	Gerste	Hafer

⑥ Zerbeiße von jeder Sorte je drei Körner.
Unterstreiche, was du schmeckst und spürst.

Weizen	Roggen	Gerste	Hafer
süßlich salzig bitter hart weich	süßlich salzig bitter hart weich	süßlich salzig bitter hart weich	süßlich salzig bitter hart weich

1.5 Die Getreideernte

Vorüberlegungen

Ein Vergleich des Erntevorgangs vor 100 Jahren mit heute verdeutlicht die Arbeitsvorgänge, die nötig sind, bevor das Getreide zur Weiterverarbeitung in die Mühle geschafft werden kann.

Früher waren folgende Arbeitsschritte notwendig:

- Mähen mit der Sense
- Binden zu Garben
- Aufladen auf einen Pferdewagen
- Transport zum Hof
- Dreschen mit dem Dreschflegel
- Worfeln und Sieben, um Körner und Spelzen voneinander zu trennen
- Transport zur Mühle

Alle Arbeiten erforderten viele Arbeitskräfte sowie viel Zeit und waren zudem vom Wetter abhängig.
Heute erledigt die meisten dieser Arbeiten der Mähdrescher: Eine rotierende Haspel legt die Halme um, die vom Mähbalken abgeschnitten und in das Innere des Mähdreschers weitergeleitet werden. In der Maschine werden sie gedroschen, mit Sieben bzw. durch einen Luftstrom gereinigt und in den Tank des Mähdreschers geleitet. Ist der Tank voll, wird das Korn auf einen Anhänger entladen und zum Hof gebracht. Dort lagert es bis zum Abtransport zur Mühle in einer Scheune.
Die neuzeitliche Ernte kann von zwei Personen erledigt werden, durch den Fahrer des Mähdreschers und den Fahrer des begleitenden Traktors. Der Zeitaufwand hat sich um ein Vielfaches verringert. Mit einem Mähdrescher kann ein Feld von der Größe eines Fußballplatzes in weniger als einer Stunde abgeerntet werden.

Material

Bilder vom Erntevorgang früher, reife Getreideähren, kurze Holzlatten oder Holzlineale, Föhn, Kopiervorlage 103 (siehe S. 274)

Vorschläge für den Unterricht

Sachtext zum Erntevorgang früher

> *Getreideernte vor 100 Jahren*
>
> *Vor 100 Jahren war die Getreideernte noch eine sehr schwere Arbeit und dauerte viel länger als heute.*
> *Oft musste der Bauer zu seinem Feld um zu prüfen, ob das Getreide reif war. Wenn die Ähren braun und die Körner hart waren, musste er nur noch auf Sonnenschein warten, um mit der Ernte beginnen zu können.*
> *Zuerst mähte er das Getreide mit der Sense. Seine Helfer sammelten die abgeschnittenen Halme auf und banden sie zu Garben. Bei einem großen Feld dauerte das mehrere Tage.*
> *Wenn alles gemäht und zu Garben gebunden war, musste ein Helfer die Garben auf einen Wagen laden. Mit dem Pferdegespann wurde das Getreide zum Hof gebracht.*
> *Dort drosch der Bauer tagelang die Körner aus den Ähren. Das Stroh wurde aufgesammelt und als Streu im Stall verwendet.*
> *Die Körner und die Spelzen blieben auf der Tenne liegen. Doch so konnte das Korn noch nicht in Säcke gefüllt werden. Erst musste noch die Spreu vom Weizen getrennt werden. Dazu warf der Bauer die Körner über ein Sieb. Der Wind wehte die leichte Spreu davon. Was noch übrig war, blieb im Sieb hängen. Diesen Vorgang nannte man worfeln.*
> *Nun konnten der Bauer und seine Helfer die Körner endlich in Säcke füllen und zur Mühle transportieren.*

Die Lehrerin liest den Sachtext vor, die Kinder bringen dabei die folgenden ausgeschnittenen Bilder in die richtige Reihenfolge (siehe KV 103).

- Die Kinder legen Bilder vom Erntevorgang vor 100 Jahren in der richtigen Reihenfolge aus und benennen dabei die einzelnen Arbeitsschritte.
- Bauernhausmuseum: Betrachten alter Arbeitsgeräte
- Selbst dreschen: Im Freien reife Getreideähren mit Holzlatten schlagen, das Getreide in den Wind werfen und beobachten, wie die Spelzen davonfliegen
- Dreschen im Klassenraum: Die Spelzen mit einem Föhn entfernen
- Nach Absprache mit einem Landwirt beobachten die Kinder den modernen Erntevorgang auf dem Feld, halten ihn als Fotoreportage fest und stellen die Fotoreihe im Klassenraum aus
- Interview mit einem Landwirt: Probleme des Getreideanbaus
- Benennen der Teile eines Mähdreschers und vergleichen mit den früheren Geräten

Name: ______________________ | Datum: ____________

Getreideernte früher und heute

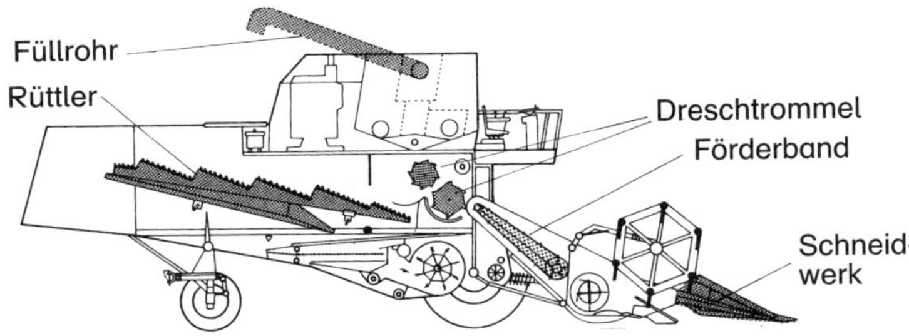

Früher brauchte man etwa 2 Wochen zum Abernten eines Feldes, das 100 m lang und 100 m breit war. Heute schafft die gleiche Arbeit der Mähdrescher in 5 Stunden. Vergleiche.

Sense – mähen – Schneidwerk
Heugabel – aufladen – Förderband
Dreschflügel – dreschen – Dreschtrommel
Sieb – trennen – Rüttler
Schaufel – einfüllen – Füllrohr

2. Vom Korn zum Mehl

Nach eigenen Mahlversuchen sollen die Kinder Mehlarten unterscheiden, Produkte aus den verschiedenen Mehlsorten finden, probieren und selbst herstellen. So erfahren sie, dass aus Getreide nicht nur Brot hergestellt wird.

2.1 Wir stellen Mehl her

Vorüberlegungen
Die Landwirte liefern das Getreide an Mühlen, die in mehreren Arbeitsvorgängen Mehl herstellen. Die Getreidekörner werden zunächst in Walzenstühlen zerquetscht, anschließend mehrmals gerüttelt und gesiebt. Dabei werden sie zu Mehl mit unterschiedlicher Typenbezeichnung verarbeitet. Man unterscheidet einerseits die Mehlsorten nach den Getreidearten, aus denen sie hergestellt werden, andererseits nach verschiedenen Typen je nach dem Grad ihrer Ausmahlung. Je niedriger die angegebene Mehltype, desto ausgemahlener und heller ist das Mehl. Vollkornmehle mit einer hohen Typenbezeichnung enthalten fast alle Bestandteile des Kornes (vgl. IMA: Vom Bauernhof zum Supermarkt, Begleitheft für Lehrerinnen und Lehrer).

Material
Große, glatte Kieselsteine, Getreidekörner, Mörser, Handkaffeemühle, elektrische Kaffeemühle, Papiertüten, Plastiktüten, Frischhaltedosen, Marmeladengläser, Teller, Schälchen, Kopiervorlage 104 (siehe S. 276)

Vorschläge für den Unterricht

- Die Kinder zerdrücken Getreidekörner mit Steinen und vollziehen dabei nach, wie mühevoll die Herstellung von Mehl vor ca. 1000 Jahren war.
- Getreidekörner mit einer Handmühle mahlen
- Getreide mit einer elektrischen Mühle mahlen
- Vergleich der verschiedenen Mehlsorten
  - nach der Herstellung (mühevoll - leicht)
  - nach dem Ergebnis (grob - fein, hell - dunkel)

Name: ______________________ Datum: ____________

Wir mahlen Mehl

① Probiere alle Möglichkeiten aus, Mehl herzustellen. Kreuze deine Erfahrungen an.

- Steine aneinanderreiben   ☐ leicht ☐ schwer   ☐ grob ☐ fein

- Mörser   ☐ leicht ☐ schwer   ☐ grob ☐ fein

- Handmühle   ☐ leicht ☐ schwer   ☐ grob ☐ fein

- elektrische Mühle   ☐ leicht ☐ schwer   ☐ grob ☐ fein

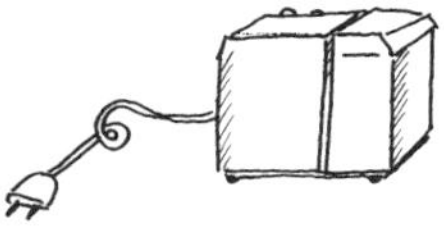

② Trage ein: *Kleie, Schrot, Vollkornmehl*

Wenn man Getreidekörner mit Steinen oder einem Mörser zerdrückt, entsteht ______________________.

Wenn man Getreidekörner mit einer Handmühle oder einer elektrischen Mühle mahlt, entsteht ______________________.

Wenn man das Vollkornmehl siebt, bleiben braune Schalenteilchen zurück. Sie heißen ______________.

- Verschiedene Mehltypen mit der Lupe betrachten; das entstandene Mehl beschreiben oder zeichnen
- Durch Sieben herausfinden, welche Bestandteile im Mehl enthalten sind
- Unterscheiden der Begriffe Mehl, Schrot, Kleie
- Die verschiedenen Mehlsorten auf einem Ausstellungstisch präsentieren und mit Namenschildern versehen
- Haferflocken herstellen: Die Kinder sollen selbstständig geeignete Methoden zur Herstellung finden, z.B. mit Nussschrauben und Holzlöffeln.
- Mit den Haferflocken ein Frühstücksmüsli herrichten, die Kinder bringen die übrigen Zutaten von zu Hause mit
- Arbeitsblatt Kopiervorlage 104

2.2 Verschiedene Mehlsorten

Vorüberlegungen

Beim Vergleich der selbst hergestellten Mehlsorten mit gekauftem Mehl der Type 401 werden die Unterschiede zwischen Weißmehl und Vollkornmehl deutlich: Das Vollkornmehl ist bräunlich, da noch die zermahlene Schale des Getreidekorns enthalten ist. Gerade diese Schale macht aber den Ernährungswert des Mehls aus, da in ihr fast alle Mineralstoffe und Vitamine des Getreidekorns noch enthalten sind.

Material

Lebensmittelverpackungen, Brotverpackungen, gekaufte Mehlsorten, selbsthergestellte Mehlsorten, Lupen

Vorschläge für den Unterricht

- Mehlsorten unter der Lupe betrachten und die Unterschiede beschreiben
- Mehlsorten schmecken und über die Unterschiede sprechen
- Die Frage klären, warum Vollkornmehl gesünder ist, und dabei über die Ernährungsgewohnheiten der Kinder sprechen
- Lebensmittelverpackungen und Brotsorten nach Mehlsorten untersuchen und sortieren

3. Vom Mehl zum Brot

3.1 Verschiedene Brotsorten

Vorüberlegungen

Die Herstellung von Brot und Brötchen erfolgt in handwerklichen Bäckereien und in Brotfabriken, die in der Regel die Supermärkte mit ihren Produkten beliefern. Meist verwenden die herstellenden Betriebe fertige Backmischungen. Die Zubereitung erfolgt auf unterschiedliche Weise, die sich auf die Beschaffenheit des Brotes auswirkt. So kann der Teig durch Sauerteig oder Hefe zum Gehen gebracht werden. Es wird Wasser oder Milch verwendet und es werden weitere Zusätze wie Kleie, andere Mehlsorten, Malz oder Körner anderer Pflanzen (Sonnenblumenkerne, Kürbiskerne, Leinsamen etc.) beigegeben. Das Brot wird mit der Hand geformt oder in Formen gebacken.

Material

Verschiedene Brotsorten, Brotverpackungen, Hefe, mehrere Schälchen, Wasser, Zucker, Mehl, Salz, Küchentücher, Zutaten für Brot-Rezept

Vorschläge für den Unterricht

- Das von den Kindern mitgebrachte Frühstücksbrot oder von ihnen mitgebrachte Brotsorten werden auf die verwendete Mehlsorte hin untersucht.
- Im Unterrichtsgespräch bringen die Kinder ihr Vorwissen über die Herstellung von Brot ein.
- Auf Brotverpackungen finden sie die Zutaten heraus.
- In Gruppen führen sie Versuche mit frischer Hefe durch:
  (1) Hefe in lauwarmen Wasser auflösen
  (2) Hefe in lauwarmen Wasser auflösen, einen Teelöffel Mehl und einen Teelöffel Zucker hinzufügen und verrühren
  (3) Hefe in lauwarmen Wasser auflösen und eine Prise Salz hinzufügen
  (4) Hefe so lassen, wie sie ist
  Die Schalen zugedeckt an einem warmen Ort etwa 15 Minuten ruhen lassen.
  Folgende Fragen werden geklärt:
  - Hat sich etwas verändert?
  - Was mag die Hefe am liebsten?
  - Was mag sie gar nicht?
- Brötchen oder Brot backen

Rezept:

Buchweizen – Quark – Brot

Vor- und Zubereitungszeit: 20 Min.
Backzeit: 30 – 40 Min. (180 – 200 °C)

Zutaten	Zubereitung
150 g Quark	
(20% Fett i. Tr.)	
50 ml Milch	
1 Ei	verrühren
1/2 TL Salz	
2 EL Honig	
175 g Buchweizenmehl	unterheben
1/2 TL Backpulver	
50 g Mandelstifte	zu einem Teig verkneten
	den Teig in gefettete Kastenform geben
1 Eigelb	verquirlen und das Brot damit bestreichen

(nach A. Kaiser: Praxisbuch handelnder Sachunterricht, Band 2)

3.2 Besuch einer Bäckerei

Vorüberlegungen

In handwerklichen Bäckereibetrieben beginnt der Arbeitstag bereits sehr früh am Morgen, oft schon um 3.00 Uhr, damit pünktlich zur Ladenöffnung die Backwaren fertig sind. In der Bäckerei werden nicht nur Brot und Brötchen hergestellt, sondern meist auch Kuchen und Torten. Ein Bäcker ist häufig zugleich Bäcker und Konditor. In großen Bottichen werden die Zutaten für den Teig mit einer Knetmaschine vermengt. Die Teigstücke werden mit einer Waage abgewogen, mit der Hand geformt oder in Formen gefüllt. Brotteig muss, bevor er in den Ofen gegeben wird, noch gehen, erst danach wird er gebacken. Die Backzeiten richten sich nach der Art der Backwaren. Um 7.00 Uhr öffnet der Laden. Die Brote werden in Regale sortiert, Brötchen werden in der Regel in Körben angeboten. Später werden Kuchen und Torten in den Verkaufsraum gebracht. Schließlich wird die Backstube gereinigt und der Teig für den nächsten Tag vorbereitet. Nach dem Mittag begibt sich der Bäcker zur Ruhe.

Neben ungünstigen Arbeitsbedingungen (frühes Aufstehen, starke Hitze in der Backstube) sind für die Arbeit in der Bäckerei Hygienevorschriften (weiße Kleidung, Kopfbedeckung) und der Umgang mit Maschinen (Teigknetmaschine, Waagen, Teigteilmaschine, Backofen, Schieber, Backbleche) bedeutsam.

Material
Kassettenrekorder, Fotoapparat, große Tonpapiere, Unterrichtsfilm 32 00930 „Beim Bäcker"

Vorschläge zum Vorbereiten einer Erkundung

- Die Kinder sammeln Fragen zum eigenen Brotverzehr in der Familie oder bei Passanten vor einer Bäckerei:
  - Welche Brotsorten kauft ihr?
  - Wo kauft ihr euer Brot?
  - Zu welchen Mahlzeiten esst ihr Brot?
  - Wo bewahrt ihr euer Brot auf?
  - Wie viel Brot verbraucht die Familie in der Woche?
  - Backt ihr manchmal selbst Brot?
  - Welches Brot schmeckt dir am besten?

  Die Kinder nehmen die Interviews mit einem Kassettenrekorder auf und fotografieren dabei.
- Auswertung in Gruppenarbeit:
  - Verfassen eines Informationstextes
  - Herstellen einer Wandzeitung: Fragen und Antworten auf ein Poster schreiben und mit selbst gemachten Fotos vom Interview ergänzen
  - Fragen und Antworten in einer Tabelle darstellen
  - Interviews nachspielen
- Der Unterrichtsfilm „Beim Bäcker" (32 00930) bereitet die Kinder auf die zu beobachtenden Produktionsabläufe vor, die so komplex sind, dass es Kindern schwer fällt, sie auf Anhieb zu verstehen.
- Zusammenstellen von Fragen an den Bäcker und seine Mitarbeiter, z.B.:
  - Wann beginnen Sie morgens mit der Arbeit?
  - Wie lange arbeiten Sie?
  - Was stellen Sie alles her?
  - Welche Brotsorten backen Sie?
  - Welche Zutaten braucht man für ein Brot?
  - Wie lange braucht ein Brot zum Backen?
  - Welche Maschinen werden benötigt?
  - Wie viele Brote backen Sie?
  - Wie wird man Bäcker? Wie lange dauert die Ausbildung?

- Wer arbeitet noch in der Bäckerei?
- Macht Ihnen die Arbeit Freude?
- Was stört Sie an Ihrer Arbeit?
- Wie viel Freizeit haben Sie noch?
- Was kosten die Zutaten, der Strom für die Maschinen, die Arbeitskräfte, das Verpackungsmaterial, die Miete für die Bäckerei ... im Monat?

- Die Kinder ordnen die Fragen nach Schwerpunkten (Arbeitszeit, Arbeitsgeräte, Freude an der Arbeit etc.) und verteilen sie auf Gruppen.
- Sie nehmen das Interview mit einem Kassettenrekorder auf und fotografieren dabei.
- Auswertung wie oben, zusätzlich zeichnen die Kinder zur Verdeutlichung.

3.3 In der Brotfabrik

Vorüberlegungen

In einer Brotfabrik werden die Zutaten aus großen Behältern, den Silos, zusammengebracht und in großen Knetmaschinen zu Teig verarbeitet. Eine Maschine mit Waagen und Bändern teilt die Portionsstücke ein, die über Bänder auf die Backstraße gebracht werden. Auf der Backstraße laufen die Teigstücke durch eine warme Zone zum Gehen, danach durch den Backofen und schließlich durch eine Zone zum Auskühlen. Der Bäcker beobachtet an einem Sichtfenster und an Messgeräten die Arbeit der Maschinen.
In Lastwagen werden die Waren meist an Supermärkte ausgeliefert. Dieser Weg zum Verbraucher ist aufwändiger als im Handwerksbetrieb, da alle Waren verpackt werden müssen. Zu den Transportkosten kommt somit ein erheblicher Kostenaufwand für Verpackungsmaterial und Energie hinzu.

Material

Unterrichtsfilm 32 02127 „In einer Brotfabrik“

Vorschläge für den Unterricht

- Nach dem Erkunden eines handwerklichen Bäckereibetriebes wird der Unterrichtsfilm „In einer Brotfabrik“ (32 02127) gezeigt. Dabei werden Gemeinsamkeiten und Unterschiede zwischen den Produktionsweisen herausgearbeitet.
- Die Kinder fragen in einem Supermarkt nach, wie viel Brot täglich verkauft wird und wie oft wöchentlich Brotlieferungen erfolgen.
- Nach dem Besuch einer Brotfabrik wird der Produktionsablauf in einer Schemazeichnung dargestellt. Die eingeholten Informationen über die Zahl der Arbeitskräfte, der Arbeitszeiten, den Produktionskosten und den Energieaufwand werden mit den Daten eines handwerklichen Betriebes verglichen.

Zusammenfassung

- Einen Kornkalender als Jahreskalender herstellen:
  Auf zwölf großen farbigen Papierbögen werden die Tage der Monate eingetragen. Die Entwicklung vom Korn zum Brot wird auf zwölf Einzelbildern dargestellt und auf die Monatsblätter geklebt.
- Wissensspiel mit Fragekarten und Auswahlantworten, z.B.:

Die Haare an den Enden der Spelzen heißen	Fäden, Borsten, Samen, Grannen
Welche Getreideart hat die längsten Grannen?	Roggen, Weizen, Gerste, Hafer
Die Getreidekörner befinden sich in den	Wurzeln, Halmen, Blättern, Spelzen
Wohin kommt das Getreide nach der Ernte?	Bäckerei, Mühle, Scheune, Laden
Früher wurden die Körner aus den Ähren geschlagen mit	Harken, Händen, Stöcken, Dreschflegeln
Die Maschine, mit der das Getreide geerntet wird, heißt	Traktor, Pflug, Mähdrescher, Drillmaschine
Welche der vier Pflanzen ist kein Getreide?	Gerste, Bohne, Roggen, Mais
Die Getreideernte beginnt im	Frühjahr, Sommer, Herbst, Winter
Der Mähdrescher sammelt das Getreide in einem	Sieb, Gebläse, Messerbalken, Tank

Literaturverzeichnis

Wir in der Welt – die Welt bei uns

Bundesministerium für Familie, Senioren, Frauen und Jugend. Ein Koffer voller Kinderrechte. 1999. Informationen über Ausleihe und Verkauf unter www.kiko.de oder KiKo – Büro für Kinder und Kommunikation, Gerhard-Becker-Str. 21 – 23, 63075 Offenbach

Kinder beschäftigen sich mit Europa. Die Grundschule. Heft 4/2001. Westermann-Verlag , Braunschweig 2001

Kinderrechte und interkulturelle Kommunikation. Grundschule Sprachen, Kallmeyer bei Friedrich in Velber, Seelze 2002

Köpp, Sabine, Euro-Land entdecken, Oldenbourg Schulbuchverlag, München 1999

Schader, Basil/Obrist Jürg, Hilfe! Help! Aiuto! Orell Füssli Verlag, Zürich 1999

www.unicef.de

www.terredeshommes.de

Literatur für Kinder

Kindersley, A., Das große Fest. München 2000

Scheck, Friedrich, Rätselreise durch Europa. Ravensburger Buchverlag, Ravensburg 1998

Skudlik, Sabine/Straßmann, Kirsten, Ich mag Fatma, Weltbild Buchverlag, Augsburg 1999

Steffe, Susanne/Höfele, Hartmut E., Europa in 80 Tönen, Oekotopia Verlag, Münster 2001

Der natürliche Kreislauf des Wassers

ASL (Aktion Saubere Landschaft e.V.); Friedrich-Ebert-Str. 17, 40210 Düsseldorf: Umweltschutz macht Schule

Bundesumweltministerium, Referat Öffentlichkeitsarbeit, Postfach 120629, 53048 Bonn, Broschüre „Der Schutz unserer Gewässer"

Bundesverband der deutschen Gas- und Wasserwirtschaft e.V., Josef-Wirmer-Str. 1-3, 53123 Bonn: „Wasserforum für die Schule", Schülerblätter und Lehrerblatt mit Folien, Nr. 1: Trinkwasser als Lebensmittel, Nr. 2: Geschichte der Trinkwasserversorgung

Deutscher Sparkassenverlag Stuttgart (Hrsg.) Sparkassen-Schulservice, Kostbares Wasser: enthält im Begleitheft Bilder, informative Texte und alle Bezugsadressen für weiteres Material

Fiegl, Horst/Schwarz, Ursula, Sachkunde kreativ unterrichten, Wasser, Grundschule 2 – 4, Oldenbourg Schulbuchverlag München 1998

Rheinisch-Westfälische Wasserwerksgesellschaft, Abteilung Kommunikation, Postfach 101663, 45466 Mülheim an der Ruhr
Wassergeräusche-Spiel mit Bildkarten und Tonkassette,
Mappen mit eingehefteten Schülerblättern (Lieder, Spiele, Versuche, Aufgaben) und Lehrerhilfen „Wasser erspielen und erfahren“ (Kindergarten), „Wasser erleben und erfahren“ (Grundschule), „Wasser erkunden und erfahren“ (Jgst. 5 – 7)

Umweltbundesamt, Bismarckplatz 1, 14193 Berlin, Broschüren: „Ohne Wasser läuft nichts“, „Was Sie schon immer über Wasser und Umwelt wissen wollten“, „Marius die Wasserzaubermaus“

Literatur für Kinder

„Wassergeschichten für Kinder“ (Poster und Erläuterungen), Nr. 1: Reise der Tropfen, Nr. 2: Verwandlung der Tropfen, Nr. 3: Wie aus Wasser Trinkwasser wird (Bezug: siehe S. 283 Bundesverband d. dt. Gas- u. Wasserwirtschaft)

Orientierung mit der Karte

Bairlein, Sigrid, Freiarbeit im Heimatkundeunterricht, 4. Jahrgangsstufe, Verlag Ludwig Auer, Donauwörth 1994

Beck, Gertrud/Soll, Wilfried, Heimat, Umgebung, Lebenswelt. Regionale Bezüge im Sachunterricht, Überlegungen und Beispiele, Anregungen für ein schulnahes Curriculum, Scriptor, Frankfurt a. M. 1988

Fiegl, Horst/Schwarz, Ursula, Sachkunde kreativ unterrichten – Orientierung im Raum, Grundschule 2 bis 4, Oldenbourg Schulbuchverlag, München 1999 (Schülerarbeitshefte)

Grundschule Sachunterricht Heft 2, Mai 1999, Umgebung erkunden und das dazugehörige Materialpaket, Kallmeyersche Verlagsbuchhandlung, Velber-Verlag

Mayer, Werner G. (Hrsg.), Schlag nach im Sachunterricht 3/4, Schüler- und Lehrerband, Bayrischer Schulbuchverlag, München 2001

Das Wetter

Material zur Unterrichtsvorbereitung siehe unter „Der natürliche Kreislauf des Wassers“

Literatur für Kinder

Cosgrove, Brian, Das Wetter. Reihe: Sehen Staunen Wissen, Gerstenberg Verlag, Hildesheim 1994

Verdet, J.-P./Galeron, H., Wind und Wetter. Reihe: Die Welt entdecken, Ravensburg 1995

Wilson, F./Mansfield, F., Wir entdecken und bestimmen das Wetter (Band 621), Ravensburg 1980

Abfallentsorgung als Aufgabe der Gemeinde

Hoffrage, Henrike, Spielend lernen mit KNUD, Müllanfall, Müllbeseitigung und Müllvermeidung, Ökotopia-Verlag, Münster 1991

Odenthal, Iris/Willems, Karolin, Die Müll-Werkstatt, Verlag an der Ruhr, Mühlheim 2000

Kaiser, Astrid, Praxisbuch handelnder Sachunterricht 2, Hohengehren 2001

Arbeitskreis Grundschule, Umwelterziehung, Bd. 71, Frankfurt am Main 1987

BUND Freunde der Erde liefert Materialien zum Dualen System und umweltfreundliche Schulmaterialien.

Die Ministerien der Bundesländer für Umwelt und Naturschutz liefern häufig kostenlos Broschüren zum Thema.

Literatur für Kinder

Belcher, W., Das Müll-Monster, dtv-junior, München 1991

Kurteu, D., Mangold P., Der verflixte Müll, Zaubergeschichten, Graz 1992

Die Entwicklung des Menschen

Bausteine Grundschule Heft 3/98, Erzähl mir nichts vom Klapperstorch, Bergmoser + Höller Verlag GmbH, Aachen

Eichmann, Claudia, Freiarbeit – Kartei zur Sexualerziehung, Verlag an der Ruhr, Mühlheim 1997

Mayer, Werner G. (Hrsg.), Schlag nach im Sachunterricht 3/4, a.a.O.

Milhoffer, Petra (Hrsg.), Sexualerziehung von Anfang an! Arbeitskreis Grundschule, Frankfurt a. M. 1995

Neumann, Britta/Rother, Sabine, „Komm Paula, trau dich!“, Beratungsstelle Zerrspiegel gegen sexuelle Gewalt an Mädchen und Frauen, Braunschweig 1996

Praxis Grundschule Heft 1/1996 und Heft 3/2000, Westermann Verlag, Braunschweig

Unterrichtsmaterial zum Thema Kindesmisshandlung, Schwerpunkt: „Sexueller Missbrauch“, Deutsches Jugendrotkreuz, DRK – Landesverband Niedersachsen e. V., Hannover 1996

Literatur für Kinder

Braun, Gisela, Ich sag Nein, Verlag an der Ruhr, Mühlheim 1992

Cole, Babette, Mama hat ein Ei gelegt, Sauerländer Verlag, Frankfurt 1993

Fagerström, Grethe/Hansson, Gunilla, Peter, Ida und Minimum, Otto Maier Verlag, Ravensburg 1989

Härtling, Peter, Ben liebt Anna, Beltz und Gelberg, Weinheim 1979

Literaturkartei zu Ben liebt Anna, Verlag an der Ruhr, Mühlheim 1994

Janosch, Mutter sag, wer macht die Kinder, Mosaik Verlag, München 1992

Liller Möller, Annette, Kinder machen geht so!, Altberliner Verlag, Berlin 1992

Zusammenleben in der Gemeinde

Mayer, Werner G. (Hrsg.), Schlag nach im Sachunterricht 3/4, a.a.O.

von Reeken, Dietmar, Politisches Lernen im Sachunterricht, Schneider Verlag Hohengehren GmbH, Hohengehren 2001

Wasserversorgung und Abwasseraufarbeitung als Aufgabe der Gemeinde

Material zur Unterrichtsvorbereitung siehe unter „Der Kreislauf des Wassers“

Wasser als Lebensraum für Tiere und Pflanzen

Engelhardt, Wolfgang, Was lebt in Tümpel, Bach und Weiher? Franckh-Kosmos-Verlag, Stuttgart 1996

Lebenswelt Tiere an Land, im Wasser und in der Luft, Kallmeyersche Verlagsbuchhandlung, Seelze 1999

Naber, Annerose/Latorre, Sabine, Das kreative Sachbuch Schnecke, ALS Verlag Offenbach

Tiere im und am Wasser. Die Grundschulzeitschrift Heft 122 März 1999, Friedrich Verlag, Seelze

Winkel, G. (Hrsg.), Das Schulaquarium, Arbeitshilfe 14.10. Schulbiologiezentrum Hannover 1996

Literatur für Kinder

Dittmann, Jürgen/Köster, Heinrich, Tiere in Tümpeln, Seen und Bächen. 45 stabile Karteikarten (Die Becherlupen-Kartei), Verlag an der Ruhr, Mühlheim 2000

Dreyer, Eva-Maria/Friedrich, Wolf U., Der Neue Kinder Kosmos. Tiere am Teich, Kosmos-Verlag Stuttgart

Ensslin Naturführer. Am Teich. Tiere, Spiele, Pflanzen, Ausrüstung, Arena-Verlag, Würzburg 2001

Lasset, Ursula, Natur um uns herum. Wiese und Weiher. Kopiervorlagen zur Freiarbeit. Sachunterricht 3. – 6. Jahrgangsstufe (SB), Auer-Verlag, Donauwörth

Naturfächer. Kleine Tiere der Flüsse und Teiche. Beobachten. Erkennen. Bestimmen. Für die Hosentasche, Ars Edition

Parker, Steve, Sehen, Staunen, Wissen: Teiche und Flüsse. Die überraschende Vielfalt unserer Süßwasserlebensräume. Tiere, Pflanzen, Jahreszeiten, Gerstenberg-Verlag, Hildesheim 1989

Schmidtfrerick, Kerstin/Schlag, Kirsten, Spiel und Spass Aktiv. Wir erforschen den Teich, Coppenrath-Verlag Münster

Stadelmann, Peter, Erlebtes Aquarium. Kinder gestalten und beobachten, Gräfe und Unzer, München 1996

Stichmann, Wilfried, Leben am Teich. Entdecken und Bestimmen, Kosmos-Verlag Stuttgart.

Zeig mir die Natur. 2. Tiere am Teich. Mit Vorlagen zum Ausmalen, Loewe-Verlag, Bindlach 2001

Vorbereitung auf die Radfahrprüfung

Auner, Karin/Löffelmeier Gabriela, Verkehrserziehung im 3./4. Schuljahr, Oldenbourg Schulbuchverlag, München 2001

BAGUV, Sicherheit im Schulsport, Heft 7, Vom Durcheinanderlaufen zum Miteinanderfahren, München 1996

Berens, Hedi/Korte Claudia, Hauptsache „Verkehrserziehung", Rot-Gelb-Grün Lehrmittel, Braunschweig 1995

Deutsche Verkehrswacht, Die Radfahrausbildung, Meckenheim 1995

GUV, Videofilm „Fahrradfahren schööön"

Kessler, Eva, Lernwerkstatt Verkehrserziehung, Buch Verlag Kempen, Kempen 2002

Lehrerbriefe zur Verkehrserziehung, Rot-Gelb-Grün Verlag, Braunschweig

Vom Korn zum Brot

Baumbusch, Harald, Lernen an Stationen in der Grundschule, Getreide, Cornelsen Scriptor, Berlin 1999

Bundeszentrale für gesundheitliche Aufklärung: Verschiedene Schriften zum Thema „Gesunde Ernährung"

Burk, Karlheinz/Claussen, Claus (Hrsg.), Lernorte außerhalb des Klassenzimmers, Arbeitskreis Grundschule e.V., Frankfurt 1981

erfahren und begreifen, 3. Schj., Arbeitsheft, Bayrischer Schulbuchverlag, München

Europäisches Brotmuseum e. V.: Verschiedene Bücher zum Thema „Rund ums Brot"

Gauggel, Franz, Lernen an Stationen, in: Grundschule Heft 9/1992, Westermann Verlag, Braunschweig 1992

IMA – Information. Medien, Agrar e.V. (Hrsg.): Landwirtschaft im Unterricht, Vom Bauernhof zum Supermarkt, Bonn

Kaiser, Astrid, Praxisbuch handelnder Sachunterricht Band 2, Hohengehren 2001

Literatur für Kinder:

Fischer, Heiderose/Nagel, Andreas, Das Kornfeld, Kinderbuchverlag Luzern 1989